麦读

MyRead

献给从事行政诉讼和行政复议的
法律人及其关注者

蔡小雪（1954 年 2 月出生）

一级高级法官，最高人民法院行政审判庭第三合议庭原审判长，首届全国审判业务专家，2010 年被评为全国优秀法官，2014 年 5 月退休。国家法官学院、上海交通大学、辽宁大学兼职教授，中国人民大学兼职研究员。

1979 年 9 月考入安徽大学法律系，1983 年 7 月毕业，获法学学士学位。1983 年 8 月至 1987 年 6 月在铁路运输高级法院先后任书记员、助理审判员。1987 年 6 月至退休在最高人民法院行政审判庭先后任助理审判员、审判员、第三合议庭审判长。曾参加最高人民法院有关行政诉讼多部重要司法解释的起草工作。

专著有《行政审判中的合法性审查》《行政复议与行政诉讼的衔接》《行政诉讼证据规则及适用》《审判业务专家是如何炼成的》等四部，合著有《中国行政诉讼制度的完善》《行政诉讼中的法律适用》《行政诉讼实务指引》《房屋征收案件审理指引》等十多部，编撰《行政诉讼 30 年——亲历者的口述》一书，发表论文 100 余篇。

退休后 2015 年至 2018 年先后返聘到最高人民法院第二、第六巡回法庭帮助审理行政案件。

# 行政行为的合法性审查

***Judicial Review of the Legality of Administrative Actions***

蔡小雪 — 著

中国民主法制出版社
全国百佳图书出版单位

# 前　言

1989年4月4日，第七届全国人民代表大会第二次会议通过并颁布了《行政诉讼法》。该法浸透着规范行政机关权力，保障公民、法人和其他组织权利的思想，在有上千年封建制度的国度中，开启了"民"可监督"官府"的法律进程，推动了中国依法行政事业的大发展。可以说，它是新中国成立后第一部规定"民可告官"的法律，填补了我国社会主义法治建设的一项空白，标志着我国法治建设迈进了一个新的阶段。随着《行政诉讼法》的施行，尤其是进入21世纪以来，人民法院受理的行政案件数量不断上涨，案件类型亦呈现多样化，从传统的行政处罚、行政许可、行政强制、土地征收等，逐渐扩展到行政补偿、行政协议、环境资源、市场监管等领域，同时行政诉讼也出现了许多新情况、新问题，为了适应新形势发展的需要，2014年11月1日，第十二届全国人民代表大会常务委员会第十一次会议通过了《关于修改〈中华人民共和国行政诉讼法〉的决定》，对该法予以了进一步完善。①

---

① 2017年6月27日，第十二届全国人民代表大会常务委员会第二十八次会议通过了《关于修改〈中华人民共和国民事诉讼法〉和〈中华人民共和国行政诉讼法〉的决定》，对2014年《行政诉讼法》在第5条增加第4款行政公益诉讼的规定。鉴于此次修正的内容较少，本书在写作时，只是对修正内容较多的2014年《行政诉讼法》与1989年《行政诉讼法》对照论述。

1989年《行政诉讼法》确定了对行政行为进行合法性审查的原则。2014年《行政诉讼法》在强调该原则的基础上，进一步扩大了行政诉讼的受案范围，对行政行为合法性审查的内容有所丰富，判决方式亦有较大的变化，进一步完善了我国的行政诉讼制度。同时，《行政复议法》第28条第1款第（3）项规定："具体行政行为有下列情形之一的，决定撤销、变更或者确认该具体行政行为违法；决定撤销或者确认该具体行政行为违法的，可以责令被申请人在一定期限内重新作出具体行政行为：1. 主要事实不清、证据不足的；2. 适用依据错误的；3. 违反法定程序的；4. 超越或者滥用职权的；5. 具体行政行为明显不当的。"由此可见，其与2014年《行政诉讼法》规定的合法性审查的内容基本相同。也就是说，合法性审查原则贯穿于整个行政诉讼和行政复议之中。1989年《行政诉讼法》颁布后的30多年时间里，虽然法学界和实务界有关行政法和行政诉讼的著作不断出现，但是对这一行政诉讼、行政复议的核心问题研究的专著却少之甚少，不得不说是一种遗憾。

如何妥善应对行政审判和行政复议中出现的新情况、新问题，笔者认为，最主要的方法，就是紧紧把握合法性审查这一原则，吃准合法性审查的内涵与外延，依据有关合法性审查的要件，对行政行为的合法性进行全面审查，并依据《行政诉讼法》《行政复议法》等法律法规的相关规定作出裁判或裁决。照此，相关人员能够进一步提高解决行政纠纷的能力，相应地，行政审判和行政复议的质量亦能够大幅度提升。换言之，行政行为的合法性审查是行政诉讼和行政复议中的核心问题，只要能解决这一核心问题，行政诉讼和行政复议中遇到的诸多问题就能迎刃而解。

从1987年开始至2014年5月退休，笔者一直从事行政审判工作。退休后的2015年11月至2018年底，又被返聘到最高人民法院第二、第六巡回法庭，帮助行政主审法官审理行政案件。总的来说，笔者从事了30多年的行政审判工作，经历了行政审判的初创阶段、发展阶段和初步完善阶段，对各个阶段的行政审判工作相当熟悉。2014年《行政诉讼法》修改时，笔者已从最高人民法院退休，不再从事繁重的审判业务工作，就有了撰写一部专门全面阐述行政行为合法性审查的专著的想法。笔者之前曾对该问题撰写过较多文章，有些著作中涉猎不少相关内容，现对其进行系统整理，将行政审判和行政复议中所遇到的有关行政行为合法性审查的问题进一步梳理后，把相关行政诉讼的司法解释、批复、答复及典型案例的内容充实进去，撰写了《行政行为的合法性审查》一书。

本书的结构是按照法官审查行政行为的合法性及判决的顺序设计的。

**一、本书的结构设计问题**

修改后的《行政诉讼法》将对具体行政行为可以提起行政诉讼，改为对行政行为可以提起行政诉讼。为了符合读者的逻辑思维，笔者专门将概论作为本书的开篇，对具体行政行为演变为行政行为的过程、行政行为的构成要件、抽象行政行为不可诉只能附带审查、审查被诉行政行为的内容等问题作了简要介绍。而后，依次是有关如何对行政行为的合法性进行审查、行政侵权赔偿责任及判决等内容。

**二、如何对行政行为的合法性进行审查**

——对是否存在超越职权的审查。判断被诉行政行为是否超越了被告的职权问题，涉及行政机关及机构的设置、职权的分配及原理等问题，本章对行政职权的概念和特征、构成要件、授权的形式及超越职权的表现形式进行了详细论述，对一些难以区分的职权问题作了细致分析，如判断超越部门职权、层级职权、地域职权、事务职权应注意的问题等。

——对是否违反法定程序的审查。我国目前没有一部行政程序法，有关行政程序问题，分别由《行政复议法》《行政处罚法》《行政许可法》《行政强制法》等单行法律作出规定，本章将单行法律中有关行政程序问题进行了归纳整理后，对行政程序的概念、基本原则、主要制度、依据、违反行政程序的方式及内容等问题，结合一些疑难案例进行了论述。

——对主要证据是否确实、充分的审查。行政行为的种类非常繁杂，不同种类的行政行为对事实证明的要求不同，本章对被诉行政行为主要证据不足的含义、证明标准、表现形式等问题，结合一些具体案例进行了阐述。

——对适用法律规范是否正确的审查。世界各国的法律中都没有一部专门的行政法典，有关行政法律规范散见于不同领域的法律规定中。因此说，行政诉讼中的法律适用相较民事诉讼和刑事诉讼难度更大。在审理被诉行政行为合法性时，不仅需要确认被诉行政行为所适用的法律规范条文，同时还需要对所适用的法律规范条文的合法性问题作出判断。审查还涉及《立法法》的相关规定，要判断行政行为所适用的法律规范的时间、空间、对人、对事的效力问题，以及处于法律规范的何一位阶、哪些法律规范是其上位法、与上位法是否存在抵触等问题。因此，本章对审查行政行为是否合法的依据，判断行政行为适用的法条，适用的法律规范是否有效，适用法律法规错误的表现形式等问题进行了详细论述，同时指出审查每类问题时应注意的问题。

——对是否存在滥用职权、明显不当的审查。是否存在滥用职权、明显不当的问题，是行政行为合法性审查的要件之一。行政法上的滥用职权与普通人所理解的滥用职权有很大区别，且滥用职权与明显不当如何区分在学术界亦有很大的争论。因此，本章对滥用职权与明显不当的概念、构成要件、表现形式等问题进行了论述，并对滥用职权与明显不当的异同及审查是否存在滥用职权、明显不当的步骤、判断的方法等问题予以详细阐明。

——对是否履行法定职责、行政给付义务的审查。法定职责是一个复杂的问题，法定职责与行政给付在学理上亦有争议。本章阐述了法定职责、行政给付义务的概念及特征，对审理不履行法定职责、行政给付义务、行政协议案件中的疑难问题作了回答。其中，对不履行法定职责、行政给付义务案件中争议较大的举证责任等问题，以及新出现的行政协议行为问题，作了更为详细的论述。

——对行政侵权赔偿责任的审查。违法的行政行为造成公民、法人或者其他组织的合法权益损害的，应当承担赔偿责任。因此，审查被诉行政行为的合法性后，有关行政赔偿问题必然会提出。本章对行政赔偿范围、行政赔偿请求人和行政赔偿义务机关、行政赔偿程序、行政侵权赔偿责任、行政赔偿方式和数额的确定以及几类特殊行政赔偿案件的审理进行了阐述。

**三、对行政行为的合法性审查后应作出何种判决**

修改后的《行政诉讼法》对行政判决种类及适用条件作了较大幅度的修改，本章结合修改后规定，对驳回诉讼请求判决的适用，撤销、确认违法、变更判决的适用，履行职责、给付、无效等其他判决的适用以及复议维持案件的审理及判决对象等问题进行了详细论述。

这里需要特别说明的是，本书举例中引用了很多法律、法规、规章及规章以下的规范性文件。虽然随着社会的发展，很多原有的法律、法规、规章及规章以下的规范性文件都有不同程度的修改，但在其当时适用时是有效的。这些举例都是在以前的行政审判中所遇到的，仅是作为审查被诉行政行为合法性方法的佐证。如果需要具体适用所引用的法律规范的条文，一定要审查这些法律规范是否已经修改过，凡是修改过的，不能作为判案的依据。另外，由于较多举例是在以前的行政审判中遇到的，有其时间限定，因此，涉及的行政机关仍沿用当时的名称。2018 年，国务院颁布新的机构改革方案，一些行政机关的名称和职能也随之改变。为避免重复表述，本书对文中所涉变化情形未一一指出，只是在审查部门行政职权部分作了集中说明。

笔者在写本书时，从最高人民法院以及地方各级人民法院的行政裁判中，摄取了不少养分，同时也得到了最高人民法院第二、第六巡回法庭的领导和行政审判团队的支持和帮助，在此向他们表示衷心的感谢。

由于水平有限，加之个别著述资料有其特定历史背景，不当之处在所难免，敬请读者批评指正。

蔡小雪

2019 年 12 月

# 凡 例

一、法律、法规、规章和规范性文件名称中“中华人民共和国”省略，其余一般不省略。例如，《中华人民共和国行政诉讼法》简称为《行政诉讼法》。

二、叙述法律、法规、规章和规范性文件，必要时在名称前表明其制定、修改年份。例如，1989 年《行政诉讼法》、2014 年《行政诉讼法》，2000 年《立法法》、2015 年《立法法》，1994 年《国家赔偿法》、2012 年《国家赔偿法》。

三、对本书以下出现较多的司法解释，使用简称：

**1.** 《最高人民法院关于执行〈中华人民共和国行政诉讼法〉若干问题的解释》(法释〔2000〕8 号，2000 年 3 月 10 日施行，已失效)，简称为 2000 年《解释》；

**2.** 《最高人民法院关于适用〈中华人民共和国行政诉讼法〉若干问题的解释》(法释〔2018〕1 号，2018 年 2 月 8 日施行)，简称为 2018 年《解释》；

**3.** 《最高人民法院关于审理行政赔偿案件若干问题的规定》(法发〔1997〕10 号，1997 年 4 月 29 日施行)，简称为《行政赔偿规定》。

# 总目录

# 目　录

# 概　论

第七届全国人民代表大会第二次会议于 1989 年 4 月 4 日颁布的《行政诉讼法》中规定，公民、法人或者其他组织对行政机关及其工作人员作出的具体行政行为不服，可以向人民法院提起诉讼。但该法对何为具体行政行为未下具体的定义。1991 年《最高人民法院关于贯彻执行〈中华人民共和国行政诉讼法〉若干问题的意见（试行）》(法〔1991〕19 号，已失效）第 1 条规定：“‘具体行政行为’是指国家行政机关和行政机关工作人员、法律法规授权的组织、行政机关委托的组织或者个人在行政管理活动中行使行政职权，针对特定的公民、法人或者其他组织，就特定的具体事项，作出的有关该公民、法人或者其他组织权利义务的单方行为。”该定义在后来的实践中遭到行政法学界的强烈反对。归纳起来主要存在如下几点质疑：一是将行政机关委托的组织或者个人列入行使行政职权的主体范围，容易让人误解行政机关委托的组织或者个人也可以成为行政主体；二是行使行政职权的提法，容易让人误解违法的行政行为特别是无效的行政行为不是行政行为；三是单方行为的限制，明确排除了双方行政行为（如行政协议）的可诉性；四是将具体行政行为界定为“作出的……行为”，容易让人误认为行政不作为行为不具有可诉性。①

2000 年《解释》抛弃了对“具体行政行为”下定义的方式，而是在第 1 条第 1 款中概括性规定“公民、法人或者其他组织对具有国家行政职权的机关和组织及其工作人员的行政行

① 参见甘文：《行政诉讼司法解释之评论》，中国法制出版社 2005 年版，第 13 页。

为不服，依法提起诉讼的，属于人民法院行政诉讼的受案范围”，并在第 2 款中明确列举不可诉行为的范围。但该解释仍未将事实行为纳入行政诉讼的受案范围，而是将事实行为放在行政赔偿诉讼之中去解决。

第十二届全国人民代表大会常务委员会第十一次会议于 2014 年 11 月 1 日审议通过了《关于修改〈中华人民共和国行政诉讼法〉的决定》，修改后的《行政诉讼法》将“具体行政行为”修改为“行政行为”。根据 2014 年《行政诉讼法》的规定，行政行为应当理解为行政主体在行使社会管理职能过程中作出的能够产生行政法律效果的行为。它具有以下三个特征：第一，作出的主体必须是行政主体。行政主体主要有两大类：一类是行政机关及其工作人员，另一类是法律、法规及规章授权的组织。非行政主体作出的行为不属于行政行为，对非行政行为不服的，不可以提起行政诉讼。第二，行使社会管理职能。行政主体的行为一般有两大类：一类是行使社会管理职能的行为，此类行为属于行政行为；另一类是行使民事权利的行为，此类行为不属于行政行为。这里需要注意：如果法律、法规及规章授权的组织行使法律、法规及规章没有授予该组织权利的行为，就不属于行政行为。第三，能够产生行政法律效果。行政主体在行使社会管理职能过程中作出的行为能够产生行政法律效果，即对行政相对人的权利义务产生影响。这里所说的法律效果的表现形式主要有：（1）赋予或者消灭行政相对人及其他利害关系人的某种权利义务；（2）减少或者增加行政相对人及其他利害关系人的某种权利义务；（3）使行政相对人及利害关系人的人身或财产受到损失；（4）确认行政相对人及利害关系人具有某种权利义务关系或者身份、资格关系；（5）行政相对人申请或者请求的某个事项无法实现或者部分不能实现；（6）法律规定行政主体具有某种职责，当有关此项职责的事项发生时，该行政主体未履行或未完全履行该项职责，造成行政相对人合法权益损害的。

据此，行政行为包括：（1）行政机关对公民、法人或者其他组织作出的具有权利义务内容的行政处理；（2）负有法定职责的行政机关怠于履行职责，不作出相应行为；（3）行政机关与公民、法人或者其他组织签订和履行行政合同；（4）行政机关行使职权、履行职责的其他行为；（5）行政事实行为。

这一修改，为行政诉讼受案范围的扩大预留了更大的空间。有人提出，从此以后抽象行政行为也具有可诉性了。笔者认为，这样理解是不正确的。2014 年《行政诉讼法》中将“具体行政行为”均改为“行政行为”，但第 13 条第（2）项未对 1989 年《行政诉讼法》第 12 条第（2）项进行修改，均规定为，人民法院不受理公民、法人或者其他组织对“行政法规、规章或者行政机关制定、发布的具有普遍约束力的决定、命令”提起的诉讼。在行政法学中，行政机关制定、发布行政法规、规章或者具有普遍约束力的决定、命令被称之为“抽象行政行为”。1989 年《行政诉讼法》中所说的“具体行政行为”是对应于“抽象行政行为”。因在 2014 年《行政诉讼法》第 13 条第（2）项中已将抽象行政行为排除在受案范围之外，故抽象行政行为仍不具有可诉性。根据 2014 年《行政诉讼法》第 53 条和第 64 条的规定，公民、法人或者其他组织认为行政行为所依据的规章以下的规范性文件不合法，仅在对行政行为提起诉讼时，可以一并请求对该规范性文件进行审查。人民法院在审理行政案件中，经审查认为规范性文件不合法的，不能对规范性文件的合法性作出判决，只能不作为认定行政行为合法的依据，向制定机关提出处理建议。

根据 2014 年《行政诉讼法》第 6 条“人民法院审理行政案件，对行政行为是否合法进行审查”的规定，人民法院对行政行为的合法性进行审查是行政诉讼的一项基本原则，同时也是其中的一个核心问题，只有解决了这一核心问题，行政诉讼中遇到的诸多问题才可以迎刃而解。

根据 1989 年《行政诉讼法》第 54 条[①]的规定，属于合法的行政行为应同时具备以下条件：主要证据确实、充分，适用法律、法规正确，符合法定程序，不存在超越职权、滥用职权和不履行法定职责等问题。2014 年《行政诉讼法》第 70 条、第 72 条和第 73 条[②]对 1989 年《行政诉讼法》第 54 条作了两处修改，增加了"明显不当"和"未依法履行给付义务"的行政行为为违法行政行为。据此，行政机关所作出的行政行为只有同时具备以下条件，才属于合法的行政行为：主要证据确实、充分，适用法律、法规正确，符合法定程序，不存在超越职权、滥用职权、明显不当和不履行法定职责或义务等问题。缺少其中任何一个条件，都属于违法的行政行为。人民法院审查被诉行政行为的合法性时，应以上述条件作为判断被诉行政行为是否合法的标准。换言之，人民法院对被诉行政行为的合法性，也应当从这几个方面进行审查。

---

① 1989 年《行政诉讼法》第 54 条规定："人民法院经过审理，根据不同情况，分别作出以下判决：(一) 具体行政行为证据确凿，适用法律、法规正确，符合法定程序的，判决维持。(二) 具体行政行为有下列情形之一的，判决撤销或者部分撤销，并可以判决被告重新作出具体行政行为：1. 主要证据不足的；2. 适用法律、法规错误的；3. 违反法定程序的；4. 超越职权的；5. 滥用职权的。(三) 被告不履行或者拖延履行法定职责的，判决其在一定期限内履行。(四) 行政处罚显失公正的，可以判决变更。"

② 2014 年《行政诉讼法》第 70 条规定："行政行为有下列情形之一的，人民法院判决撤销或者部分撤销，并可以判决被告重新作出行政行为：(一) 主要证据不足的；(二) 适用法律、法规错误的；(三) 违反法定程序的；(四) 超越职权的；(五) 滥用职权的；(六) 明显不当的。"第 72 条规定："人民法院经过审理，查明被告不履行法定职责的，判决被告在一定期限内履行。"第 73 条规定："人民法院经过审理，查明被告依法负有给付义务的，判决被告履行给付义务。"

# 第 *1* 章

# 对是否存在超越职权的审查

根据我国宪法和法律的规定，行政机关在法律、法规授予的职权范围内作出行政行为，是合法的行政行为不可缺少的要件之一。如果行政机关超出法定职权的范围作出行政行为，就属于“超越职权”。它是一种实体上作为行使的违法行政行为，其特点是：不论行政机关行使职权的行为的动机、目的是否正当，只要超出其法定职权，即构成超越职权。

行政机关的法定职权是由政府及其部门管辖权、层级管辖权、地域管辖权和法定事项管辖权等四个方面的职权构成。行政机关在行使职权时，超出其中任何一个方面的职权，均构成超越职权。

## 1.1 超越政府及其部门职权

我国法律、法规中授予行政主体行政职权的表现方式主要有以下四种：一是直接授权。即直接规定某项行政管理职权由政府或政府中的某一部门行使。我国绝大多数法律、法规中都采取此种授权方式。二是转接授权。即在某种特定的情形下，法律要求行政机关根据其他法律、法规的规定，作出特定的行政行为。例如，《人民警察法》第 8 条规定：“公安机关的人民警察对严重危害社会治安秩序或者威胁公共安全的人员，可以强行带离现场、依法予以拘留或者采取法律规定的其他措施。”该条中的“强行带离现场”属于直接授权，“采取法律规定的其他措施”属于转接授权。三是默示授权。即法律、法规虽未明确规定行政主体具有某种行政职权，但行政主体履行法律、法规已授予其特定职权时，必须行使未明确规定的这一行政管理职权，该项职权就属于默示授权。例如，《工伤保险条例》第 3 章规定，社会保险部门有权根据工伤认定申请作出工伤认定决定，并在该条例第 18 条第 1 款第（2）项中规定，提出工伤认定申请应当提交与用人单位存在劳动关系（包括事实劳动关系）的证明材料。认定工伤是以伤亡职工与用人单位之间具有劳动关系为前提的，虽该条例中未明确规定，社会保险部门具有认定劳动关系职权，但社会保险部门只有具有认定劳动关系的职权，才可以认定工伤，在这种情况下，可以视为该条例已授予社会保险部门认定劳动关系的职权。四是转授权。即法律、法规中明确规定，由国务院某一部门或省级人民政府在指定规章中授予某类行政主体可以行使行政管理职权。例如，国务院 1991 年 3 月 6 日发布的《关于批准国家高新技术产业开发区和有关政策规定的通知》(国发〔1991〕12 号）第 3 条规定："国务院授权国家科委负责审定各国家高新技术产业开发区的区域范围、面积，并进行归口管理和具体指导。"原国家科委根据国务院授权制定的《国家高新技术产业开发区管理暂行办法》(国科发火字〔1996〕061 号）第 8 条规定："……开发区管理委员会作为开发区日常管理机构，可以行使省、自治区、直辖市、计划单列市人民政府所授予的省市级规划、土地、工商、税务、财政、劳动人事、项目审批、外事审批等经济管理权限和行政管理权限，对开发区实行统一管理。"根据上述规定，国务院批准和省级人民政府批准并报国务院备案的国家高新技术产业开发区管理委员会均具有该条所规定的上述职权。

### *1.1.1*　政府及其部门职权的概念和特征

我国政府分为五级：（1）国务院。即中央人民政府，是最高国家权力机关的执行机关，是最高国家行政机关，为全国的最高行政机关。(2）省级人民政府。它包括省人民政府、自治区人民政府和直辖市人民政府。（3）地级市人民政府。它包括地级市人民政府、自治州或盟人民政府。地区行署属于省级人民政府的派出机关，行使相当地级市的职权，故视为地级人民政府。（4）县级人民政府。它包括县人民政府、县级市人民政府、自治县人民政府、旗人民政府、自治旗人民政府以及设区的市的区人民政府。（5）乡级人民政府。它包括乡人民政府、镇人民政府、民族乡人民政府。街道办事处是市辖区人民政府或不设区的市人民政府的派出机关，受市辖区人民政府或不设区的市人民政府领导，行使市辖区或不设区的市人民政府赋予的职权。因此，将街道办事处视为乡级人民政府。乡级人民政府（含街道办事处）必须有法律、法规的明确授权，才可以自己名义作出行政行为。

这里需要特别注意几个问题：一是省级人民政府与地级市人民政府中间还夹有非正式级别的副省级市人民政府。省、自治区人民政府所在地的市人民政府的行政级别属于副省级人民政府；深圳市、厦门市、宁波市、苏州市、青岛市、大连市等计划单列市的人民政府也属于副省级人民政府。但从法律地位上看，仍行使地市级人民政府的权限。二是全国四个直辖市均设立市辖区人民政府，行政级别属于地级市人民政府。从法律上看，它们仍行使县级市人民政府的权限。三是全国副省级市和大部分的地级市都有市辖区，但是也有几个地级市没有设立市辖区，如广东省中山市、东莞市就是没有设立市辖区的地级市，地级市下辖行政建制为镇。这类镇人民政府均可以以自己名义依法作出行政行为，但因其不属于县级人民政府，故其作出的行政行为不能归类为县级人民政府的行政行为，只能归类为乡镇人民政府的行政行为。我国的县辖区中设立的区公所是县（市）人民政府的派出机构，故不属于县级人民政府。四是关于开发区管委会的法律地位。国务院办公厅 2003 年 7 月 30 日发布了《关于清理整顿各类开发区加强建设用地管理的通知》（国办发〔2003〕70 号），该通知第 3 条明确指出："……对未经国务院和省级人民政府批准擅自设立的各类开发区，以及虽经省级人民政府批准，但未按规定报国务院备案的各类开发区，先整改，对缺乏建设条件，项目、资金不落实的，要坚决停办，所占用的土地要依法坚决收回，能够恢复耕种的，要由当地人民政府组织复垦后还耕于农，严禁弃耕撂荒；对整改后确需保留的，由省级人民政府严格审核后，按有关规定报国务院审批。对经国务院批准或省级人民政府批准并已报国务院备案的开发区，要按照土地利用总体规划和城市总体规划对照检查，对超过规划建设用地规模和范围的开发土地，要依法处理；对确需扩建的，要严格核定规划面积，按法定程序办理审批手续。"根据该条的规定，国务院批准的开发区或省级人民政府批准成立并报国务院备案的开发区的管委会应属于直辖市、省级、副省级或者地市级人民政府的准派出机关，可以行使法律、法规明确授予他们各自的行政管理职权。省级以下人民政府批准的开发区因缺少法律、法规的授权，属于不具有合法性的行政机关，他们所作出的行为，只能视为设立它们的人民政府委托其行使的行政行为。这里需要说明的是：国务院或者省级人民政府批准的开发区管委会下设的部门如公安局、住建局、税务局等，应视为开发区管委会的部门，一般享有县级人民政府所属的部门的待遇，可以依据法律、法规的特别授权行使行政管理职权。

所谓"部门"，是指组织成某一类纵向行政管理系统的整体行政机关。各部门行政机关之间实施行政管理职权的分工和权限，被称之为部门管辖权。我国各部门行政机关的职权是根据各部门的职能来确定的。因此，部门管辖权又被称为职能管辖权。

部门管辖权具有以下两个特点：一是部门管辖权是以行政

机关组织法为基础的。行政机关组织法是关于行政机关的管理体制、设置、职责权限范围、运作程序等基本问题的法律规范。因此，各部门行政机关行政职权的权限划分，必须以行政机关组织法为基础。只有这样，才能充分实现人民政府各部门管理行政事务的职能，避免行政机关之间相互扯皮、推诿责任和争权，达到合理实施行政职权的作用。二是部门管辖权基本上来源于法律、行政法规的明确授权。从我国现行有关行政机关组织法中的规定来看，其只是对各部门行政机关的职权作了原则上的分工，没有对他们实施行政行为职权的范围作出具体的分工规定，实际是由法律、行政法规和国务院“三定”方案及决定的明确授权来确定各个部门实施行政行为职权的范围。按照国务院部、委员会及国务院直属局的设置来划分，行政部门可以分为公安、卫生健康、住房建设、交通、文化旅游、教育、农业农村、自然资源、市场管理、税务、海关等多个行政管理部门。根据我国《宪法》规定的原则，各部门行政机关的部门管辖权，应来自法律、行政法规及国务院决定的授权。法律、行政法规及国务院决定没有授予某部门行政机关进行国家行政事务管理的职权，该部门行政机关就不具有对该类事务实施行政管理的职权。法律、行政法规及国务院决定没有规定该部门行政机关对某项国家行政事务具有管理职权的，部门规章作出授予本部门行政机关对这类行为具有行政管理职权的规定，缺乏法律、行政法规依据，属于与法律、行政法规相抵触，原则上不能作为其部门管辖权的依据。

### *1.1.2* 政府及其部门管辖权的授权形式

我国现行法律、行政法规授予政府及各部门行政机关行政管理职权的主要形式有以下六种：

#### *1.1.2.1*　明确授权政府作出行政行为

各级人民政府虽然统管其辖区内的全部行政事务，但其以自己名义作出的行政行为，必须要有法律、法规的明确授权。我国法律、法规中对政府可以自己的名义作出的行政行为作出了具体规定，通常授予市、县级以上人民政府行使某项行政职权。例如，《国有土地上房屋征收与补偿条例》第 4 条第 1 款规定："市、县级人民政府负责本行政区域的房屋征收与补偿工作。"市、县级人民政府可以依法作出本行政区域内的国有土地上房屋征收决定和征收补偿决定。地方人民政府以自己的名义作出的行政行为，倘若没有法律、法规明确的授权，则属于超越政府职权的行政行为。也有个别法律将某项具体的行政管理职权授予具体的某级人民政府。如《土地管理法》将征收土地的批准权明确授予国务院和省级人民政府。乡镇级人民政府对外行使的职权，必须要有法律、法规的明确授权，若行使了没有明确授予其某项行政管理权的行为，则属于超越层级职权的性质。例如，《土地管理法》第 14 条第 2 款规定："单位之间的争议，由县级以上人民政府处理；个人之间、个人与单位之间的争议，由乡级人民政府或者县级以上人民政府处理。"乡级人民政府对个人之间、个人与单位之间的土地权属争议进行裁决，属于依法行使职权的行为。倘若乡级人民政府对违反占用土地的行为给予行政处罚，则属于超越了政府的行政管理职权的性质。

这里需要注意的问题是，我国个别法律、法规中就行政主体作出行政行为后，可能对社会造成重大影响的问题，专门规定政府所属部门作出此类行政行为前，需要经县级以上人民政府或者上级行政机关批准。例如，《水污染防治法》第 86 条规定："违反本法规定，生产、销售、进口或者使用列入禁止生产、销售、进口、使用的严重污染水环境的设备名录中的设备，或者采用列入禁止采用的严重污染水环境的工艺名录中的工艺的，由县级以上人民政府经济综合宏观调控部门责令改正，处五万元以上二十万元以下的罚款；情节严重的，由县级以上人民政府经济综合宏观调控部门提出意见，报请本级人民政府责令停业、关闭。”根据该条的规定，本级人民政府只是一个批准权，批准后，由经济综合宏观调控部门作出停业、关闭的处罚决定。也就意味着，本级人民政府仅有批准权，不得以自己的名义直接作出停业、关闭的行政处罚，倘若以自己名义作出，即属超越政府职权。

#### 1.1.2.2 单一授权

即单行法律、行政法规规定将某项行政管理职权授予某个部门的行政机关实施，其他部门的行政机关不得实施该项行政管理职权。例如，《治安管理处罚法》《道路交通安全法》等法律仅授予公安机关实施对违反治安、道路交通等行政管理法律规范行为的行政管理职权，其他行政机关均不得实施该项行政管理职权。

#### 1.1.2.3 一般授权与特别条款专门授权

即在法律、法规的总则中明确将该法律、法规规定的行政管理职权授予某一行政管理部门，但是在该法的特别条款中，又将对某类特殊行为的行政管理职权授予另一行政管理部门。例如，《野生动物保护法》第 7 条规定：“国务院林业草原、渔业主管部门分别主管全国陆生、水生野生动物保护工作。县级以上地方人民政府林业草原、渔业主管部门分别主管本行政区域内陆生、水生野生动物保护工作。”但该法第 51 条规定：“违反本法第三十二条规定，为违法出售、购买、利用野生动物及其制品或者禁止使用的猎捕工具提供交易服务的，由县级以上人民政府市场监督管理部门责令停止违法行为，限期改正，没收违法所得，并处违法所得二倍以上五倍以下的罚款；没有违法所得的，处一万元以上五万元以下的罚款；构成犯罪的，依法追究刑事责任。”按照特别规定优于一般规定的原则，违反该条规定，为违法出售、购买、利用野生动物及其制品或者禁止使用的猎捕工具提供交易服务的行为，只有市场监督管理部门具有行政处罚权，林业草原、渔业主管部门对这类违法行为无权进行行政处罚。

#### *1.1.2.4* 普通法律授权与特别法律专项授权

即将具有相对普遍性质的行政管理权授予某一行政管理部门，将具有特别性质的行政管理权以其他特别法的形式授予其他行政管理部门实施。例如，2009 年《产品质量法》第 8 条规定：“国务院产品质量监督部门主管全国产品质量监督工作。国务院有关部门在各自的职责范围内负责产品质量监督工作。县级以上地方产品质量监督部门主管本行政区域内的产品质量监督工作。县级以上地方人民政府有关部门在各自的职责范围内负责产品质量监督工作。法律对产品质量的监督部门另有规定的，依照有关法律的规定执行。”2015 年《药品管理法》第 5 条规定：“国务院药品监督管理部门主管全国药品监督管理工作。国务院有关部门在各自的职责范围内负责与药品有关的监督管理工作。省、自治区、直辖市人民政府药品监督管理部门负责本行政区域内的药品监督管理工作。省、自治区、直辖市人民政府有关部门在各自的职责范围内负责与药品有关的监督管理工作。国务院药品监督管理部门应当配合国务院经济综合主管部门，执行国家制定的药品行业发展规划和产业政策。”《产品质量法》的规定属于普通规定，《药品管理法》的规定属于特别规定，按照特别法优于普通法的原则，在2018年《国务院机构改革方案》出台之前，一般产品质量监督管理的职权，由产品质量监督管理部门（即技术监督机关和工商管理机关）实施，其他行政管理部门不得实施；有关药品产品质量监督管理的职权，由特别授权的药品行政管理部门实施，产品质量监督管理部门不得实施。2018年3月17日第十三届全国人民代表大会第一次会议通过了《国务院机构改革方案》，2018年4月27日第十三届全国人民代表大会常务委员会第二次会议通过了《全国人民代表大会常务委员会关于国务院机构改革涉及法律规定的行政机关职责调整问题的决定》。《国务院机构改革方案》施行后，政府部门的职权均按照该方案的规定行使。该方案中决定，组建国家市场监督管理总局。将国家工商行政管理总局的职责，国家质量监督检验检疫总局的职责，国家食品药品监督管理总局的职责，国家发展和改革委员会的价格监督检查与反垄断执法职责，商务部的经营者集中反垄断执法以及国务院反垄断委员会办公室等职责整合。

组建国家市场监督管理总局，作为国务院直属机构。同时，组建国家药品监督管理局，由国家市场监督管理总局管理。将国家质量监督检验检疫总局的出入境检验检疫管理职责和队伍划入海关总署。保留国务院食品安全委员会、国务院反垄断委员会，具体工作由国家市场监督管理总局承担。国家认证认可监督管理委员会、国家标准化管理委员会职责划入国家市场监督管理总局，对外保留牌子。不再保留国家工商行政管理总局、国家质量监督检验检疫总局、国家食品药品监督管理总局。药品监督管理部门与市场监督管理部门的有关职责分工：国家药品监督管理局负责制定药品、医疗器械和化妆品监管制度，并负责药品、医疗器械和化妆品研制环节的许可、检查和处罚。省级药品监督管理部门负责药品、医疗器械和化妆品生产环节的许可、检查和处罚，以及药品批发许可、零售连锁总部许可、互联网销售第三方平台备案及检查和处罚。因市县两级不设药品监督部门，市场监督管理部门负责药品零售、医疗器械经营的许可、检查和处罚，以及化妆品经营和药品、医疗器械使用环节质量的检查和处罚。

#### *1.1.2.5* 授权予某部门中具有特别管理职权的行政机关或者社会组织

这类授权有两种形式：一是法律、法规授予某部门中的特定行政机关具有某项行政管理的职权。因受特别授权的约束，该部委虽对特定机关具有一定的领导权，但不能以自己的名义行使此项职权。例如，《国境卫生检疫法》将对违反国境卫生检疫行政管理规范行为的行政管理职权授予国境卫生检疫机关实施。国境卫生检疫机关原隶属于国家质量监督检验检疫总局，现隶属于海关总署，虽受海关总署的领导，但由于该法未授予海关总署实施国境卫生检疫行政管理职权，因此，该项职权只能由国境卫生检疫机关在法律、法规授予的职权范围内行使，而不能直接由海关实施。

二是法律、法规将某项行政管理职权授予社会组织行使。该社会组织能以自己名义行使此项职权，但不能交由其他社会组织或者个人代行此项职权。被授权的社会组织在业务上虽受某部门行政机关的领导或者指导，但这项职权只能由其行使，具有领导或指导权限的行政机关不得行使。此类授权主要有两种形式：

（1）法律、法规明确规定，授予某一类社会组织可以行使某项行政管理职权。例如，《律师法》第 46 条第（5）项规定，律师协会组织管理申请律师执业人员的实习活动，对实习人员进行考核。又如，《注册会计师法》第 13 条第 1 款规定："已取得注册会计师证书的人员，除本法第十一条第一款规定的情形外，注册后有下列情形之一的，由准予注册的注册会计师协会撤销注册，收回注册会计师证书：（一）完全丧失民事行为能力的；（二）受刑事处罚的；（三）因在财务、会计、审计、企业管理或者其他经济管理工作中犯有严重错误受行政处罚、撤职以上处分的；（四）自行停止执行注册会计师业务满一年的。”

（2）法律、法规及国务院决定中规定，国务院部门或者县级以上人民政府可以将某项行政管理职权授予社会组织。国务院部门或者县级以上人民政府依据该规定授予职权的社会组织就取得了该项行政管理职权。例如，《社会团体登记条例》第 6 条第 2 款规定：“国务院有关部门和县级以上地方各级人民政府有关部门、国务院或者县级以上地方各级人民政府授权的组织，是有关行业、学科或者业务范围内社会团体的业务主管单位（以下简称业务主管单位）。”又如，《学位条例》第 8 条规定：“学士学位，由国务院授权的高等学校授予；硕士学位、博士学位，由国务院授权的高等学校和科学研究机构授予。授予学位的高等学校和科学研究机构（以下简称学位授予单位）及其可以授予学位的学科名单，由国务院学位委员会提出，经国务院批准公布。”法律、法规将某部门行政机关的某项行政管理职权，授予其所设立的不同职能的纵向行政机关或者社会组织来实施，这些行政机关或者授权的组织的行政管理职权相对小于该部门行政机关的权力。

#### *1.1.2.6* 交叉授权

即法律、法规将对某项行政事务的行政管理职权同时授予两个行政管理部门实施。在我国现行法律、法规的规定中，交叉授权主要有两种形式：一是某一法律、法规把对某一类行为的行政管理职权同时授予两个部门的行政机关实施。例如，

2017 年《计量法》第 30 条规定："本法规定的行政处罚，由县级以上地方人民政府计量行政部门决定。本法第二十六条规定的行政处罚，也可以由工商行政管理部门决定。"这里需要注意，国务院 2018 年 3 月 22 日发出的《国务院关于机构设置的通知》(国发〔2018〕6 号）中，将国家工商行政管理总局和国家质量监督检验检疫总局合并为国家市场监督管理总局。在这次机构改革完成后，2017 年《计量法》第 30 条规定的职权交叉问题将不复存在。2018 年《计量法》第 30 条规定："本法规定的行政处罚，由县级以上地方人民政府计量行政部门决定。"二是同一行为，不同的法律、法规规定由不同的行政机关进行管理。例如，有关发票的监管职权，《会计法》规定财政部门负责监管；《税收征收管理法》规定税务部门负责监管；《审计法》规定审计部门负责监管；《证券法》规定证券监督部门负责监管。由于立法上交叉授权，造成部门行政机关职能不清，常常引起部门管辖权争议。对这类部门管辖权争议，应当按照"谁先发现谁处理"的原则解决。即哪个行政机关最先发现，由哪个行政机关处理，后发现的机关原则上不得再行处理。如果难以判断谁先谁后的，应当由同级人民政府按照有利于处理的原则，指定某一部门行政机关管辖。

法律、行政法规没有明确授予某部门行政机关对某类行为实施行政管理职权的，该部门行政机关实施该项行政管理职权的，一般属于超越部门管辖权的行为。但是，以下四种情形属于例外：

（1）国务院作出的将某项专门行政管理职权授予某个部门的决定，应作为确定部门行政管理职权的依据。

（2）国务院部、委员会及国务院授权的直属机构，在尚未制定法律、行政法规的情况下，在法律、行政法规及国务院授予其行政管理职权范围内，依据国务院规定的罚款限额的规定或者经国务院批准制定的规章，明确授予本部门行政机关对某类违反行政管理秩序的行为予以警告或者罚款的职权。该部门行政机关具有对这类行为实施行政管理的职权。

（3）除限制人身自由的行政处罚外，国务院或者经国务院授权的省、自治区、直辖市人民政府可以决定一个行政机关行使有关行政机关的行政处罚权。未经国务院授权的省、自治区、直辖市人民政府及它们以下的人民政府均没有权力决定一个行政机关行使有关行政机关的行政处罚权。现国务院对所有的省、自治区、直辖市人民政府均有相关授权。

（4）在一般情况下，部门执法时应依据法律、法规授予的行政管理职权进行执法；法律、法规、国务院决定没有规定或者规定不明确的，由省、自治区、直辖市人民政府确定的部门执法。例如，国务院2017年8月6日发布的《无证无照经营查处办法》第5条规定："经营者未依法取得许可从事经营活动的，由法律、法规、国务院决定规定的部门予以查处；法律、法规、国务院决定没有规定或者规定不明确的，由省、自治区、直辖市人民政府确定的部门予以查处。"

需要注意，国务院所设立的部门在一些特殊情况下，与地方人民政府所设立的部门并不一一对口，因此会出现国务院设立的部门地方上没有，地方上设立的部门国务院没有的情形。对此种情形，法律、法规所规定的部门，地方人民政府确定为主管此项工作的部门，应当确定为主管部门。例如，某些城市为了精简机构只设立了园林局，没有设立林业局，根据国务院"三定"方案的规定，城市园林工作，由住房与城乡建设部主管，林业工作由国家林业局主管，因该城市未设林业局，当地人民政府将林业工作确定给园林局主管。对地方人民政府所确定的园林局，应视为当地主管林业的部门。为了提高执法效率，减少多头执法，过去有个别地区将原主管部门的执法权集中到另一个执法部门。例如，国务院将价格执法部门放在发改委，而深圳市将有关市场的执法权全部集中到工商机关，未放在发改委。故深圳市工商机关对价格违法行为作出的行政行为，不宜认定为超越部门职权。当然，在 2018 年国务院机构改革后，此种情形将不复存在。

### *1.1.3*　超越政府及其部门管辖职权的表现形式

从我国近年来行政审判中反映的情况来看，行政机关超越管辖权主要有以下几种表现形式：

#### *1.1.3.1*　越权行使其他行政部门或政府的管理职权

行政机关只能行使法律、法规授予本部门行政机关行使的行政管理职权，如果行使了法律、法规授予的其他行政部门的管理职权，即属于越权行使其他行政部门管辖权的行为。按照行政机关越权的原因划分，这类超越职权的行为主要有以下几种：

（1）因利益驱动越权行使其他行政部门或政府的职权。曾经有段时期，我国不少地方人民政府对各部门行政机关实施的收费、罚没款等实行留成或者同本部门经济利益挂钩的办法管理收费款和罚没款。一些部门行政机关受到利益驱动，时常发生“权力自我扩张”，越权行使其他行政部门或政府的职权。对这种情况，已经引起立法机关的高度重视。例如，《行政处罚法》第 53 条第 2 款明确规定，罚款、没收违法所得或者没收非法财物拍卖的款项，必须全部上缴国库，任何行政机关或者个人不得以任何形式截留、私分或者变相私分；财政部门不得以任何形式向作出罚款决定的行政机关返还罚款、没收的违法所得或者返还没收非法财物的拍卖款项。国务院有明确规定收支两条线的措施。这些措施从立法上解决了这一问题。但是，还需各级人民政府严格执行，才能最终解决这一问题。人民法院在审理行政诉讼案件时，发现行政机关因利益驱动越权行使其他部门行政管理职权的行政行为，均应一律判决予以撤销。

（2）未将法律授予自身职权的边界厘清造成越权。法律、法规授予行政部门的行政管理职权都有一定的边界，如果超出边界就属超越部门职权。例如，2007 年 11 月 12 日，鲁潍公司从江西、湖北等地购进 360 吨工业盐，其中在苏州火车西站还剩余工业精盐 121.7 吨、粉盐 93.1 吨。苏州市盐务管理局于 2009 年 2 月 26 日认定原告未经批准购买、运输工业盐的行为，违反了国务院《盐业管理条例》第 20 条、《江苏省〈盐业管理条例〉实施办法》(以下简称《江苏省实施办法》) 第 23 条、第 32 条第（2）项的规定，根据《江苏省实施办法》第 42 条的规定，作出了《行政处罚决定》，没收原告违法购进的精制工业盐 121.7 吨、粉盐 93.1 吨，并处罚款 122363 元。《盐业管理条例》第 20 条虽然规定“盐的批发业务，由各级盐业公司统一经营”，但该行政法规没有设定法律责任条款，即既未规定行政处罚也未规定刑事责任。《行政许可法》第 15 条第 1 款规定：“本法第十二条所列事项，尚未制定法律、行政法规的，地方性法规可以设定行政许可；尚未制定法律、行政法规和地方性法规的，因行政管理的需要，确需立即实施行政许可的，省、自治区、直辖市人民政府规章可以设定临时性的行政许可。临时性的行政许可实施满一年需要继续实施的，应当提请本级人民代表大会及其常务委员会制定地方性法规。”第 16 条第 2 款规定：“地方性法规可以在法律、行政法规设定的行政许可事项范围内，对实施该行政许可作出具体规定。”第 16 条第 3 款规定：“规章可以在上位法设定的行政许可事项范围内，对实施该行政许可作出具体规定。”《行政处罚法》第 13 条规定：“省、自治区、直辖市人民政府和省、自治区人民政府所在地的市人民政府以及经国务院批准的较大的市人民政府制定的规章可以在法律、法规规定的给予行政处罚的行为、种类和幅度的范围内作出具体规定。尚未制定法律、法规的，前款规定的人民政府制定的规章对违反行政管理秩序的行为，可以设定警告或者一定数量罚款的行政处罚……”据此，在已经制定行政法规的情况下，地方政府规章只能在行政法规规定的给予行政处罚的行为、种类和幅度的范围内作出具体规定。《盐业管理条例》对盐业公司之外的其他企业经营盐的批发业务没有规定行政处罚，地方政府规章不能对该行为规定行政处罚。此外，国家经济贸易委员会运行盐办函〔2002〕25 号《关于工业盐运销有关政策解释的复函》中规定：“一、1995 年，经国务院批准，《国家计委、国家经贸委关于改进工业盐供销和价格管理办法的通知》(计价格〔1995〕1872 号）规定‘取消现行的工业盐准运证和准运章制度’，因此，工业盐的运输不需要准运证。二、在地方性法规与行政法规相抵触的情况下，适用《国务院关于禁止在市场经济活动中实行地区封锁的规定》第二十八条规定。”根据上述规定，食用盐须办理准运证，工业盐无须办理准运证。苏州市盐务管理局在作出行政处罚决定时，未将该局管理事项的职权的边界划分清楚，导致超越部门职权的错误发生。

（3）因误将不属于交叉职权当成交叉职权造成越权。由于我国一些法律、法规中对某类行政事务的行政管理职权同时授予两个部门行政机关行使，一些行政机关因对这方面的职权划分理解错误，越权行使其他部门管辖权而作出行政行为。例如，1987 年 3 月 10 日，某水产公司请求按照市物价局批准其可以按原定每公斤 2000 元的价格下浮 30%，以每公斤 1400 元的价格，收购鳗鱼苗的批复，收购鳗鱼苗 1500 公斤。市工商局以“该公司违反国家规定的收购鳗鱼苗最低保护价，压价收购鳗鱼苗”为由，依据《价格管理条例》第 29 条第（3）项和第 30 条以及国务院办公厅发布的《关于发展鳗鱼苗生产、控制鳗鱼苗出口的通知》第1条的规定，决定没收该公司非法所得80万元。水产公司以“市工商局无权对其下浮收购鳗鱼苗的行为进行处罚”为由，向法院提起行政诉讼。市工商局在答辩中提出，国家工商行政管理局和国家物价局于1986年8月4日下发的《关于在查处经济违法案件中加强协作配合的联合通知》中规定：“对按现行工商行政管理法规、规章或物价政策、法规均可查处的经济违法案件，工商行政管理机关和物价检查机关谁先检查谁处理，另一方不中途插手或重复处理。”水产公司下浮收购鳗鱼苗价格的行为，属于“交叉”问题，工商行政管理机关与物价管理机关均有权查处，其作出的处罚决定不超越职权。根据《价格管理条例》的规定，水产公司下浮收购鳗鱼苗价格的行为，属于单纯的涉及价格管理的问题，不属于“交叉”问题，违反价格管理的行为，由物价监督机构进行处理，未授权工商行政管理机关处理，故市工商局对水产公司作出的处罚决定属于超越职权的行为。①

（4）因未注意特别法或特别条款的规定超越职权。某些法律、法规采取“一般授权与特别条款专门授权”和“普通法律授权与特别法律专项授权”的形式，将某项行政事务的行政管理职权授予不同部门的行政机关行使。行政机关只注意到原则授权，未注意特别授权，造成越权行使其他行政机关的职权。例如，某县技术监督局于2002年7月20日查获某工厂已销售出去其生产的价值50万元国家明令淘汰的低压电气产品，获利10万余元，未销售出去的国家明令淘汰的低压电气产品500箱。根据2000年《产品质量法》第51条的规定，责令该工厂停止生产，没收违法生产未销售的低压电气产品500箱和违法所得

① 该案发生在1987年，所以适用当时有效的《价格管理条例》，该条例现已废止。

10 万元，同时吊销其营业执照。2000 年《产品质量法》第 70 条规定："本法规定的吊销营业执照的行政处罚由工商行政管理部门决定，本法第四十九条至第五十七条、第六十条至第六十三条规定的行政处罚由产品质量监督部门或者工商行政管理部门按照国务院规定的职权范围决定……"市技术监督局对违法生产国家明令淘汰的低压电气产品有行政处罚权。但根据该条的规定，不具有吊销营业执照的职权。故该处罚决定中所作的吊销营业执照的决定属于超越职权性质，应予撤销。

（5）因采取竞合方式作出处罚决定造成越权。行政相对人的同一违法行为，同时触犯了两个或者两个以上法律规范，不同的法律、法规又分别将行政处罚权授予两个或者两个以上部门行政机关进行处理。对这种情况能否采取竞合处罚，在法学界和司法界均有不同观点。有人认为，为有效、及时打击违法行为，维护社会秩序，行政机关可以采取竞合的方式进行处罚。但大多数人认为，原则上不能采取竞合方式进行处罚。理由是：在《刑法》中有一行为触犯数罪名从一重论处的原则。但是，行政处罚与刑罚有两点不同：其一，行政法没有一个完整的行政法典，它散见在众多的单行法律、法规之中，对各类违法行为的行政处罚，也都是由各单行法律、法规规定的；而《刑法》仅有一部刑法典，刑罚也均是由这部《刑法》规定的。其二，单行法律、法规在一般情况下，分别将对不同的违法行为的行政处罚权，授予不同部门行政机关行使；而《刑事诉讼法》将作出刑罚决定权只授予人民法院，再没有授予其他国家机关。所以，不能简单地将《刑法》中的一行为触犯数罪名从一重处罚的原则搬到行政法中。如果不加区别地照搬，就可能造成各部门行政机关职权混乱，不利于行政机关进行正常的行政管理活动。所以，在行政管理活动中，原则上不能采取竞合方式作出行政处罚。也就是说，一个违法行为同时违反了两个或者两个以上法律、法规的规定，它们分别将行政处罚权授予不同部门行政机关行使的，某一部门行政机关不能采取竞合的方式作出行政处罚决定，如果采取竞合的方式作出行政处罚决定的，即属超越职权。例如，某公司出售冒用他人商标的假药的行为，分别违反了《商标法》和《药品管理法》的规定，根据这两个法律的规定，对违反《商标法》的行为，由工商行政管理部门处罚，对违反《药品管理法》的行为，由药品监督管理部门处罚。如果工商行政管理机关同时适用《商标法》和《药品管理法》的有关规定作出处罚决定，即属于超越职权的行为。但是，一个违法行为同时违反两个或者两个以上法律、法规的规定，它们均将行政处罚权授予同一部门的行政机关行使，被授权部门的行政机关采取竞合方式作出行政处罚决定，不属于超越职权的性质。上面的案例发生在 2018 年《国务院机构改革方案》施行之前，所以分别应由工商行政管理机关与药品监督管理机关处理，不可竞合作出行政处罚。此案如果发生在 2018 年《国务院机构改革方案》施行之后，违反商标管理和药品管理的一般违法行为的行政处罚权，均由地市级或县级市场监督管理机关行使，因此地市级或县级市场监督管理机关可以依据《商标法》和《药品管理法》的相关规定，竞合作出行政处罚决定；违反药品管理情节特别严重行为的行政处罚权由省级药品监督管理机关行使，市场监督管理机关无权行使，对同时违反《商标法》和《药品管理法》的行为，无论是省级药品监督管理机关还是市场监督管理机关均不可依据这两部法律的规定，作出竞合行政处罚决定。

此外，需要特别指出，人民法院在审理行政案件时，发现一个具有部门管辖权的行政机关与另一个不具有部门管辖权的行政机关共同对某一行政事务作出行政行为，仍属于“超越部门管辖权”的性质，倘若实体上没有问题，为避免浪费行政和司法资源，切实解决行政纠纷，法院应作出确认该行政行为违法的判决，不宜作出驳回原告诉讼请求的判决。如果判决驳回原告诉讼请求，也就意味着人民法院确定没有部门管辖权的行政机关具有该项职权，这样做与行政机关职权划分的原则相悖，不利于被告行政机关认识到其行为的错误所在。

#### *1. 1. 3. 2*　越权行使司法权

越权行使司法权，是指行政主体行使了法律授予人民法院行使的审判权、人民检察院行使的检察权和授予公安机关、安全机关行使的刑事侦查权。实践中越权行使司法权主要有三种形式：

（1）越权行使司法裁判权。根据我国的法律规定，司法裁判权只能由人民法院行使，其他任何机关均不能行使，如果行使了即属越权行为。例如，某工厂与某公司发生经济纠纷，公安机关作出某公司赔偿某工厂 20 万元的决定。根据《民事诉讼法》的规定，对平等主体之间的民事纠纷案件的裁判权，由人民法院行使，未授予公安机关对民事纠纷的裁决权。公安机关作出的该处理决定是对平等主体之间的民事纠纷案件作出的裁决，就属越权行使司法裁判权的性质。

（2）行政主体作出的行政行为否定人民法院作出的已经发生法律效力的判决、裁定及法院主持下当事人达成的调解协议。根据我国《刑事诉讼法》《民事诉讼法》《行政诉讼法》的规定，人民法院作出的已经发生法律效力的判决、裁定及其主持下当事人达成的调解协议，具有最终法律效力，非经司法程序任何单位或者个人不得改变，故行政主体作出的行政行为不得否定已生效的判决、裁定及法院主持达成的调解协议的法律效力。即使已生效的判决、裁定及法院主持达成的调解协议确实错误，也应当向有管辖权的人民法院反映，由人民法院通过审判监督程序予以纠正，行政机关无权直接改变。例如，甲公司因拖欠乙公司购买电视机货款发生纠纷，甲公司起诉到人民法院。法院经审理，判决认定，甲公司与乙公司所签订的购买电视机合同有效，甲公司在判决生效后一个月内付清其所欠乙公司的货款。判决生效后，工商行政管理机关以乙公司违法倒卖电视机为由，没收了乙公司所获得的利润。工商行政管理机关的这一决定就属于这类越权行为。

（3）越权行使司法强制执行权。法律将某项强制执行权仅授予了人民法院，而未授予行政机关，行政机关不得自行采取强制执行措施，只能申请人民法院强制执行。如果自行采取强制措施就属越权行使司法强制执行权行为。《行政强制法》第13条规定："行政强制执行由法律设定。法律没有规定行政机关强制执行的，作出行政决定的行政机关应当申请人民法院强制执行。"我国现行法律中有关行政强制执行形式有三种规定：一是由行政机关自行强制执行。例如，《治安管理处罚法》第103条规定："对被决定给予行政拘留处罚的人，由作出决定的公安机关送达拘留所执行。"第104条规定："受到罚款处罚的人应当自收到处罚决定书之日起十五日内，到指定的银行缴纳罚款。但是，有下列情形之一的，人民警察可以当场收缴罚款：（一）被处五十元以下罚款，被处罚人对罚款无异议的；（二）在边远、水上、交通不便地区，公安机关及其人民警察依照本法的规定作出罚款决定后，被处罚人向指定的银行缴纳罚款确有困难，经被处罚人提出的；（三）被处罚人在当地没有固定住所，不当场收缴事后难以执行的。"又如，《城乡规划法》第68条规定："城乡规划主管部门作出责令停止建设或者限期拆除的决定后，当事人不停止建设或者逾期不拆除的，建设工程所在地县级以上地方人民政府可以责成有关部门采取查封施工现场、强制拆除等措施。"法律授予强制执行权的行政机关依法采取行政强制执行行为，不属于违法，但超出行政行为所确定的执行范围或者采取强制执行措施不符合法律规定的，则属违法。二是法律规定，行政机关既可以自行采取强制执行措施，又可以申请人民法院强制执行。例如，《税收征收管理法》第 88 条第 3 款规定："当事人对税务机关的处罚决定逾期不申请行政复议也不向人民法院起诉、又不履行的，作出处罚决定的税务机关可以采取本法第四十条规定的强制执行措施，或者申请人民法院强制执行。"《海关法》第 93 条规定："当事人逾期不履行海关的处罚决定又不申请复议或者向人民法院提起诉讼的，作出处罚决定的海关可以将其保证金抵缴或者将其被扣留的货物、物品、运输工具依法变价抵缴，也可以申请人民法院强制执行。"根据这两条的规定，税务机关、海关在法律授权的范围内所采取的强制执行行为属于合法行政行为。三是法律未规定行政机关可以实施行政强制行为。此种情形，行政机关只能申请人民法院强制执行，不得自行采取行政强制执行。例如，《土地管理法》第 83 条规定，对非法占用土地的行为人作出的行政处罚决定，被处罚人在法定起诉期限内，既不起诉又不执行的，由作出行政处罚决定的行政机关申请人民法院强制执行。如果作出行政处罚决定的行政机关不申请人民法院强制执行，而自行采取强制措施的，即属这类越权行为。这里需要注意，根据《最高人民法院关于办理申请人民法院强制执行国有土地上房屋征收补偿决定案件若干问题的规定》(法释〔2012〕4 号）的规定，市、县级人民政府对行政相对人拒绝履行房屋征收补偿决定的，应当向人民法院申请强制执行。人民法院经审查认为合法，裁定准予执行的，一般由作出补偿决定的市、县级人民政府组织实施，也可以由人民法院执行。

### 1.1.4 判断是否超越部门管辖职权时应当注意的问题

人民法院在审理行政案件中判断是否超越部门管辖职权时，应当注意以下几个问题：

#### 1.1.4.1 通常对一般授权与特别授权的判断问题

在审理行政案件中，对被告是否具有部门职权的问题，因原告与被告所依据的法律或法律条文不同，常常发生争议。因此，需要对一般授权与特别授权的问题进行甄别。如果在同一部法律或者法规中，原则上将某项职权授予一个行政部门，在特别条款中，又将对特殊问题处理的这项职权授予另一行政部门时，根据特别规定优于一般规定的原则，此时应当适用特别条款的规定。例如，2015 年《药品管理法》第 87 条规定："本法第七十二条至第八十六条规定的行政处罚，由县级以上药品监督管理部门按照国务院药品监督管理部门规定的职责分工决定；吊销《药品生产许可证》、《药品经营许可证》、《医疗机构制剂许可证》、医疗机构执业许可证书或者撤销药品批准证明文件的，由原发证、批准的部门决定。"第 88 条规定："违反本法第五十五条、第五十六条关于药品价格管理的规定的，依照《中华人民共和国价格法》的规定处罚。"这里的第 87 条的规定属于一般规定，第 88 条的规定属于特别规定，因此，有关药品价格管理问题的行政处罚权，应当由价格管理机构行使。这里需要注意的问题是，2018 年《国务院机构改革方案》中，将国家发展和改革委员会的价格监督检查执法职责，并入市场监督管理部门。在该方案施行之后，有关药品价格的监督检查执法职责，由市场监督管理部门行使。

如果在不同的、同一阶位的法律或者法规中，将行政职权分别授予不同行政部门的，就需要区分哪一部法律或法规属于一般法，哪一部属于特别法。一般法相对于特别法，其调整的范围大于特别法，特别法仅仅是一般法中所调整范围内较小的一部分。因此，判断一般授权与特别授权时，首先，要从相关的两个或两个以上法的调整范围入手。例如，2009 年《产品质量法》第 2 条规定："在中华人民共和国境内从事产品生产、销售活动，必须遵守本法。本法所称产品是指经过加工、制作，用于销售的产品。建设工程不适用本法规定；但是，建设工程使用的建筑材料、建筑构配件和设备，属于前款规定的产品范围的，适用本法规定。"2015 年《药品管理法》第 2 条规定："在中华人民共和国境内从事药品的研制、生产、经营、使用和监督管理的单位或者个人，必须遵守本法。"根据这两条的规定，药品属于产品中的一种，《产品质量法》的调整范围中包含着《药品管理法》所调整的内容，因此，《产品质量法》属于一般法，《药品管理法》属于特别法。

其次，要分析一般法与特别法的授权关系问题。例如，2009 年《产品质量法》第 8 条规定："国务院产品质量监督部门主管全国产品质量监督工作。国务院有关部门在各自的职责范围内负责产品质量监督工作。县级以上地方产品质量监督部门主管本行政区域内的产品质量监督工作。县级以上地方人民政府有关部门在各自的职责范围内负责产品质量监督工作。法律对产品质量的监督部门另有规定的，依照有关法律的规定执行。"第 70 条规定："本法规定的吊销营业执照的行政处罚由工商行政管理部门决定，本法第四十九条至第五十七条、第六十条至第六十三条规定的行政处罚由产品质量监督部门或者工商行政管理部门按照国务院规定的职权范围决定。法律、行政法规对行使行政处罚权的机关另有规定的，依照有关法律、行政法规的规定执行。"2015 年《药品管理法》第 5 条规定："国务院药品监督管理部门主管全国药品监督管理工作。国务院有关部门在各自的职责范围内负责与药品有关的监督管理工作。省、自治区、直辖市人民政府药品监督管理部门负责本行政区域内的药品监督管理工作。省、自治区、直辖市人民政府有关部门在各自的职责范围内负责与药品有关的监督管理工作……”第87条规定：“本法第七十二条至第八十六条规定的行政处罚，由县级以上药品监督管理部门按照国务院药品监督管理部门规定的职责分工决定；吊销《药品生产许可证》、《药品经营许可证》、《医疗机构制剂许可证》、医疗机构执业许可证书或者撤销药品批准证明文件的，由原发证、批准的部门决定。”正因为《药品管理法》属于特别法，根据上述规定，《药品管理法》中明确规定对一般违反药品管理的行为，由药品监督管理部门行使处罚权。如果被处罚人的行为属于违反一般药品管理的行为，就应当由药品监督管理部门行使行政处罚权。在2018年《国务院机构改革方案》施行后，因地市级和县市级的食品药品监督管理机关并入市场监督管理机关，其职权亦移交给市场监督管理机关，因此，原地市级和县级食品药品监督管理机关的职权，均由地市级或县级市场监督管理机关行使。

最后，要分析被管理行为属于何种性质。例如，某医院在临床上以工业用氧替代医用氧，某工商机关以其损害消费者权益为由，依据2000年《产品质量法》的有关规定，对该医院作出行政处罚。该医院认为此行为属于2001年《药品管理法》的调整，该法未规定工商机关具有行政处罚职权，工商机关的处罚行为属于超越职权。2001年《药品管理法》第32条规定：“药品必须符合国家药品标准。中药饮片依照本法第十条第二款的规定执行。国务院药品监督管理部门颁布的《中华人民共和国药典》和药品标准为国家药品标准。国务院药品监督管理部门组织药典委员会，负责国家药品标准的制定和修订。国务院药品监督管理部门的药品检验机构负责标定国家药品标准品、对照品。”第 102 条规定：“药品，是指用于预防、治疗、诊断人的疾病，有目的地调节人的生理机能并规定有适应症或者功能主治、用法和用量的物质，包括中药材、中药饮片、中成药、化学原料药及其制剂、抗生素、生化药品、放射性药品、血清、疫苗、血液制品和诊断药品等。”1988 年国家颁布了 GB 8982-1988《医用氧气》国家标准。1995 年国家已将其收入《中华人民共和国药典》，2000 年版药典又对其进行了进一步的修改。《中华人民共和国药典》2005 年版二部收载的氧，其作用为“缺氧的预防和治疗”，这充分说明在我国医用氧是按药品来管理的。换言之，1995 年国家将医用氧收入《中华人民共和国药典》后，医用氧就属于特殊的产品——“药品”，而不再属于一般的产品。2001 年《药品管理法》第 48 条中规定，以非药品冒充药品或者以他种药品冒充此种药品为假药。医疗机构给病人输氧，其目的是调节人生理机能，用于预防、治疗疾病。工业氧与医用氧无论从制造方法、制造工艺、质量标准和用途上看，两者都是不同的。因此，工业氧属于非药品，医疗机构将工业氧代替医用氧用于临床，属于以非药品冒充药品的行为，根据 2001 年《药品管理法》的规定，药品监督管理部门对此违法行为具有行政处罚权，工商部门不具有行政处罚权。

在通常情况下，一般法与特别法对同一行为或者同一事项的监督管理职权授予不同的行政部门的，应当适用特别法的规定，而不应适应一般法的规定。但需要注意的是，特别法将该法的一般行政管理职权授予了一个行政管理部门，但对特殊的行为或者事项未作出相应的规定，而在一般法对这一特殊的行为或者事项的监督管理职权授予了其他行政管理部门的情况下，有关部门的职权问题，应当适用一般法的规定，而不应适用特别法的规定。例如，《安全生产法》第 2 条规定：“在中华人民共和国领域内从事生产经营活动的单位（以下统称生产经营单位）的安全生产，适用本法；有关法律、行政法规对消防安全和道路交通安全、铁路交通安全、水上交通安全、民用航空安全以及核与辐射安全、特种设备安全另有规定的，适用其规定。”《道路交通安全法》第2条规定：“中华人民共和国境内的车辆驾驶人、行人、乘车人以及与道路交通活动有关的单位和个人，都应当遵守本法。”根据这两条的规定，《安全生产法》的调整范围显然大于《道路交通安全法》，前者为一般法，后者为特别法，根据特别法优于一般法的原则，属于道路交通安全问题的行为一般应当适用《道路交通安全法》。但是，《安全生产法》第2条规定未排除对《道路交通安全法》未规定事项的管辖权。《道路交通安全法》中未规定对交通运输企业未尽安全生产教育培训义务的行为可以给予行政处罚，相反，《安全生产法》第25条①则规定了一般生产经营单位对其从业人员的安全生产教育培训义务，同时该法第94条②又对违反该项义务的法律责任作出了明确规定。在此情形下，应对运输企业适用《安全生产法》予以行政处罚。

#### *1.1.4.2* 难以区别一般授权与特别授权的部门职权判断问题

在审判实践中，难以区别特别授权与一般授权主要有以下

---

① 《安全生产法》第25条第1款规定：“生产经营单位应当对从业人员进行安全生产教育和培训，保证从业人员具备必要的安全生产知识，熟悉有关的安全生产规章制度和安全操作规程，掌握本岗位的安全操作技能，了解事故应急处理措施，知悉自身在安全生产方面的权利和义务。未经安全生产教育和培训合格的从业人员，不得上岗作业。”

② 《安全生产法》第94条第（3）项规定：“生产经营单位有下列行为之一的，责令限期改正，可以处五万元以下的罚款；逾期未改正的，责令停产停业整顿，并处五万元以上十万元以下的罚款，对其直接负责的主管人员和其他直接责任人员处一万元以上二万元以下的罚款：……（三）未按照规定对从业人员、被派遣劳动者、实习学生进行安全生产教育和培训，或者未按照规定如实告知有关的安全生产事项的……”

两种情况：

一是两部相关的同一位阶的法律、法规，在调整范围上不存在谁包含谁的问题，而是互有交叉，法律或法规又都是原则上，将行政职权授予一个部门，同时又规定法律有特别授权的，由授权的行政管理部门行使。例如，1993 年《反不正当竞争法》第 2 条规定，该法所调整的范围是对经营者不正当竞争行为的行政管理。2003 年《商业银行法》第 1 条规定，该法的调整范围是保护商业银行、存款人和其他客户的合法权益，规范商业银行的行为，提高信贷资产质量，加强监督管理，保障商业银行的稳健运行，维护金融秩序，促进社会主义市场经济的发展。从这两条的规定来看，这两部法律的调整范围不存在包含的关系，而是交叉的关系。1993 年《反不正当竞争法》第 3 条第 2 款规定："县级以上人民政府工商行政管理部门对不正当竞争行为进行监督检查；法律、行政法规规定由其他部门监督检查的，依照其规定。"根据该条的规定，该法原则上把有关不正当竞争的行政管理职权授予了工商行政管理部门，其他法律、行政法规有特别授予的情况下，由法律特别授权的行政管理部门行使行政管理职权。2003 年《商业银行法》第 10 条规定："商业银行依法接受国务院银行监督管理机构的监督管理，但法律规定其有关业务接受其他监督管理部门或者机构监督管理的，依照其规定。"该条的规定与 1993 年《反不正当竞争法》第 3 条第 2 款的规定基本相同，即国务院银行监督管理机构对商业银行实施监督管理的职权，法律有特别授权的，由授权的行政管理部门行使监督管理职权。从上述《反不正当竞争法》的角度看，商业银行中的不正当竞争行为，属于特殊的不正当竞争行为；从上述《商业银行法》的角度看，商业银行中的不正当竞争行为，属于银行管理中的特殊问题。因此，很难说谁是一般授权，谁是特别授权。因《反不正当竞争法》是对不正当竞争行为的监督管理的规定，在没有特殊规定的情况下，一般应当由《反不正当竞争法》授权的工商行政管理部门进行监管，对其他法律、行政法规有特别规定的，依照其他法律、行政法规的规定。因此，为了辨别商业银行中的不正当竞争行为由何部门行使监督管理权的问题，就需要看《商业银行法》对商业银行中的不正当竞争行为的行政监督权有无特别规定。2003 年《商业银行法》第 74 条第（3）项规定，违反规定提高或者降低利率以及采用其他不正当手段，吸收存款，发放贷款的，由国务院银行业监督管理机构给予行政处罚。修改前的《商业银行法》无此项规定。因此，2003 年修正后的《商业银行法》在 2004 年 2 月 1 日施行前，有关金融业务的不正当竞争行为的监督管理职权应由工商行政管理部门行使，之后由国务院银行业监督管理部门行使。

二是两部相关的同一位阶的法律、法规，在调整范围上存在交叉，但各自均没有明确的授权，对它们调整范围交叉部分的行为进行监督管理时，就存在有关部门管辖职权如何划分的问题。例如，在对房屋建筑工地和市政工程工地用起重机械的安装、使用的监督管理职权上，1993 年《产品质量法》第 6 条规定："国务院产品质量监督部门主管全国产品质量监督工作。国务院有关部门在各自的职责范围内负责产品质量监督工作。县级以上地方产品质量监督部门主管本行政区域内的产品质量监督工作。县级以上地方人民政府有关部门在各自的职责范围内负责产品质量监督工作。"国务院办公厅发布的国办发〔2001〕56 号文和国办发〔2001〕57 号文[1]中作出了对国家质量监督检验检疫总局与国家工商行政管理总局的分工。具体分

[1] 国务院办公厅发布的国办发〔2001〕56 号文和国办发〔2001〕57 号文，是国务院同意，以国务院办公厅的名义对外发布的，应当视为国务院的决定。

工是：国家质量监督检验检疫总局负责生产领域的产品质量监督管理；国家工商行政管理总局负责流通领域的产品质量监督管理。同时，国办发〔2001〕56 号文规定，国家质量监督检验检疫总局“承办国务院交办的其他事项”“根据国务院授权，组织协调全国有关专项打假活动”。根据上述规定，产品质量监督部门仅对生产领域的产品质量具有监督管理职权。有关流通领域、使用过程中的产品质量的监督管理职权未授予产品质量监督部门。此外，该法未明确对在房屋建设和市政工程用塔式起重机的安装、使用中的质量问题，由何职能部门行使监督管理职权。1997 年《建筑法》第 2 条①明确规定，该法调整的范围是在我国境内从事建筑活动。这里所讲的建筑活动，包括建筑许可、建筑工程发包与承包、建筑工程监理、建筑安全生产管理和建筑工程质量管理等活动。1997 年《建筑法》第 6 条规定：“国务院建设行政主管部门对全国的建筑活动实施统一监督管理。”第 43 条规定：“建设行政主管部门负责建筑安全生产的管理，并依法接受劳动行政主管部门对建筑安全生产的指导和监督。”建筑安全生产与建筑机械的质量有着密切的关系，建筑机械质量出了问题，有可能引发建筑安全事故。给人感觉，在建筑过程中使用的建筑机械的质量问题，似属于建筑安全生产管理中的一部分内容。但是，1997 年《建筑法》第 7 章法律责任中仅规定，建筑施工企业违反该法规定，对建筑安全事故隐患不采取措施的法律责任问题，却未对有关建筑机械质量出现问

① 1997 年《建筑法》第 2 条规定：“在中华人民共和国境内从事建筑活动，实施对建筑活动的监督管理，应当遵守本法。本法所称建筑活动，是指各类房屋建筑及其附属设施的建造和与其配套的线路、管道、设备的安装活动。”

题如何承担法律责任作出规定。[①] 似乎在建筑过程中使用的建筑机械的质量问题不属于该法调整的范围。换言之，此问题是否属于该法的调整范围，建设行政主管部门是否具有监督管理职权，1997 年《建筑法》的规定语焉不详。上述《产品质量法》和《建筑法》均没有明确规定，在房屋建筑工地和市政工程工地用塔式起重机械的安装、使用的监督管理职权，由何部门行使。如果行政职能部门放任行政监督管理职权，将不利于建筑安全生产，有可能引发建筑安全事故。因此，为了使这方面的行政监管不出现真空，维护建筑安全生产，有必要明确该项行政管理职权的行使部门，建设部、国家工商行政管理局、国家技术监督局在 1998 年 9 月 4 日联合发布的《施工现场安全防护用具及机械设备使用监督管理规定》（以下简称《联合规定》）第 4 条中规定，各级建设行政主管部门负责对施工现场安全防护用具及施工机械设备的使用实施监督管理。施工现场安全防护用具及机械设备使用的具体监督管理工作，可以委托所属的建筑安全监督管理机构负责实施。工商行政管理机关负责查处市场管理和商标管理中发现的经销掺假或假冒的安全防护用具及机械设备；质量技术监督机关负责查处生产和流通领域中安全防护用具及机械设备的质量违法行为。该项规定与上位法不存在抵触的问题，而且符合 1997 年《建筑法》的立法本意，因此可以作为判断部门职权的依据，在《联合规定》颁布之后，有关部门单方面改变这一职权划分的规定不能作为法院判断部门职权的依据。换言之，国务院部门之间制定的规章中有关部

① 1997 年《建筑法》第 71 条规定："建筑施工企业违反本法规定，对建筑安全事故隐患不采取措施予以消除的，责令改正，可以处以罚款；情节严重的，责令停业整顿，降低资质等级或者吊销资质证书；构成犯罪的，依法追究刑事责任。建筑施工企业的管理人员违章指挥、强令职工冒险作业，因而发生重大伤亡事故或者造成其他严重后果的，依法追究刑事责任。"

门职权规定不一致的，两个以上的国务院部门就涉及其职权范围的事项联合制定的规章规定，优于其中一个部门单独作出的规定。需要注意的是，两个以上国务院部门共同发布有关部门职权划分的规定之后，一般实施一段时间后，国务院会制定相关的行政法规进一步明确规定部门职权。国务院于 2003 年 3 月 11 日发布的《特种设备安全监察条例》进一步明确规定了有关特种设备安全的行政监督管理职权。

对职权交叉的行为实行监管时，常常会出现两个或者两个以上的行政部门均具有管辖权，根据一事不再罚的原则，原则上只能处罚一次。因此，一般情况下，先行已经进行处理的机关应当认定具有处罚权，对已经处理过的行为，其他具有职权的机关再行进行处理的，应当认定为超越职权。此外，在法律、行政法规对一些部门职权划定不清楚的情况下，相关部门作出的行政行为，应当从有利于维护社会秩序、打击违法行为，保护公民、法人或者其他组织合法权益的角度考虑，一般不宜认定为超越职权。

#### *1.1.4.3* 限制人身自由，冻结存款、汇款的强制措施和限制人身自由的行政处罚的授权问题

《立法法》《行政强制法》《行政处罚法》明确规定，对公民限制人身自由，冻结存款、汇款的强制措施和限制人身自由的行政处罚，只能由法律设定。因此说，限制公民人身自由，冻结存款、汇款的强制措施和限制人身自由的行政处罚，属于全国人民代表大会及其常委会的专属立法权。在遵循法律保留原则和法律优先原则下，这两类行政行为的职权，亦只能由法律设定，行政法规不得设定。因此，法院在审理上述行政案件时，应当查清行政执法机关是否具有法律对上述两类行政行为的职权授权。

根据我国现行法律的规定，具有限制公民人身自由的行政强制措施职权的行政部门主要有：

（1）公安机关。根据《人民警察法》《集会游行示威法》《戒严法》《禁毒法》《出境入境管理法》《道路交通安全法》的规定，公安机关的人民警察对违反治安管理或者其他公安行政管理法律、法规的个人或者组织，依法可以实施强行带离现场、约束性醒酒、强制传唤、扣留、人身搜查、强制隔离戒毒、阻止出境入境等限制人身自由的行政强制措施。此外，《铁路法》第53条规定："对聚众拦截列车或者聚众冲击铁路行车调度机构的，铁路职工有权制止；不听制止的，公安人员现场负责人有权命令解散；拒不解散的，公安人员现场负责人有权依照国家有关规定决定采取必要手段强行驱散，并对拒不服从的人员强行带离现场或者予以拘留。"

（2）军事设施管理单位。《军事设施保护法》第41条规定："违反本法规定，有下列情形之一的，军事设施管理单位的执勤人员应当予以制止：（一）非法进入军事禁区、军事管理区的；（二）对军事禁区、军事管理区非法进行摄影、摄像、录音、勘察、测量、描绘和记述的；（三）进行破坏、危害军事设施的活动的。"第42条规定："有本法第四十一条所列情形之一，不听制止的，军事设施管理单位的执勤人员依照国家有关规定，可以采取下列措施：（一）强制带离非法进入军事禁区、军事管理区的人员，对违法情节严重的人员予以扣留并立即移送公安机关或者国家安全机关；（二）立即制止信息传输等行为，扣押用于实施违法行为的器材、工具或者其他物品，并移送公安机关或者国家安全机关；（三）在紧急情况下，清除严重危害军事设施安全和使用效能的障碍物；（四）在危及军事设施安全或者执勤人员生命安全等紧急情况下使用武器。现役军人、军队文职人员和军队其他人员有本法第四十一条所列情形之一的，依照军队有关规定处理。”

（3）海关。根据《海关法》第6条的规定，海关有权检查走私嫌疑人的身体，对有走私嫌疑的运输工具、货物、物品和走私犯罪嫌疑人，经直属海关关长或者其授权的隶属海关关长批准，可以扣留；对走私犯罪嫌疑人，扣留时间不超过24小时，在特殊情况下可以延长至48小时。

（4）医疗机构。《传染病防治法》第39条规定：“医疗机构发现甲类传染病时，应当及时采取下列措施：（一）对病人、病原携带者，予以隔离治疗，隔离期限根据医学检查结果确定；（二）对疑似病人，确诊前在指定场所单独隔离治疗；（三）对医疗机构内的病人、病原携带者、疑似病人的密切接触者，在指定场所进行医学观察和采取其他必要的预防措施。拒绝隔离治疗或者隔离期未满擅自脱离隔离治疗的，可以由公安机关协助医疗机构采取强制隔离治疗措施……”

（5）国境卫生检疫机关。《国境卫生检疫法》第12条规定：“国境卫生检疫机关对检疫传染病染疫人必须立即将其隔离，隔离期限根据医学检查结果确定；对检疫传染病染疫嫌疑人应当将其留验，留验期限根据该传染病的潜伏期确定。因患检疫传染病而死亡的尸体，必须就近火化。”

根据我国现行法律的规定，具有冻结存款、汇款的行政强制措施职权的行政部门主要有：

（1）海关。《海关法》第61条第1款规定：“进出口货物的纳税义务人在规定的纳税期限内有明显的转移、藏匿其应税货物以及其他财产迹象的，海关可以责令纳税义务人提供担保；纳税义务人不能提供纳税担保的，经直属海关关长或者其授权的隶属海关关长批准，海关可以采取下列税收保全措施：（一）书面通知纳税义务人开户银行或者其他金融机构暂停支付纳税义务人相当于应纳税款的存款；（二）扣留纳税义务人价值相当于应纳税款的货物或者其他财产。”

（2）税务机关。《税收征收管理法》第 38 条第 1 款规定：“税务机关有根据认为从事生产、经营的纳税人有逃避纳税义务行为的，可以在规定的纳税期之前，责令限期缴纳应纳税款；在限期内发现纳税人有明显的转移、隐匿其应纳税的商品、货物以及其他财产或者应纳税的收入的迹象的，税务机关可以责成纳税人提供纳税担保。如果纳税人不能提供纳税担保，经县以上税务局（分局）局长批准，税务机关可以采取下列税收保全措施：（一）书面通知纳税人开户银行或者其他金融机构冻结纳税人的金额相当于应纳税款的存款；（二）扣押、查封纳税人的价值相当于应纳税款的商品、货物或者其他财产。”

根据《人民警察法》《集会游行示威法》《戒严法》《治安管理处罚法》《道路交通安全法》《禁毒法》《出境入境管理法》等法律的规定，公安机关对违反治安管理或者其他公安行政管理法律、法规的个人或者组织，依法可以给予行政拘留处罚。根据《国家安全法》的规定，国家安全机关对违反国家安全法的行为，可以依法给予行政拘留处罚。

#### *1.1.4.4* 集中执法问题

国务院于 2002 年 8 月 22 日发布的《关于进一步推进相对集中行政处罚权工作的决定》指出，《行政处罚法》第 16 条规定：“国务院或者经国务院授权的省、自治区、直辖市人民政府可以决定一个行政机关行使有关行政机关的行政处罚权，但限制人身自由的行政处罚权只能由公安机关行使。”国务院对贯彻实施《行政处罚法》确立的相对集中行政处罚权制度十分重视，多次下发文件作出具体部署。自 1997 年以来，按照国务院有关文件的规定，23 个省、自治区的 79 个城市和 3 个直辖市经批准开展了相对集中行政处罚权试点工作，并取得了显著成效，对深化行政管理体制改革、加强行政执法队伍建设、改进行政执法状况、提高依法行政水平，起到了积极的作用。按照国务院批准的原则和要求积极稳妥地扩大试点范围是必要的、适宜的。实行相对集中行政处罚权的领域，是多头执法、职责交叉、重复处罚、执法扰民等问题比较突出，严重影响执法效率和政府形象的领域，目前主要是城市管理领域。根据试点工作的经验，省、自治区、直辖市人民政府在城市管理领域可以集中行政处罚权的范围，主要包括：市容环境卫生管理方面法律、法规、规章规定的行政处罚权，强制拆除不符合城市容貌标准、环境卫生标准的建筑物或者设施；城市规划管理方面法律、法规、规章规定的全部或者部分行政处罚权；城市绿化管理方面法律、法规、规章规定的行政处罚权；市政管理方面法律、法规、规章规定的行政处罚权；环境保护管理方面法律、法规、规章规定的部分行政处罚权；工商行政管理方面法律、法规、规章规定的对无照商贩的行政处罚权；公安交通管理方面法律、法规、规章规定的对侵占城市道路行为的行政处罚权；省、自治区、直辖市人民政府决定调整的城市管理领域的其他行政处罚权。集中行使行政处罚权的行政机关还可以履行法律、法规、规章或者省、自治区、直辖市和城市人民政府规定的其他职责。但是，国务院部门垂直领导的行政机关行使的行政处罚权以及限制人身自由的行政处罚权不得由集中行使行政处罚权的行政机关行使。根据该决定的规定，国务院确定在城市管理领域实行集中执法。

为此，人民法院在审查一行政机关执行他行政机关职权作出的行政行为时，必须从三个方面进行：一是审查其行使的职权是否属于城市管理领域。只要确认不属于城市管理领域，就应当判决超越职权，如果属于城市管理领域，再进行下一步的审查。二是审查其行使的职权是否有省级人民政府的特别批准。

如果没有省级人民政府的批准亦应认定为超越职权。如果省级人民政府明确授予该机关可以行使其他机关职权的，还需进行下一步的审查。三是审查其行使的职权是否属于国务院部门垂直领导的行政机关行使的行政处罚权以及限制人身自由的行政处罚权。只有排除不属于此种情况的，才可以最终认定其不存在超越部门职权的问题，反之则应当认定超越职权。

## 1.2　超越层级管辖权

层级管辖权，是指上下级行政机关之间对某项行政管理事务管理职责上的分工和权限的划分。它是解决整个行政机关系统内部哪些行政管理事务应由哪一级行政机关处理的问题。

### *1.2.1*　层级管辖的授权形式

各级行政机关之间的层级管辖权由宪法、行政组织法和单行法律、法规及规章加以规定。各级行政机关都应在法律、法规及规章授予的层级管辖职权的范围内实施行政管理职权。我国现行法律、行政法规规定的级别管辖的主要形式有四种：

（1）只规定有权作出行政行为的最低一级的行政机关，对其上级行政机关实施行政处罚权没有明确规定。例如，《航道管理条例》第27条规定，违反该条例规定的，由县级以上交通行政部门予以行政处罚。对只规定有权作出行政行为的最低一级行政机关情形的，上级行政机关原则上可以实施该项行政管理职权。具有该项职权的国务院部、委员会和有制定规章权的地方人民政府，依据法律、行政法规的规定，在制定的规章中，明确划分各级行政机关的管辖权的规定，只要在不违背法律、行政法规规定的前提下，应当按照规章的规定执行。行政机关违反规章中有关级别管辖的规定作出的行政行为，亦属于超越职权的违法行为。

（2）只规定某一部门有权作出行政行为，对各级行政机关的行政管理职权的权限没有划分。例如，《幼儿院管理条例》第 27 条规定，违反该条例的幼儿院，由教育行政部门视情节轻重，给予限期整顿、停止招生、停止办院的行政处罚。根据《行政处罚法》第 20 条的规定，对这种情况，一般应当由县级地方人民政府有行政管理职权的行政机关作出行政行为。因为，县级行政机关居于承上启下的关键位置，负有将法律、法规和政策落实到基层的职责，需要拥有较大的行政执法权。因此，应当将一般违法行政行为交由其处理，对违法行为复杂和社会影响大的，应当由较高级别的行政机关处理。部门规章在不违反上位法的情形下，对有关层级管辖的规定，应当参照。

这里需要注意的是，对法律、行政法规采用第一、二种形式作出层级授权的，规章或者地方性法规以及规章以下规范性文件在不违反上位法规定的情形下，对层级职权作进一步划分，法院应依据该规定判断作出被诉行政行为的行政主体是否超越职权。例如，《土地管理法》第 14 条第 2 款规定："单位之间的争议，由县级以上人民政府处理；个人之间、个人与单位之间的争议，由乡级人民政府或者县级以上人民政府处理。"《黑龙江省土地管理条例》第 8 条规定："土地所有权、使用权争议，由当事人协商解决，协商不成的，按下列规定处理：（一）城市和乡村非农业建设用地的土地所有权、使用权争议，由市、县人民政府处理；（二）种植业、林业、畜牧业、渔业生产用地的土地所有权、使用权争议，乡、县、区所属单位间的，由县、区人民政府处理；市（行署）行政区域内县间或者县与市（行署）所属单位间的，由市（行署）人民政府处理；市（行署）间或者县与省以上所属单位间的，由省人民政府处理；（三）个人之间、个人与单位之间，在种植业、林业、畜牧业、渔业等生产用地的使用权争议，属于乡管辖的，由乡人民政府处理。在土地所有权和使用权争议解决前，任何一方不得改变土地利用现状或者破坏土地上的附着物。属于耕地的，仍由原使用单位耕种，不得荒芜。县以上人民政府土地行政主管部门负责调处土地权属争议的具体工作。”后者第 8 条未违反前者第 14 条第 2 款的规定，是对其进一步细化，故应当作为衡量被告作出的土地确权决定是否超越层级管辖职权的标准。

（3）法律、法规明确规定某级行政机关的行政管理职权。例如，《药品管理法》第 24 条第 1 款规定：“在中国境内上市的药品，应当经国务院药品监督管理部门批准，取得药品注册证书；但是，未实施审批管理的中药材和中药饮片除外。实施审批管理的中药材、中药饮片品种目录由国务院药品监督管理部门会同国务院中医药主管部门制定。”在法律、法规对层级管辖问题上有明确规定的，各级行政机关应当严格按照法律、法规规定的层级管辖职权的范围实施行政管理职权，不得违反。凡是未授予该级行政机关实施该项行政管理职权的，该级行政机关实施了该项行政管理职权的，属于超越层级管辖职权的违法行政行为。

（4）授予某类行政机关的派出机构或者内设机构实施行政管理职权。派出机构是行政机关授权代表其执行某种特定任务或从事某种专门业务，但不是一级行政机关。派出机构可以对外行使职权必须是法律、法规的特别授权，超出授权的行为均属于超越职权性质。但须注意派出机构与派出机关不是同一概念，派出机关是县级以上地方人民政府依据组织法设立的行政机关。根据有关法律、法规及国务院决定的规定，我国地方人民政府的派出机关主要有四种类型：（1）省、自治区人民政府经国务院批准设立的行政公署；（2）国务院或省、自治区人民政府批准设立的开发区管委会；（3）县、自治县人民政府经省、自治区、直辖市人民政府批准设立的区公所；（4）市辖区、不设区的市人民政府经上一级人民政府批准设立的街道办事处。区别派出机关与派出机构应从以下三个方面进行判断：一是是否具有独立的公务员编制；二是是否具有独立的财政拨款；三是是否具有法律、法规授予的行政管理职权。派出机关必须具备上述三个条件，缺少任何一个条件的，不属于派出机关，应属于派出机构。根据《治安管理处罚法》第 91 条“治安管理处罚由县级以上人民政府公安机关决定；其中警告、五百元以下的罚款可以由公安派出所决定”的规定，公安派出所属于公安机关的派出机构，其具有作出警告、五百元以下的罚款的职权。又如，根据《税收征收管理法》第 74 条“本法规定的行政处罚，罚款额在二千元以下的，可以由税务所决定”的规定，税务所也因不具有独立的财政拨款，故属于法律授权的派出机构，有权作出 2000 元以下罚款的处罚决定。

行政机关的内部机构，系指行政机关的内部组织，除法律、法规有特别授权外，一般不得以本机关的名义对外行使职权。判断是内部机构，还是行政机关，不应仅从名称上作出确认，而应从其实质内容上进行分析。如果不具有独立的人员编制或独立的财政拨款，或法律、法规没有授予其行政管理职权的，无论它叫什么都属于内部机构，而不属于行政机关。内部机构必须要有法律、法规授予的行政管理职权，才能以自己的名义在授权的范围内作出行政行为，否则，就属于超越职权的行为。例如，国务院发布的《税收征收管理法实施细则》第 9 条规定：“税收征管法第十四条所称按照国务院规定设立的并向社会公告的税务机构，是指省以下税务局的稽查局。稽查局专司偷税、逃避追缴欠税、骗税、抗税案件的查处。国家税务总局应当明确划分税务局和稽查局的职责，避免职责交叉。”《国家税务总局关于稽查局职责问题的通知》(国税函〔2003〕140 号）中规定："稽查局的现行职责是指：稽查业务管理、税务检查和税收违法案件查处；凡需要对纳税人、扣缴义务人进行账证检查或者调查取证，并对其税收违法行为进行税务行政处理（处罚）的执法活动，仍由各级稽查局负责。"因税务稽查局设在税务机关的内部，它不具有独立的公务员编制、财政拨款，虽然叫局，但仍属于税务机关的内部机构。它也只能对纳税人、扣缴义务人进行账证检查或者调查取证，并对其税收违法行为进行税务行政处理（处罚）的执法活动。需特别注意，法律、法规授权的行政机关的派出机构或者内部机构，在复议问题上，将其视为一级行政机关，对派出机构或者内部机构作出的行政行为不服，可向设立的机关申请复议。

### *1.2.2* 层级管辖职权转移

层级管辖职权转移，是指上级行政机关有权管辖下一级行政机关或者法律、法规授权的组织实施的行政管理事务；下级行政机关认为需要上一级行政机关或者授权组织管辖的，可以报请上级行政机关管辖。

层级管辖职权转移主要有下列三种情况：一是上级行政机关认为下级行政机关正在查处的案件复杂、重大，下级行政机关不具备处理条件或者有可能影响到合法、公正处理的，上级行政机关可以提级管辖。二是上级行政机关发现某一行政相对人具有违反某一行政法律规范的行为，指定具有层级管辖职权的下级行政机关作出行政处罚决定，下级行政机关不作出的，上级行政机关可以提级管辖。三是下级行政机关认为其正在处理的案件重大、复杂、专业性很强、干扰严重无法处理，可以报请上级行政机关处理。上级行政机关经审查，认为需要提级处理的，可以决定提级处理。如果上级行政机关认为没有必要的，仍由原报请行政机关处理。

这里所讲的层级管辖权转移，只能上移，不能下移。即上级行政机关可以将下级行政机关管辖的案件提级由自己管辖，下级行政机关可以将自己管辖的案件，报请上级行政机关或者法律、法规授权的组织管辖。但是上级行政机关不能将自己管辖的案件交给下级行政机关管辖。这是因为，法律、法规授予行政机关的行政权属于专有权，专有权是不能转让的。如果可以转让，则这种规定如同虚设，没有任何意义。

### *1.2.3* 超越层级管辖职权的主要表现形式

在审判实践中，各级人民法院发现行政机关作出的行政行为超越层级管辖职权的表现形式，主要有以下几种：

#### *1.2.3.1* 下级行政机关行使上级行政机关的职权

在实践中这类超越层级管辖职权的行为主要有三种：

（1）下级行政机关行使了法律、法规授权上级行政机关行使的职权。法律、法规明确授权上级行政机关行使的行政管理职权，下级行政机关不能行使，如果行使即属超越级别管辖权的行为。例如，《土地管理法》中规定，单位之间的土地所有权和使用权争议，由县级以上人民政府处理。某乡人民政府对两个村的土地所有权争议作出确权决定，该决定即属这类超越级别管辖权的行为。这里还需特别指出，作出行政行为的行政机关超越层级管辖权所作的行政行为，上级复议机关虽然具有层级管辖权，但在作出复议决定时，应裁决予以撤销原行政行为，而后其另作出行政行为，或者在说理部分指出原行政机关超越职权性质，决定确认违法，保留原行政行为的效力。若裁决维持原行政行为，不能改变原行政行为超越职权的性质，人民法院在判决时，仍应当撤销被诉的原行政行为。“下级服从上级”，是行政法中的一项基本准则。上级行政机关对具体事务作出决定后，下级行政机关所作的行政行为无权否定。即使上级行政机关作出的决定错误，也只能向上级行政机关或者有监督权的机关反映，通过法定程序予以纠正，但不能自行作出否定上级行政机关的具体决定。凡下级行政机关作出否定上级行政机关对具体事务作出的决定的行政行为，均是超越职权的行为。例如，某村农民刘某 1983 年 2 月承包了村北面的 10 亩荒山。同年 12 月 10 日县人民政府核发给刘某的《林权证》确定刘某对其在村北进行植树的 10 亩荒山地具有使用权。1990 年 10 月期间，刘某与该村农民李某因该地的使用权发生争议。乡人民政府进行多次调解未果，于 1991 年 4 月 10 日作出裁决，将县人民政府核发给刘某的《林权证》中的 10 亩林地中的 2 亩确权给李某。因乡人民政府的裁决否定了县人民政府核发给刘某的《林权证》中所确定给刘某部分林地使用权的决定，属于越权行为。

（2）政府行使了其所属部门的行政管理职权。《城乡规划法》第 64 条规定："未取得建设工程规划许可证或者未按照建设工程规划许可证的规定进行建设的，由县级以上地方人民政府城乡规划主管部门责令停止建设；尚可采取改正措施消除对规划实施的影响的，限期改正，处建设工程造价百分之五以上百分之十以下的罚款；无法采取改正措施消除影响的，限期拆除，不能拆除的，没收实物或者违法收入，可以并处建设工程造价百分之十以下的罚款。"根据该条的规定，行政相对人违反该条的规定，应当由城乡规划部门作出行政处罚决定。县级人民政府以自己名义对此类违法行为作出行政处罚决定，属于超越政府管辖职权的违法行为。这里需要说明的是，此种违法行政行为既属于超越层级职权的性质，同时也属于超越政府职权的性质。

（3）行政机关的内部机构或者派出机构行使该机关的职权。法律、法规授权某部门的某级行政机关行使的某项行政管理职权，没有特别条款授予其内部机构或者派出机构行使的，其内部机构或者派出机构以自己的名义行使该项行政管理职权的，亦属超越级别管辖职权的行为。例如，《森林法》授权县级以上林业管理部门对违反林业管理的行为实施行政处罚，没有特别条款授予其内部机构可以实施行政处罚，县林业局的林政科若以自己的名义对违反《森林法》的行为作出行政处罚决定，就属于这类越权行为。但需要指出的是，法律、法规有特别授权的内部机构或者派出机构不受此限。例如，《动物防疫法》第 9 章中规定，违反该法规定的行为，由动物卫生监督机构作出行政处罚决定。各级农业管理行政机关中设立的动物卫生监督机构对违反该法行为依法作出的行政处罚决定，不属于超越职权的行为。

#### *1. 2. 3. 2*　上级行政机关行使下级行政机关的职权

法律、法规明确授予下级行政机关的职权或者人民政府的某部门行政机关行使的行政管理职权，上级行政机关或者人民政府原则上不得行使。例如，《治安管理处罚法》第 91 条规定："治安管理处罚由县级以上人民政府公安机关决定；其中警告、五百元以下的罚款可以由公安派出所决定。"根据该条的规定，各级人民政府均不能直接对违反治安管理的行为人作出处罚决定。这里需要特别指出，根据我国《宪法》关于上级行政机关有权改变或者撤销下级行政机关的不适当的决定和命令的规定，上级行政机关发现下级行政机关作出的行政行为错误，在当事人未申请复议或者当事人已经丧失申请复议权的情况下，依法作出纠正原错误行政行为的决定，不属于超越级别职权的行政行为。

### 1.2.4 判断层级管辖职权时应注意的问题

人民法院在判断是否超越层级管辖职权时，还应注意以下问题：

#### 1.2.4.1 下位法是否有权改变上位法有关层级管辖标准的规定问题

在我国法律规范中，有关层级管辖权的标准不少是以处理事项的金钱数来划分。由于上位法是在多年前制定的，随着物价上涨指数的升高，不少行政机关认为，原有的层级管辖标准一不适应形势发展的需要，于是制定下位法时，就改变了上位法所确定的层级管辖的标准。法院在审判中遇到此种情形，应当如何处理？

沈阳市中级人民法院在审理沈阳市东日气体制造厂诉沈阳市技术监督局苏家屯分局上诉案中认定，沈阳市技术监督局苏家屯分局于2000年4月27日以沈阳市东日气体制造厂生产、销售的瓶装氧气严重缺量为由，违反了辽宁省人大常委会通过的《辽宁省计量监督条例》(以下简称《条例》)第27条，依据《条例》第45条、第49条的规定，作出给予沈阳市东日气体制造厂罚款6万元的决定。东日气体制造厂不服，以沈阳市技术监督局苏家屯分局超越职权为由依法提起行政诉讼。我们以此案为例进行分析：

1985年《计量法》第31条规定："本法规定的行政处罚，由县级以上地方人民政府计量行政部门决定。本法第二十七条规定的行政处罚也可以由工商行政管理部门决定。"该条仅规定县级以上计量行政部门可以行使行政处罚职权，并没有具体划分各级计量行政机关行使行政处罚职权的权限。也就意味着，县级以上各级计量行政机关都具有行使行政处罚的职权。1987

年 1 月 19 日国务院批准、1987 年 2 月 1 日国家计量局发布的《计量法实施细则》[①]（以下简称《细则》）是《计量法》的下位法，可以结合行政执法中的具体情况予以具体化，但是不得超出上位法所确定的范围和违背上位法的目的及原则。1987 年《细则》第 60 条规定："本细则规定的行政处罚，由县级以上地方人民政府计量行政部门决定。罚款一万元以上的，应当报省级人民政府计量行政部门决定……"上述《细则》第 60 条的规定虽与《计量法》第 31 条的规定并不完全相同，但是，是在其所确定层级职权的范围内，对层级职权的进一步划分；在制定《细则》时，将罚款一万元以上的，确定由省级计量行政机关决定，有利于防止行政处罚权的滥用，保护行政相对人的合法权利。因此说，上述《细则》第 60 条的规定与《计量法》第 31 条的规定是一致的，不存在相互冲突或矛盾的问题，亦未存在超出制定机关的权限、违反《计量法》的本意等问题，也就不存在"抵触"的问题。

《条例》是《细则》的下位法，可以结合本地区的具体情况，对《计量法》和《细则》作进一步的具体化规定，但不得作出与《计量法》和《细则》的规定相抵触的规定。《条例》第 50 条规定："本条例规定的行政处罚，由县级以上技术监督部门依据法定的权限决定。"尽管该条中没有规定层级职权，但这里所讲的"法定的权限"应当包括《细则》第 60 条规定的层级职权的权限。换言之，计量行政机关依据《条例》作出的罚款决定必须符合《细则》第 60 条的规定，即 1 万元以上罚款只能由省级以上计量行政机关作出。省级以下计量行政机关作出 1 万元以上罚款就属超越了层级职权的性质。

---

① 1987 年《计量法实施细则》是在 2000 年《立法法》施行前国务院批准、国家计量局发布的，根据当时的规定，属于行政法规。2000 年《立法法》施行后，国务院清理时予以保留，现仍应视为行政法规。

《细则》是 1987 年制定的，被告作出行政处罚决定时已经是 2001 年，我国的物价指数已经上涨了 10 倍以上，万元以上的罚款的案件相应增多，如果都集中到省级计量行政机关作出行政处罚决定，省级计量行政机关确实难以承受。为了使省级计量行政机关集中精力解决大的问题，适当提高县级计量行政机关的行政处罚权限的范围是十分必要的。从这个角度来看，辽宁省技术监督局有关计量层级职权的解释是有一定的道理的。但是，行政职权法定是行政法中的一项原则，尽管随着时间的推移，原有的规定已经不符合行政执法的现实要求时，此时作为省级计量行政机关，只能向有权制定规则的机关反映，通过修改法律规范，来解决此问题，而不能擅自改变法定的行政职权的范围。如果可以改变，任何单位都可以说法律规定不符合现实要求，随意改变法律的规定，法律的权威性、统一性将会荡然无存。据此，辽宁省技术监督局对《条例》的解释与上述《细则》第 60 条规定相抵触，法院在审理具体计量行政案件时，不应当参考适用。换言之，下位法有关层级管辖权的标准与上位法规定的标准相抵触的，不论有何理由，都应当适用上位法的规定。

#### *1.2.4.2* 交通警察支队下属的大队能否作为行政处罚主体的问题

根据《道路交通安全法》第 5 条第 1 款①、《道路交通安全法实施条例》第 109 条第 1 款②以及《道路交通安全违法行为处

---

① 《道路交通安全法》第 5 条规定："国务院公安部门负责全国道路交通安全管理工作。县级以上地方各级人民政府公安机关交通管理部门负责本行政区域内的道路交通安全管理工作。"

② 《道路交通安全法实施条例》第 109 条第 1 款规定："对道路交通安全违法行为人处以罚款或者暂扣驾驶证处罚的，由违法行为发生地的县级以上人民政府公安机关交通管理部门或者相当于同级的公安机关交通管理部门作出决定……"

理程序规定》第 67 条第（2）项[①]的规定，对道路交通安全违法行为人处以罚款处罚的，可以由县级以上人民政府公安机关交通管理部门或者相当于同级的公安机关交通管理部门作出。这三条的规定仅仅规定，对道路交通安全违法行为人可以作出行政处罚的最低一级的公安机关。也就是说，县级以上人民政府公安机关交通管理部门或者相当于同级的公安机关交通管理部门对道路交通安全违法行为人都具有行政处罚职权。交通警察支队下属的大队如果相当于县级的公安机关交通管理部门，就具有对道路交通安全违法行为人的行政处罚职权，反之则没有该项职权。各地人民政府对公安交通警察支队下属的大队授予的层级职权不同，有的地方人民政府将公安交通警察支队下属的大队按照县级的公安机关交通管理部门对待，有的地方人民政府将公安交通警察支队下属的大队按照县级的公安机关交通管理部门内部的下设机构对待。公安部在给广西壮族自治区公安厅的答复中指出：设区的市公安机关交通管理机构下设的公安交通警察大队，属于实施条例第 109 条规定的相当于同级的公安机关交通管理部门。根据该答复的意见，一般设区的市公安机关交通管理机构下设的公安交通警察大队相当于县级的公安机关交通管理部门，具有对道路交通安全违法行为人的行政处罚职权；不设区的市公安机关交通管理机构下设的公安交通警察大队一般属于县级的公安机关交通管理部门的内部机构，不具有对道路交通安全违法行为人的行政处罚职权。

---

① 《道路交通安全违法行为处理程序规定》第 67 条第（2）项规定：“‘县级以上公安机关交通管理部门’，是指县级以上人民政府公安机关交通管理部门或者相当于同级的公安机关交通管理部门。‘设区的市公安机关交通管理部门’，是指设区的市人民政府公安机关交通管理部门或者相当于同级的公安机关交通管理部门。”

### 1.2.4.3 设区的市的人事和社会保障局是否具有劳动保障监察职责的问题

《劳动保障监察条例》第13条第1款规定："对用人单位的劳动保障监察，由用人单位用工所在地的县级或者设区的市级劳动保障行政部门管辖。"该款授权"县级或者设区的市级劳动保障行政部门"对用人单位实施劳动保障监察的权力。设区的市的"区劳动保障行政部门"在行政级别上属于"县级"。根据该款的规定，属于县级的区劳动和社会保障部门一般情况下具有对用人单位实施劳动保障监察的权力。第13条第3款又规定："省、自治区、直辖市人民政府可以对劳动保障监察的管辖制定具体办法。"该款授权省级人民政府依据该条例的规定可以就有关管辖问题制定具体的管辖规定。尽管该条中没有明确授权具有立法权的地方人大及其常委会制定行使此项职权的具体办法，但《立法法》第73条第1款规定："地方性法规可以就下列事项作出规定：（一）为执行法律、行政法规的规定，需要根据本行政区域的实际情况作具体规定的事项；（二）属于地方性事务需要制定地方性法规的事项。"《劳动保障监察条例》第13条第1款有关管辖职权的设置问题就属于《立法法》第73条第1款第（1）项规定的情形。因此，地方性法规亦可根据本地区的实际情况，决定是由区劳动和社会保障部门，还是市劳动和保障部门对用人单位实施劳动保障监察权。山东省人大常委会发布的《山东省劳动和社会保障监察条例》第8条规定："省劳动和社会保障行政部门负责对中央所属、省属用人单位及与之合资、合作企业和外省、部队驻鲁用人单位实施劳动和社会保障监察。设区的市和县（市、区）劳动和社会保障行政部门的监察管辖范围，由设区的市人民政府确定。"该条的规定，是对《劳动保障监察条例》第13条规定的具体化，与该条的规定是一致的，不存在抵触的问题。此外，2004 年《劳动和社会保障部关于实施〈劳动保障监察条例〉若干规定》第 5 条规定："县级以上劳动保障行政部门设立的劳动保障监察行政机构和劳动保障行政部门依法委托实施劳动保障监察的组织……具体负责劳动保障监察管理工作。"

综上，根据《劳动保障监察条例》第 13 条的规定，设区的市的"区劳动保障行政部门"具有对用人单位实施劳动保障监察的职权，但地方性法规或者规章明确规定由市劳动保障行政部门实施的除外。

#### *1.2.4.4*　市、县人民政府及征收部门的征收职权问题

《国有土地上房屋征收与补偿条例》第 8 条规定，征收决定应当由市、县级人民政府作出。该条既确定了职能管辖权，同时又确定了层级管辖权，即作出征收决定的职权由市、县级人民政府行使。根据该条的规定，在一般情况下，除了市、县级人民政府以外，任何行政机关和人民政府所属的部门以及其内部机构都不得以自己的名义作出房屋征收决定，倘若以自己名义作出征收决定，即构成超越职权。这里需要进一步厘清以下几个问题：

（1）"市、县人民政府"以外的人民政府无权作出国有土地上房屋征收及补偿决定。没有设立市辖区的地级市人民政府所设立的"镇人民政府"，因不属于县级人民政府，故不能以自己名义作出征收决定。我国的县辖区中设立的区公所是县（市）人民政府的派出机关，亦不能以自己名义作出征收决定。

（2）关于开发区管委会能否以自己名义作出征收决定的问题。如前所述，国务院批准的开发区或省级人民政府批准成立并报国务院备案的开发区的管委会可以成为房屋征收类案件的被告，这是否意味着，上述开发区管委会当然地能够以自己的

名义作出征收决定呢？

2000 年《解释》第 20 条第 3 款和 2018 年《解释》第 20 条第 2 款均规定："法律、法规或者规章授权行使行政职权的行政机关内设机构、派出机构或者其他组织，超出法定授权范围实施行政行为，当事人不服提起诉讼的，应当以实施该行为的机构或者组织为被告。"该规定意味着，具有被告资格的行政机关或者行政机构具有一定的行政管理职权，但并不一定就具有其实施某项行政行为的职权。

开发区管委会应属于直辖市、省级、副省级或者地级市人民政府的准派出机关，不属于县级人民政府。《国有土地上房屋征收与补偿条例》第 8 条只授权市、县级人民政府具有作出征收决定的职权，没有明确授权市政府准派出机关可以作出房屋征收与补偿的行为。参照《行政处罚法》第 16 条"国务院或者经国务院授权的省、自治区、直辖市人民政府可以决定一个行政机关行使有关行政机关的行政处罚权，但限制人身自由的行政处罚权只能由公安机关行使"的规定，国务院有权授予开发区管委会实施房屋征收行政行为的职权。国务院 1991 年 3 月 6 日发布的《关于批准国家高新技术产业开发区和有关政策规定的通知》（国发〔1991〕12 号）第 3 条规定："国务院授权国家科委负责审定各国家高新技术产业开发区的区域范围、面积，并进行归口管理和具体指导。"原国家科委根据国务院授权制定的《国家高新技术产业开发区管理暂行办法》（国科发火字〔1996〕061 号）第 8 条规定："……开发区管理委员会作为开发区日常管理机构，可以行使省、自治区、直辖市、计划单列市人民政府所授予的省市级规划、土地、工商、税务、财政、劳动人事、项目审批、外事审批等经济管理权限和行政管理权限，对开发区实行统一管理。"根据上述规定，国务院批准的和省级人民政府批准并报国务院备案的国家高新技术产业开发区管理委员会均具有作出房屋征收与补偿行为的职权。

因开发区管委会的职权范围属于地方事务，有制定地方性法规权的地方人大及其常委会可以根据地方的具体情况决定是否授予开发区管委会实施房屋征收与补偿行为的职权。我国绝大多数具有地方性法规立法权的人大常委会颁发的相关地方性法规中都授予了开发区管委会实施房屋征收行为的职权。例如，山东省人大常委会颁布的《山东省经济技术开发区管理条例》第 8 条规定，开发区管委会可以行使的职权包括：按照经批准的开发区总体规划和土地审批权限，对开发区土地进行统一征用、统一开发、统一出让、统一管理；统一规划、管理开发区各项基础设施、公共设施和其他设施等。根据该条的规定，经国务院批准或山东省人民政府批准并报国务院备案的经济技术开发区管委会具有实施征收房屋行为的职权。但是，也有少数地方人大常委会未制定相关的地方性法规，省级人民政府制定的规章中亦未明确授权可以实施房屋征收行为。又如，黑龙江省人民政府颁布的《黑龙江绥芬河综合保税区管理办法》第 4 条第 2 款规定："管委会可以依法接受有关行政管理部门的委托，在综保区内履行相关行政管理职责，并负责协调和配合口岸、海关、检验检疫、边检、工商、税收、金融、公安、环保等有关行政管理部门在综保区的行政管理工作。"根据该条的规定，绥芬河综合保税区管委会可以接受有关行政机关的委托实施房屋征收行为，但不得以自己的名义实施房屋征收行为。因此，法院在审查开发区管委会实施的房屋征收行为时，一定要让被告开发区管委会提供有关授予其实施房屋征收行为的规范性文件，并对有关文件进行认真审查，不能武断地作出开发区管委会是否具有实施房屋征收行为的职权的判断。

（3）关于房屋征收部门的法律地位问题。我国对房地产实行属地化管理，房屋征收与补偿工作涉及面广，情况相当复杂，涉及被征收人及利害关系人的切身利益，稍有不慎就会影响地方经济发展和社会稳定。为了做好此项工作，《国有土地上房屋征收与补偿条例》第 4 条明确规定市、县级人民政府确定的房屋征收部门组织实施本行政区域的房屋征收与补偿工作。设置房屋征收部门可以有以下两种形式：一是市、县级人民政府设立专门的房屋征收部门；二是在现有的部门如房地产管理部门、建设主管部门等部门中，确定一个部门作为房屋征收部门。

房屋征收部门的职责主要有：委托房屋征收实施单位承担房屋征收与补偿的具体工作，并负责对委托实施的房屋征收与补偿行为进行监督；拟定征收补偿方案，并报市、县级人民政府；组织对征收范围内房屋的权属、区位、用途、建筑面积等情况进行调查登记，并公布调查结果；书面通知有关部门暂停办理房屋征收范围内的新建、扩建、改建房屋和改变房屋用途等相关手续；与被征收人签订补偿协议；与被征收人在征收补偿方案确定的签约期限内达不成补偿协议或者被征收房屋所有权人不明确的，报请作出决定的市、县级人民政府作出补偿决定；依法建立房屋征收补偿档案，并将分户补偿情况在房屋征收范围内向被征收人公布等。上述工作中，除与被征收人签订补偿协议外，房屋征收部门所实施的行为，均属于程序性行为，不确定被征收人的权利义务关系，属于不可诉的行为，因此，其多数情况不能成为行政诉讼的被告。其实际上就是一个做具体工作的部门，一般情况下不具有决策、决定权力。

《国有土地上房屋征收与补偿条例》第 25 条第 1 款明确房屋征收部门可以依法与被征收人签订补偿协议。也就是说，房屋征收部门有权与被征收人签订补偿协议。其他行政管理部门不具有与被征收人签订补偿协议的权力。因此，在审理补偿协议案件中，要查清参加签订补偿协议的行政机关是否是市、县级人民政府确定的房屋征收部门，如果不是，应当认定参加签订补偿协议的行政机关或者内部机构超越职权。

（4）土地储备机构。土地储备机构，是指市、县级人民政府批准成立，具有独立法人资格，隶属于国土资源管理部门，统一承担本行政辖区内土地储备工作的事业单位。行政相对人不服土地储备机构作出的有关房屋征收类决定，应以谁为被告，存在以下两种意见：

第一种意见认为，国土资源部、财政部、中国人民银行、中国银行业监督管理委员会 2018 年 1 月 3 日联合发布的《土地储备管理办法》第 2 条规定“土地储备机构承担土地储备的具体实施工作”。第 8 条第 1 款规定：“下列土地可以纳入储备范围：1. 依法收回的国有土地；2. 收购的土地；3. 行使优先购买权取得的土地；4. 已办理农用地转用、征收批准手续并完成征收的土地；5. 其他依法取得的土地。”根据上述规定，土地储备机构实施的收回国有土地等行为，属于规章授权的行政行为，行政相对人不服其作出的此类行为，依法起诉的，依据 2018 年《解释》第 20 条第 2 款①的规定，土地储备机构为被告。

第二种意见认为，行政相对人不服土地储备机构实施的收回国有土地等行为，应以该机构隶属或批准的行政机关为被告。理由如下：第一，我国有关土地、房地产等方面的法律、法规均明确规定收回国有土地等行为的职权由市、县级人民政府或国土资源管理部门行使，未规定可以将此类职权转授予其内设机构、派出机构或者其他组织。这也就意味着，这项职权只能由法律、法规明确授权的行政机关行使，其内设机构、派出机构或者其他组织不得行使。土地储备机构只是市、县级人民政府批准成立的事业单位，故无权实施收回国有土地等行为。第

① 2018 年《解释》第 20 条第 2 款规定：“法律、法规或者规章授权行使行政职权的行政机关内设机构、派出机构或者其他组织，超出法定授权范围实施行政行为，当事人不服提起诉讼的，应当以实施该行为的机构或者组织为被告。”

二，《土地储备管理办法》第 2 条中只是规定，土地储备机构承担土地储备的具体实施工作。第 8 条仅仅规定纳入土地储备的范围，并未将此条规定的行政行为职权授予土地储备机构行使。结合上述规定，《土地储备管理办法》第 8 条规定的实施行政行为的职权仍然是由市、县级人民政府或国土资源管理部门行使。可以理解为市、县级人民政府或国土资源管理部门可以委托土地储备机构实施收回国有土地等行为。第三，根据 2014 年《行政诉讼法》第 26 条第 5 款[①]和 2018 年《解释》第 20 条第 3 款[②]的规定，土地储备机构实施的收回国有土地等行为，应视为该机构隶属的国土资源管理部门或者地方人民政府委托其实施的行为，故不服该行为的，应以其隶属的国土资源管理部门或者地方人民政府为被告。如果在该机构没有隶属关系的情况下，应当以批准的人民政府或者国土资源管理部门或者其他行政机关为被告。

笔者赞同第二种意见。此处需要特别注意的是，我国目前存在两种不同性质的土地储备机构。一种是隶属于土地管理部门或者地方政府的事业单位；另一种是具有国有背景的企业集团，如土地开发企业和房地产公司等。土地储备机构与国有企业集团施行两块牌子、两个独立法人、一套人马管理运作的组织体系。对于两套牌子的土地储备机构，无论以哪个单位的名义从事具有行政性质的土地储备行为，都应以其隶属或者批准其成立的行政机关为被告。

---

① 2014 年《行政诉讼法》第 26 条第 5 款规定："行政机关委托的组织所作的行政行为，委托的行政机关是被告。"

② 2018 年《解释》第 20 条第 3 款规定："没有法律、法规或者规章规定，行政机关授权其内设机构、派出机构或者其他组织行使行政职权的，属于行政诉讼法第二十六条规定的委托。当事人不服提起诉讼的，应当以该行政机关为被告。"

## 1.3 超越地域管辖职权

地域管辖，是指同一部门、同一级别行政机关之间的行政管理权限的分工。地域管辖就是确定行政机关依职权实施行政管理职权的地域范围。地域范围是根据各级行政区划确定的。但法律另有特殊规定，应当按照特殊规定的区域确定地域的范围。部门管辖是确定某项行政管理职权由哪一部门的行政机关实施，级别管辖是确定某项行政管理职权由哪一级行政机关实施，部门管辖和级别管辖是地域管辖的前提条件，地域管辖是部门管辖和级别管辖的继续和完成。

### *1.3.1* 确定地域管辖权的原则

根据有关法律、行政法规的规定，地域管辖可以概括为一般地域管辖和特别地域管辖两种。

#### *1.3.1.1* 一般地域管辖

一般地域管辖，是指根据被处理行为发生地或者事项发生地确定实施行政管理职权的行政机关。何为被处理行为发生地和事项发生地呢？对此，学术界有着不同的解释。有人认为，被处理行为发生地和事项发生地应当包括被处理行为和事项的开始地、经过实施地和结束地。也有人认为，被处理行为发生地和事项发生地仅指被处理行为经过地和实施地，不包括开始地和结果地。还有人认为，经过是被处理行为和事项实施中的一个步骤，不能将其排除在实施以外，因此被处理行为发生地和事项发生地即是行为和事项实施地。笔者同意第三种观点。理由是：受处理行为和事项的核心要件是行为和事项，其他因素如主观因素、准备、最终结束等情况，往往可以推定包含在行为和事项之中（除非法律、法规有明确的规定）。因此，只要被处理人实施的行为和被处理的事项发生在那个地区，那个地区的行政机关就可以依法对其作出行政行为。

在一般情况下，一个行为或者事项只在一个行政区域内发生。例如，刘某在甲县非法印制他人商标标识，甲县就是违法行为发生地，甲县的主管行政机关对刘某具有行政处罚权。但是，在一些特殊情况下，一个违法行为往往分为几个阶段进行，每一阶段均不在一地。例如，张某在甲县收购假酒，运往丙县销售，途经乙县。张某收购假酒地、运输途经地、销售地分别发生在甲县、乙县、丙县三地。该违法行为进入哪一个阶段，该阶段地即是违法行为发生地，该地的行政机关就可以对这一违法行为实施行政处罚权。如在收购阶段被发现的，甲县主管行政机关具有管辖权；在运输途中被发现的，乙县主管行政机关具有管辖权；在销售阶段被发现的，丙县主管行政机关具有管辖权。

连续违法行为原则上应当由每个违法行为地的行政机关管辖。例如，某甲在甲县制造假酒，在乙县销售。甲县的主管行政机关对某甲的制造假酒的行为具有处罚权；乙县的主管行政机关对某甲的销售行为具有处罚权。为了更有效地打击这类违法行为，甲县和乙县的主管行政机关可以对某甲制造、销售假酒的行为共同作出一个行政处罚决定；倘若不便共同作出行政处罚的，亦可以采取谁先发现谁处理的原则。

#### *1.3.1.2* 特别地域管辖

特别地域管辖，是指法律、行政法规规定的以被处理行为和被处理事项的发生地的原则外的条件确定的地域管辖权。根据我国现行法律、行政法规的规定，特别地域管辖主要有以下几种形式：

（1）登记行政机关管辖。《建筑法》第 76 条规定：“本法规定的责令停业整顿、降低资质等级和吊销资质证书的行政处罚，由颁发资质证书的机关决定；其他行政处罚，由建设行政主管部门或者有关部门依照法律和国务院规定的职权范围决定。”凡是法律、法规专门授权登记行政机关管辖的行政事务，只能由登记机关实施行政管理权，非登记机关无权实施该项行政管理权。

（2）协商管辖。《渔业法》第 7 条第 3 款规定：“江河、湖泊等水域的渔业，按照行政区划由有关县级以上人民政府渔业行政主管部门监督管理；跨行政区域的，由有关县级以上地方人民政府协商制定管理办法……”根据该条款的规定，凡是跨行政区域的渔业管理，应当按照所跨地区的县级以上人民政府协商制定的办法确定的管辖原则，实施跨地区渔业监督管理职权。

（3）标的物所在地管辖。《物权法》第 10 条第 1 款规定：“不动产登记，由不动产所在地的登记机构办理。”

（4）行为人户籍地管辖。《城市居民最低社会保障条例》第 7 条规定，申请享受城市居民最低生活保障待遇应向户籍所在地的地方政府提出，并由当地政府审批和发放。《婚姻登记条例》第 4 条和第 10 条分别规定，内地居民结婚或者自愿离婚的，男女双方应当共同到一方当事人常住户口所在地的婚姻登记机关办理登记。

（5）属地与属人结合管辖。《流动人口计划生育工作条例》第 4 条规定：“流动人口计划生育工作由流动人口户籍所在地和现居住地的人民政府共同负责，以现居住地人民政府为主，户籍所在地人民政府予以配合。”

（6）由发现违法行为地或发生违法行为地的行政机关管辖。《海关行政处罚实施条例》第 3 条规定：“海关行政处罚由发现违法行为的海关管辖，也可以由违法行为发生地海关管辖。2个以上海关都有管辖权的案件，由最先发现违法行为的海关管辖。管辖不明确的案件，由有关海关协商确定管辖，协商不成的，报请共同的上级海关指定管辖。重大、复杂的案件，可以由海关总署指定管辖。”

### 1.3.2 超越地域管辖权的主要表现形式

在审判实践中，人民法院发现行政机关作出的行政行为超越地域管辖权的表现形式主要有以下几种：

（1）将行为危害地误当作行为发生地，造成超越地域管辖权。根据我国现行法律、法规的规定，在一般情况下，对行为或者事项的处理，由被处理行为或者事项发生地的行政机关管辖，而没有确定行为后果地的行政机关有管辖权。也就意味着，行为未发生，但造成后果的地方的行政机关对该行为不具有管辖权，如果对该行为作出处理决定，该决定即属超越地域管辖权的行为。例如，某市钢丝厂位于该市西区，紧靠城郊区。该厂用于生产的硫酸存放在厂区瓷罐中，因瓷罐年久腐蚀，1997年6月渗漏出大量酸液，流入城郊区何兴村养鱼池中，造成大批鱼苗死亡。该市城郊区环境保护局依据1996年《水污染防治法》第33条的规定，给予该厂罚款2万元的处罚。1989年《环境保护法》第7条第2款规定：“县级以上地方人民政府环境保护行政主管部门，对本辖区的环境保护工作实施统一监督管理。”1996年《水污染防治法》第25条规定：“各级人民政府的环境保护部门和有关的监督管理部门，有权对管辖范围内的排污单位进行现场检查……”根据上述两条的规定，虽然某厂渗漏硫酸行为的危害后果产生在城郊区环境保护局的辖区内，但该企业不在其辖区内，故城郊区环境保护局对该企业的行政处罚决定超越了其地域管辖的权限。

（2）因对边界划分存在分歧，造成超越地域管辖权。在现实中，两地行政机关因边界划分争议时有发生，根据《行政区域边界争议处理条例》的规定，对有争议区域发生管辖权争议的，如果两地人民政府原对该区域的边界线的划分，经协商达成协议的，协议所确定的边界线应视为法定边界线；如果未曾达成协议的，上级人民政府或者国务院确定的边界线亦属于法定边界线。上一级行政机关应当按照法定边界线确定管辖行政机关。如果两地人民政府未达成协议，上级人民政府和国务院也未作出划定的，上一级行政机关可以按照前条的原则指定其中的一个行政机关管辖。一些行政机关不遵守两地人民政府达成的协议、上级人民政府和国务院确定的边界线、上级行政机关的决定，将已经明确由其他地方行政机关管辖的行政案件，仍由自己处理，造成超越地域管辖权。

（3）两地行政机关都具有管辖权，后发现的行政机关再作处理的属于违法。从我国现行法律、法规的规定来看，绝大部分法律、法规规定对一个行为或者事项只能由一个地方行政机关进行处理，但也有个别法规中规定，两个地方的行政机关均有权处理。对于这种情况，应当谁先发现由谁进行处理，后发现的行政机关不能再处理。如果谁先发现难以确认的，应当由上一级行政机关按照有利于案件查处的原则，指定其中的一个行政机关管辖，被指定的行政机关具有管辖权，未被指定的行政机关不具有管辖权。如果行政机关违背这个原则作出行政行为，亦属于超越地域管辖权性质。

行政职权必须由具有地域管辖权的行政机关实施。没有地域管辖权的行政机关作出的行政行为，属于越权行政行为。但是，有两种情况例外：一是由于水灾、地震等自然灾害以及战争和意外事故等原因，致使有地域管辖权的行政机关无法行使行政处罚权的，上级行政机关可以指定某地行政机关在该地区内行使行政处罚权。当有管辖权的行政机关恢复后，指定的行政机关不再对该区域内的案件具有管辖权。二是由于法律上规定的原因，如某一案件涉及某一行政机关或者其主要领导人，致使有管辖权的行政机关无法处理该案，上级行政机关可以指定其他地区的行政机关对该案行使行政处罚权。被指定的行政机关仅对指定的案件有管辖权，对其他案件没有管辖权。

## 1.4 超越法定事务职权

### *1.4.1* 法定事务职权的含义

行政机关在行政管理活动中，除应在本部门、本级别、本行政辖区内行使行政职权外，我国法律、法规还规定应当在法定事务的职权范围内行使职权。行政机关超出法定事务职权范围作出的行政行为，亦属超越职权的违法行政行为。

法定事务职权，是指法律、法规规定行政机关处理某类行政管理事务的范围、可以采取的行政行为的种类以及幅度。

这里所说的“范围”，是指法律、法规对人或者事的调整范围。例如，《食品安全法》第 2 条规定：“在中华人民共和国境内从事下列活动，应当遵守本法：（一）食品生产和加工（以下称食品生产），食品销售和餐饮服务（以下称食品经营）；（二）食品添加剂的生产经营；（三）用于食品的包装材料、容器、洗涤剂、消毒剂和用于食品生产经营的工具、设备（以下称食品相关产品）的生产经营；（四）食品生产经营者使用食品添加剂、食品相关产品；（五）食品的贮存和运输；（六）对食品、食品添加剂、食品相关产品的安全管理。供食用的源于农业的初级产品（以下称食用农产品）的质量安全管理，遵守《中华人民共和国农产品质量安全法》的规定。但是，食用农产品的市场销售、有关质量安全标准的制定、有关安全信息的公布和本法对农业投入品作出规定的，应当遵守本法的规定。”该条明确规定适用该法的范围是从事食品、食品添加剂等生产、加工的人及行为。同时还将特殊的食品生产、加工行为排除在该法调整范围之外。该法明确食品卫生管理部门对该法调整范围内的人及行为具有管辖权，对其他人或其他行为不具有管辖权。例如，某农民儿子结婚在家办酒席，使用了病猪肉，导致吃喜酒的 30 多人食物中毒。因该农民在家办酒席不属于食品的经营人和经营行为，故不能依据该法的相关条款给予行政处罚。如果依据该法给予该农民相关行政处罚，则属于超越法定事务职权的性质。

需要注意的问题是，有关“范围”的问题，不能只注意被告所依据的法律、法规中有关适用范围的一般性规定，还须注意有关特别条款的规定。例如，某县土地管理局对农村村民朱某未经批准非法占用土地建住宅的行为，作出责令退还非法占用的土地，并处 5000 元罚款的决定。根据《土地管理法》第 77 条①的规定，未经批准或者采取欺骗手段骗取批准，非法占用土地的，除责令退还非法占用的土地外，还可以并处罚款，但该法第 78 条规定，农村村民未经批准或者采取欺骗手段骗取批准，非法占用土地建住宅的，只能责令退还非法占用的土地，

---

① 《土地管理法》第 77 条第 1 款规定：“未经批准或者采取欺骗手段骗取批准，非法占用土地的，由县级以上人民政府自然资源主管部门责令退还非法占用的土地，对违反土地利用总体规划擅自将农用地改为建设用地的，限期拆除在非法占用的土地上新建的建筑物和其他设施，恢复土地原状，对符合土地利用总体规划的，没收在非法占用的土地上新建的建筑物和其他设施，可以并处罚款；对非法占用土地单位的直接负责的主管人员和其他直接责任人员，依法给予行政处分；构成犯罪的，依法追究刑事责任。”

限期拆除在非法占用的土地上新建的房屋，不能给予罚款。[1] 被告行政机关如果对“农村村民”未经批准或者采取欺骗手段骗取批准，非法占用土地“建住宅”的，给予罚款处罚，属于超越法定事务职权的性质；如果不是“农村村民”或“建住宅”的违法占地行为，除责令退还非法占用的土地外，还给予罚款，则不属于超越法定事务职权的性质。因此，在审理有关法定事务职权案件时，需要查清被告所适用的法律、法规中有无对人或事项的特别要求规定。

这里所说的“可以采取的行政行为的种类”，是指法律、法规规定行政机关对某类行为或事项可采取的具体的行政处罚（如警告、罚款、拘留、吊销执照或者许可等）、行政许可或行政登记（还包括不许可、登记和部分不许可、登记）、确权裁决（如土地、林地、草原、专利、商标等确权裁决）、行政强制措施（如查封、扣押、冻结等）、行政强制执行措施（如划拨、拍卖、代履行等）等。我国法律、法规中就行政机关处理某类行为或者事务可以采取何种行政行为都作出了明确规定。原则上讲，行政机关只能实施法律、法规规定其处理某类行政事务可以采取某种种类的行政行为，法律、法规未规定可以采取某种种类行政行为而采取的，亦属超越法定事务职权。但是，法律、法规另有规定的除外。例如，《行政处罚法》第 9 条规定：“法律可以设定各种行政处罚。限制人身自由的行政处罚，只能由法律设定。”第 10 条第 1 款规定：“行政法规可以设定除限制人身自由以外的行政处罚。”第 11 条第 1 款规定：“地方性法规可以设定除限制人身自由、吊销企业营业执照以外的行政处罚。”

---

① 《土地管理法》第 78 条第 1 款规定：“农村村民未经批准或者采取欺骗手段骗取批准，非法占用土地建住宅的，由县级以上人民政府农业农村主管部门责令退还非法占用的土地，限期拆除在非法占用的土地上新建的房屋。”

根据上述规定，实施限制人身自由行政处罚的行政机关必须有法律的授权，实施吊销企业营业执照行政处罚的行政机关必须有法律、行政法规的授权。因此，在审查限制人身自由的行政处罚案件时，必须要求被告向法庭提供授予其实施限制人身自由的行政处罚的法律条文。如果被告提供出有关法律条文，就应当认定其具有实施限制人身自由的行政处罚权；如果提供不出有关法律条文或仅能提供行政法规或者地方性法规的条文的，则应当认定被告超越职权。根据我国现行法律的规定，只有公安机关和国家安全机关具有实施行政拘留的处罚权，其他行政机关均不具有实施限制人身自由的行政处罚权。在审查吊销企业营业执照的案件时，必须要求被告向法庭提供授予其实施吊销企业营业执照的行政处罚的法律、行政法规的条文。如果被告能够提供的，就应当认定被告具有实施吊销企业营业执照的处罚权；如果提供不出或仅能提供出地方性法规的有关条文的，则应当认定被告超越职权。根据我国现行法律和行政法规的规定，实施吊销企业营业执照的处罚权仅授予市场监督管理行政机关，未授予其他任何行政机关。

这里所说的“幅度”，是指征收某项规费的最低限至最高限，给予受某种行政行为损害的人的行政补偿费的最低数至最高数，对某类违法行为应给予何种行政处罚的最低限至最高限。行政机关只能在法律、法规及规章规定的幅度内征收财物、给予行政补偿、给予违法行为人处罚。行政机关超过或者低于法定幅度所作出的有关征收、赔偿、补偿、处罚的决定，均属于超越法定幅度的违法行政行为。例如，某县食品药品监督局查出该县个体诊所林某销售的劣药，相当正品价格 1500 元，获违法所得 1500 元，依据 2015 年《药品管理法》第 74 条“生产、销售劣药的，没收违法生产、销售的药品和违法所得，并处违法生产、销售药品货值金额一倍以上三倍以下的罚款；情节严重的，责令停产、停业整顿或者撤销药品批准证明文件、吊销《药品生产许可证》、《药品经营许可证》或者《医疗机构制剂许可证》；构成犯罪的，依法追究刑事责任”的规定，决定没收其违法所得1500元，罚款8000元。该局给予林某的罚款超出相当正品价格的3倍以上，故属于超越法定幅度的违法行政行为。

### *1.4.2* 判断是否超越法定事务职权时应注意的问题

人民法院在审理案件中判断被诉行政行为是否超越法定事务职权时，需要注意以下两个问题：

#### *1.4.2.1* 需要注意《行政处罚法》第12条及国务院的相关规定

《行政处罚法》第12条第2款、第3款规定：“尚未制定法律、行政法规的，前款规定的国务院部、委员会制定的规章对违反行政管理秩序的行为，可以设定警告或者一定数量罚款的行政处罚。罚款的限额由国务院规定。国务院可以授权具有行政处罚权的直属机构依照本条第一款、第二款的规定，规定行政处罚。”第13条规定：“省、自治区、直辖市人民政府和省、自治区人民政府所在地的市人民政府以及经国务院批准的较大的市人民政府制定的规章可以在法律、法规规定的给予行政处罚的行为、种类和幅度的范围内作出具体规定。尚未制定法律、法规的，前款规定的人民政府制定的规章对违反行政管理秩序的行为，可以设定警告或者一定数量罚款的行政处罚。罚款的限额由省、自治区、直辖市人民代表大会常务委员会规定。”《国务院关于贯彻实施〈中华人民共和国行政处罚法〉的通知》(国发〔1996〕13号，以下简称《通知》)中规定：“行政处罚法施行后制定的规章新设定行政处罚，必须依照行政处罚法的规定执行。国务院各部门制定的规章对非经营活动中的违法行为设定罚款不得超过1000元；对经营活动中的违法行为，有违法所得的，设定罚款不得超过违法所得的 3 倍，但是最高不得超过 30000 元，没有违法所得的，设定罚款不得超过 10000 元；超过上述限额的，应当报国务院批准。地方政府规章设定罚款的限额，由省、自治区、直辖市人大常委会规定，可以不受上述规定的限制。”在尚未制定法律、行政法规的情况下，国务院部、委员会及直属机构和具有规章制定权的人民政府在法律授予其行政管理职权的范围内，依据《行政处罚法》及《通知》或省、自治区、直辖市人大常委会的有关规定制定的规章，所设定的警告或者一定数额罚款的行政处罚，应视为授权的行政机关的法定事务职权，该部门的行政机关可以行使警告或者一定数额罚款的行政职权。

#### *1.4.2.2*　需要注意《行政许可法》第 12 条和第 15 条的规定

《行政许可法》第 12 条规定：“下列事项可以设定行政许可：（一）直接涉及国家安全、公共安全、经济宏观调控、生态环境保护以及直接关系人身健康、生命财产安全等特定活动，需要按照法定条件予以批准的事项；（二）有限自然资源开发利用、公共资源配置以及直接关系公共利益的特定行业的市场准入等，需要赋予特定权利的事项；（三）提供公众服务并且直接关系公共利益的职业、行业，需要确定具备特殊信誉、特殊条件或者特殊技能等资格、资质的事项；（四）直接关系公共安全、人身健康、生命财产安全的重要设备、设施、产品、物品，需要按照技术标准、技术规范，通过检验、检测、检疫等方式进行审定的事项；（五）企业或者其他组织的设立等，需要确定主体资格的事项；（六）法律、行政法规规定可以设定行政许可的其他事项。”第 15 条第 1 款规定：“本法第十二条所列事项，尚未制定法律、行政法规的，地方性法规可以设定行政许可；尚未制定法律、行政法规和地方性法规的，因行政管理的需要，确需立即实施行政许可的，省、自治区、直辖市人民政府规章可以设定临时性的行政许可。临时性的行政许可实施满一年需要继续实施的，应当提请本级人民代表大会及其常务委员会制定地方性法规。”在尚未制定法律、行政法规的情况下，省、自治区、直辖市人民政府依据上述两条规定制定的规章所设立的行政处罚、行政许可，其辖区内的有关行政机关依据这两条的规定所作出的行政处罚、行政许可行为亦应认定为合法行为。

## 1.5 审查是否超越职权时应当注意的问题

人民法院在审查判断被诉行政行为是否存在超越职权的问题时，应当注意以下几个问题：

### *1.5.1* 应当注意审查的方法

人民法院在审理被告行政机关是否具有作出被诉行政行为的职权时，主要是通过审查被告行政机关向法庭提供的证明材料，同时根据原告或者第三人提供的证明材料以及法院收集到的证明材料，来判断被告行政机关是否具有作出被诉行政行为的职权。行政机关的行政管理职权是由法律、法规及规章规定确定的。因此，审查这一问题时，主要是通过审查有关法律规范来判断被告是否具有作出被诉行政行为的职权。如果被告提供的法律规范能够证明其具有作出行政行为的职权，一般就可以认定被告完成了对这一问题的举证责任，如果证明不了，则应当认定被告超越职权。在通常情况下，被告均是作出被诉行政行为的主体，当事人在此问题上不会发生争议。但在一些特殊案件中，作出行政行为的主体不是被告，而是被告的内部机构或者派出机构。如果原告与被告提供的有关此方面的证据不一致时，被告所提供的证据无法否定原告证据的真实性的情况下，可以推定原告的证据证明的事实成立。

这里需要特别指出的是，我国的单行法律、法规中，有些对行政机关的职权仅作原则上的规定，通过其他法律规范作进一步的具体规定。因此，在审查这一问题时，不能仅根据被告提供的某一法律、法规的原则授权，就确定被告具有作出被诉行政行为的资格，还需要进一步询问被告、原告、第三人是否还有其他规定。如果被告提供的证明材料仅原则上证明其具有作出被诉行政行为的职权，原告或者第三人提供的证明材料，经庭审质证查明是真实的，并能证明被告超出其他法律、法规及规章规定的职权范围的，亦应认定被告超越职权。审判人员根据自己掌握的资料，发现被告不具有作出被诉行政行为的职权，应当将这些资料在法庭上质证，经质证确定后，亦可认定被告超越职权。因行政法律规范涉及面很广，有关行政机关职权的规定又散见在个个单行法律、法规及规章之中，甚至必须通过查阅若干法律、法规及规章，才能判断出来。被告为使其在诉讼中处于有利的地位，常常有意不提供对原告有利的法律规范；大多数原告或者第三人并不熟悉有关被告职权方面的规定，让其提供否定被告具有作出被诉行政行为职权的证明材料确实强人所难。为保证判决的正确性，这就要求审判人员在开庭审理前，认真查阅有关资料，特别是与被告的职权有关的法律规范。必要时，应要求被告向法庭提供该机关的职权方面的法律规范。如果在查阅有关资料时，发现对行政机关职权的规定不明确，或者难以判断被告是否具有某项职权的，应及时向上级法院请示或者到有关机关调查取证。

### 1.5.2　不能仅根据行政管理部门的文件确定作出行政行为的组织具有执法主体资格

在一般情况下，作出行政行为的组织是否具有执法主体资格较容易判断，只要被告提供盖有本机关公章的应诉文件，就可以判断出来。但是，在个别情况下，判断作出行政行为的组织是否具有执法主体资格有一定的难度，还需要根据有关法律、法规及规章的具体规定及批准该组织成立的文件等，进行综合判断。例如，20 世纪 90 年代初期，山东省工商行政管理检查所以自己的名义，根据《投机倒把行政处罚暂行条例》① 的有关规定，对某企业作出行政处罚决定。该企业不服，向人民法院提起诉讼。在法院开庭时，被告提供了《国家工商行政管理局关于对〈投机倒把行政处罚暂行条例施行细则〉若干问题的答复》第 11 条“《条例》和《细则》中的‘县级以上工商行政管理机关’是指县局级以上工商行政管理局和分局，及经省人民政府批准成立的县（处）级工商行政管理机构”的规定和山东省编制委员会“批准同意设立山东省工商行政管理检查所列为山东省工商行政管理局直接领导的处级单位，事业编制 17 人”的鲁编〔1985〕166 号批复。如果仅从这两个文件的内容来看，山东省工商行政管理检查所具有执法主体资格。国务院发布的《投机倒把行政处罚暂行条例》中明确规定，对投机倒把行为，由县级以上工商行政管理机关查处，没有授权其内部机构或派出机构可以对投机倒把行为实施行政处罚。从鲁编〔1985〕166 号批复的内容看，山东省工商行政管理检查所不是一级工商行政管理机关，应属山东省工商行政管理局的内部机构性质。《国家工商行政管理局关于对〈投机倒把行政处罚暂行条例施行细则〉若干问题的答复》第 11 条的规定与《投机倒把行政处罚暂行条例》的规定不一致，并超出了该条例的规定，故不能适用。经综合分析应当认定，山东省工商行政管理检查所有权调查投

---

① 该条例已被 2008 年《国务院关于废止部分行政法规的决定》宣布失效。原因：调整对象已消失，实际上已经失效。本书以下同。

机倒把案件，但不能以自己的名义作出行政处罚决定，若以自己名义作出行政处罚决定属于超越职权的行为。据此，法院认定山东省工商行政管理检查所作出的行政处罚决定超越职权。

### *1.5.3* 法律规范有关职权规定不明确时必须考虑法律效果与社会效果相统一的原则

在制定法律规范时，应尽可能将有关行政机关的职权划分清楚，避免重复授权、多头执法的情况发生。但是，由于行政管理的复杂性、变化性，不可能将所有行政机关的职权完全划分清楚，有关职权规定不明确的情况在行政执法中时有发生。因此，法院在审理具体案件中，发现法律规范有关职权规定不明确的情况下，必须考虑法律效果与社会效果相统一的原则，即有利于保护公民、法人和其他组织的合法权益；有利于打击违法犯罪，维护正常的社会秩序和公共利益。例如，国办发〔2001〕56 号和 57 号文根据 2000 年《产品质量法》第 70 条[①]规定的授权，规定国家质量监督检验检疫总局和国家工商行政管理总局在质量监督方面的职责分工为：国家质量监督检验检疫总局负责生产领域的产品质量监督管理，国家工商行政管理总局负责流通领域的商品质量监督管理。在实践中，工商机关或者质量技术监督机关发现前店后厂的单位销商、生产假冒伪劣产品或者发现正在运输途中的假冒伪劣产品，就很难确认是在流通领域，还是在生产领域。为此，法院在审理这类案件时，不论是工商机关，还是质量监督检验检疫机关，均应按照谁先

① 2000 年《产品质量法》第 70 条规定："本法规定的吊销营业执照的行政处罚由工商行政管理部门决定，本法第四十九条至第五十七条、第六十条至第六十三条规定的行政处罚由产品质量监督部门或者工商行政管理部门按照国务院规定的职权范围决定。法律、行政法规对行使行政处罚权的机关另有规定的，依照有关法律、行政法规的规定执行。"

发现谁处理的原则，确定他们作出的行政处罚决定是否超越职权。

### *1.5.4* 应根据法律规范的规定和证据确定行政机关的委托行为是否合法

根据有关法律、法规的规定，行政机关委托实施行政管理职权应遵循下列五个规则：第一，行政机关委托实施行政管理职权，必须是法律、法规及规章明确规定可以委托实施的行政管理职权。受委托的组织或者个人必须符合法律、法规及规章规定的条件。第二，行政机关可以将其自己权限内的行政管理职权中的某一部分委托实施。第三，委托必须是书面方式。委托书中应当载明：委托机关和受委托组织的名称，具体委托行政行为的种类、适用范围和权限，委托的期限，滥用委托的行政管理职权的法律责任等。第四，委托行政机关对受委托组织实施行政行为应当负责监督，定期或者不定期地进行检查，一旦发现受委托组织违法实施行政管理职权，应当及时予以纠正；对有关违法执法人员应当建议有关机关或者组织处理；对违法实施行政处罚后果严重的受委托组织，可以解除委托。第五，委托行政机关对受委托组织在委托权限范围内实施的行政处罚所产生的法律后果承担法律责任。这里所讲的法律责任包括，承担复议被申请人的责任、行政诉讼的被告责任，承担违法行政行为的行政赔偿责任等。

受委托的组织行使行政管理职权应当遵守下列三个规则：第一，必须以委托的行政机关的名义实施行政管理职权，如果以自己的名义实施行政管理职权，属于无效行为，所产生的法律后果不是由委托的行政机关承担，而是由其自己承担。第二，不得超出委托的权限。受委托的组织只可以在具体委托可以实施的行政行为种类和可以适用的条件内，实施行政行为。受委托的组织不能超出委托的权限，凡是超出委托权限的行政行为，所产生的法律后果亦由其自己承担。第三，受委托的组织不得将行政机关委托其行使的行政行为再委托其他任何组织或者个人行使。凡是再委托其他组织或者个人行使行政行为的，均是违法委托行为，所作的行政行为属于无效，由此产生的法律后果，只能由其自己承担。

人民法院在审查有关行政机关委托的组织或者个人作出的行政行为的案件时，应要求行政机关提供以下证明材料：(1) 有关被告行政机关职权方面的法律规范；(2) 有关可以委托该项行政管理职权的法律规范；(3) 委托书；(4) 有关接受委托组织的基本情况的证据，如批准成立的文件、营业执照、章程等。凡是被告提供的证明材料，不能证明其委托行为符合上述条件的，均应认定行政机关超越职权，判决撤销被诉行政行为。如果经审理查明，接受委托的组织超出委托权限作出行政行为，造成行政相对人的合法权益受到损害的，应追加接受委托的组织或者个人为第三人，判决撤销该行政行为，超出部分的赔偿责任由接受委托的组织承担。如果经审理查明，接受委托的组织或者个人所作的行政行为没有授予的权力的，应当认定为接受委托的组织或者个人的行为，若接受委托的组织是没有该项行政管理职权的行政机关的，应变更该案的被告为接受委托的组织，判决撤销该行政行为；若是企事业单位或者个人的，应当确认该行政行为无法律效力，驳回原告的起诉，告知其提起民事诉讼。

# 第 2 章

# 对是否违反法定程序的审查

## 2.1 行政程序的基本原则及主要制度

### 2.1.1 行政程序的概念

行政机关的行政管理是通过行政行为实现的，与任何事物都是由内容和形式两部分组成一样，其也必然有实体和程序两个方面。实体是行政机关的行政行为确定行政相对人权利义务的实质内容；程序就是如何完成实体内容的特定的方式、步骤、顺序和时限。换言之，行政程序在表现行政管理事务时，以特定的方式、步骤、顺序、时限为基本要素。这里所讲的“方式”，是指行政管理活动进行的形式种类和外在表现形式。例如，行政机关的行政处罚是按照简易程序或普通程序进行，还是按照听证程序进行；所作的决定是书面形式，还是口头形式等。“步骤”，是指行政管理活动过程中的若干必经阶段。例如，制定行政规章一般要经过起草、协调、征求意见、审批、签署、发布等几个阶段。“顺序”，是指步骤的先后次序。“时限”，是指完成一个行政行为不能超过的时间。

各种法律形式对行政管理程序诸要素的确认和规范，形成了法定行政程序。因此，法定行政程序就是已被法律形式所确认和规范了的行政管理的方式、步骤、顺序和时限。它与行政机关在行政管理中存在的任意性的行政程序不同，是受法律固定羁束的法律化了的行政程序。确认和规范行政程序的各种法律形式，在法律体系中，被称之为行政程序法律规范。

### 2.1.2 行政程序的种类

根据不同的划分标准，行政程序的种类也就有所不同。

（1）以行政程序的适用范围为标准，可以将行政程序分为内部行政程序和外部行政程序。所谓内部行政程序，是指行政机关在内部管理过程中所采用的程序。凡是基于上下级行政机关的领导监督关系，或者行政机关协调关系，或者行政机关处理内部行政事务关系，而实施的有关行为所遵循的程序均属于内部行政程序。例如，行政机关的设置程序，行政机关工作人员的奖惩、任免、调动程序，行政机关的内部监督程序，等等。所谓外部行政程序，是指行政机关对行政相对人基于行政管理关系而实施的行为所遵循的程序。例如，行政处罚程序、行政许可程序、行政执行程序等。内部行政程序与外部行政程序的区别并不是绝对的，两种程序常常紧密联系、相互交织。例如，行政立法程序中既有协商、审批、备案等内部程序，又有广泛征求意见、公布等外部程序。

（2）以是否由法律加以明确规定为标准，可以将行政程序分为法定行政程序和自由裁量行政程序。所谓法定程序，是指由法律明确规定，行政机关在实施行政行为过程中，必须严格遵守的程序。行政机关作出的行政行为如果违反了法定程序，将导致产生被撤销的后果。所谓自由裁量行政程序，是指行政机关在作出行政行为的过程中，可以自由选择适用的程序。自由裁量行政程序是因为适用行政行为的多样性和复杂性的需要而存在的。自由裁量行政程序一般不存在合法性的问题，只存在合理性问题。但是，这也不是绝对的，随着我国行政程序制度的发展，根据行政管理的需要和民主、效率的要求，两种程序也可能相互转化。

（3）以行政程序适用的时间不同为标准，可以将行政程序分为事前行政程序和事后行政程序。所谓事前行政程序，是指行政机关作出行政行为前应遵循的程序。例如，行政机关作出行政决定过程中的立案、调查、决定等程序。所谓事后行政程序，是指行政机关作出行政行为后，为确定其合法性和纠正违法、不当行为而适用的程序。例如，行政复议程序、行政申诉程序等。

（4）以行政程序适用于不同行政职能为标准，可以将行政程序分为行政立法程序、行政执法程序、行政监督程序和行政司法程序。所谓行政立法程序，是指行政机关制定规范性文件的程序。它包括行政机关制定行政法规的程序、制定规章的程序及制定规章以下的规范性文件的程序。所谓行政执法程序，是指行政机关及其工作人员行使行政职权作出行政行为所适用的程序。它又可以分为行政处罚程序、行政确权程序、行政许可程序、行政检查程序、行政征收程序、行政强制程序等。此类行政程序是行政程序中的主要构成部分。所谓行政监督程序，是指行政机关纠正违法或者不当行政行为所适用的程序。如行政复议程序、处理行政申诉程序等。所谓行政司法程序，是指行政机关以公断人的身份裁决行政主体与行政相对人之间的行政争议、与民事主体之间的民事争议所适用的程序。如裁决行政补偿争议程序、裁决民事赔偿争议程序等。

### 2.1.3 行政程序的基本原则

行政程序的基本原则，是指反映现代行政管理的内在要求，对行政程序具有指导意义，在行政程序的立法和适用过程中均应遵循的基本准则。由于各国的政治制度和历史不同，行政程序的基本原则亦有所不同。根据我国《行政处罚法》等有关法律、法规的规定，我国行政程序的基本原则主要有以下四个：

（1）程序法定原则。程序法定原则，是指行政管理活动的主要程序由法律规范加以规定，行政机关实施行政行为时必须遵循，不得违反法律规范所规定的程序。该项原则主要包括以下内容：第一，行政机关实施行政行为必须严格按照法律规范规定的方式、步骤、顺序和时限进行，不得违反规定，另行一套。第二，在法律规范没有明确规定行政程序的情况下，行政行为必须按照合理、公正的方式进行，不得违背程序公正原则。第三，违反法定程序的行为，属于违法行为，有关机关应依法予以撤销或者确认违法。第四，行政机关违反法律规范规定的程序的行为，造成行政相对人财产权、人身权损害的，行政机关应当承担赔偿责任。

（2）行政相对人参与原则。行政相对人参与原则，是指行政机关行使职权时，在行政程序上保障行政相对人知晓并参与权利的实现。该项原则主要包括以下内容：第一，行政机关实施的行政行为，除法律规定保密的以外，一律应当公开，使人民群众了解真相，便于参与。特别是对有关社会问题作出重大决策之前，应当向人民群众公开介绍有关情况和决策方案，经人民群众讨论和听取人民群众意见后，再作出决定。第二，行政机关作出不利行政相对人利益的行政处理决定时，应当事先通知有利害关系的行政相对人，告知其权利义务，允许其查阅或者抄录公文案卷和收集有关证据，听取行政相对人的陈述和辩解，不能因行政相对人为自己辩解，作出对其更为不利的处理决定。第三，行政机关作出行政行为后，允许人民群众提意见，允许与行政行为有利害关系的人通过申诉或者申请复议等方式取得救济。

（3）程序公正原则。程序公正原则，是指行政机关在行政管理活动中，在程序上平等对待行政相对方，合理地处理各种利益之间的关系。其宗旨是真正体现公平与正义。该项原则主要包括以下内容：第一，为防止偏私、排除偏见，作出行政行为的人，不得与被处理的人或者事有利害关系或者可能影响公正处理的其他关系。如实行回避、职能分离等。第二，行政机关在实施行政管理时，应兼顾公共利益与个人利益，在保障公共利益的前提下，尽可能地使个人的合法利益不受损害或少受损害。第三，行政机关在处理行政管理事务时，对所有的行政相对人均应一视同仁，不偏不倚，不得歧视。

（4）效率原则。效率原则，是指行政机关在保障行政相对人基本权利和公正行政的前提下，要以迅速、简便与经济的方式实现行政管理的目标。该项原则主要包括以下内容：第一，为防止行政机关工作拖拉，保障快速实现行政目标，行政机关必须按照法定的时限处理完行政管理事务。第二，行政机关作出行政行为，行政相对人申诉，不停止行政行为的执行。第三，行政机关对正在危害国家利益或者社会利益、正在妨碍或者会妨碍国家秩序的人或者物，在特殊情况下，可以略去正常的步骤、手续等方式，直接采取必要的行政强制措施，制止危害或者可能危害国家利益和社会利益及国家秩序的行为的发生，排除妨碍国家秩序的障碍。

### *2.1.4* 行政程序的主要制度

行政程序制度，是指行政机关在行政管理活动中，作出行政行为应遵循的程序方面的制度。它是行政程序基本原则的具体体现。根据我国《宪法》《行政处罚法》等有关法律、法规的规定，行政程序的主要制度有下列几种：

（1）告知。行政机关作出涉及行政相对人权利义务的决定，特别是可能影响行政相对人权利义务的决定，必须事先通知行政相对人并告知其在行政程序中享有的权利义务以及注意事项，让行政相对人做好陈述和申辩的准备，维护其合法权益。涉及不特定人的决定，可以采取公告等形式告知公众。

（2）回避。行政机关处理某一具体行政事务的工作人员，与该行政事务的处理结果有直接或者间接利害关系，或与该行政事务的当事人有亲属关系，或有其他关系，有可能影响该案件公正处理的，应当避开或者退出对该行政事务的处理工作。有关行政机关工作人员遇有回避原因的，应当自行提出回避；

当事人也有权申请回避。行政机关经审查后，应当作出决定。

（3）职能分离。行政机关对有关行政相对人的权利义务问题作出决定，调查、控告的职能与作出裁决的职能实行分离。即负责调查和提出指控的公务员不能参与行政处理决定的裁决，负责裁决的公务员原则上应当由没有参与调查的公务员担任。例如，证监会将有关证券违法的立案、调查工作交由证监会的稽查局负责；稽查局调查终结后，交由处罚委进行审查，并拟定行政处罚决定，最后由委领导签发行政处罚决定。当事人对行政处罚决定不服，申请复议的，由法制局决定是否受理和审理并提出复议决定意见。

（4）听取当事人陈述和申辩。行政机关对有关行政相对人权利义务问题作出决定前，应当告知当事人作出行政处理决定的事实、理由、依据、拟处理意见，并告知当事人依法应享有的权利。行政机关在拟作出对当事人权益不利的决定时，应当告知当事人享有陈述和申辩的权利。行政机关必须充分听取当事人的意见，对当事人提出的事实、理由和证据，应当进行复核；当事人提出的事实、理由和证据成立的，行政机关应当采纳。行政机关不得因当事人的申辩而作出不利于当事人的处理决定。行政机关及其执法人员在作出行政处理决定之前，不依法向当事人告知给予行政处理的事实、理由和依据，或者拒绝听取当事人的陈述、申辩的，行政处理决定不能成立。但当事人放弃陈述或者申辩权利的除外。

（5）听证。行政机关在作出影响行政相对人权利义务的决定之前，举行有利害关系人参加的会议，让利害关系人与其面对面，对要认定的事实进行举证、质证、提供反证、质问、辩论、陈述等。听证是一种较为正式、严格的程序制度。我国目前已在《行政处罚法》《行政许可法》等法律、法规中明确规定，行政机关作出重大行政处罚决定、行政许可决定前，当事人要求听证的，行政机关应当组织听证。

（6）说明理由。行政机关作出影响行政相对人权利义务的决定中，应当说明该决定认定的事实和证据，所依据的法律、法规及规章条文等理由。

（7）制作记录与案卷。行政机关实施行政行为，凡是举行听证或者裁决，均应对听证的过程或者作出裁决的过程制作笔录、建立案卷。案卷应当包括所有的有关证据、文件、记录、处理决定书等材料。

（8）期限。行政机关实施行政行为，特别涉及行政相对人权利义务的行政行为，应有明确的时间限制。目前，我国相当一部分法律、法规及规章对行政机关作出涉及行政相对人权利义务的行政行为的期限作了具体的规定，但仍有少数法律、法规及规章对行政行为作出的期限未作规定。人民法院在审理行政案件中，对法律、法规、规章明确规定期限的，按照规定计算期限；未规定的，参照行政复议的期限，即 2 个月的期限计算。

（9）行政救济。行政相对人不服行政机关作出的涉及其权利义务的行政行为时，法律通常规定可以通过向有关行政机关申请复议或者申诉的途径，由有关行政机关对原行政行为重新审查或者复查，并作出复议裁决或者处理意见。

## 2.2 行政程序的依据

### *2.2.1* 依据法律、法规中有关行政程序方面的规定

《行政处罚法》《行政许可法》《行政强制法》《行政复议法》等专门规定行政程序的法律、法规的规定，属于行政程序法律规范是毫无疑问的。我国的行政法律、法规中，绝大多数是主

要规定实体问题，同时还对有关行政程序问题作出了一些规定。如《土地管理法》中有关征用土地审批程序的规定，《治安管理处罚法》第 4 章中关于处罚程序的规定，《商标法实施条例》第 2 章至第 6 章有关商标注册的申请、审查、变更、转让、续展及评审的规定，等等。这些法律、法规中有关行政程序方面的规定，均属于行政程序法律规范的范畴，它们同时也是人民法院衡量行政行为是否违反法定程序的标准。

### *2. 2. 2*　参照规章中的行政程序规定

2014 年《行政诉讼法》第 63 条中规定，人民法院审理行政案件，参照规章。因此，规章中有关行政程序的规定，亦属于行政程序法律规范的范畴。例如，《工商行政管理机关行政处罚程序规定》属于行政程序法律规范，亦是工商行政管理机关作出行政处罚有关程序问题的依据。但是，因人民法院审理行政案件是参照规章，而不是依据规章，所以，只有经人民法院审查认为，行政机关依职权按照法定程序制定的规章中的有关行政程序的规定符合行政程序的基本原则的，才能作为法院衡量行政行为程序是否违反法定程序的标准，反之则不能。规章违反行政程序基本原则的主要表现是，增加行政相对人程序上的义务，如要求提供与需要解决问题无关的材料，收取法律、法规没有规定应当缴纳的费用，等等。

### *2. 2. 3*　参考规章以下的规范性文件中有关行政程序的规定

由于行政管理涉及社会的方方面面，所管理的行政事务复杂多变，加之我国地域辽阔，各地的政治、文化、经济发展很不平衡，因此法律、法规及规章不可能将所有的行政程序问题一一作出具体的规定。不具有规章制定权的行政机关对其职权范围内的行政管理工作，在法律、法规及规章有关行政程序的规定不具体，或者法律、法规及规章没有规定行政程序问题的情形下，所公布的规范性文件确认和规范了行政管理的方式、步骤、顺序和时限，在不违反法律、法规及规章的规定和符合行政程序的基本原则的前提下，应视为法定程序，人民法院在审理具体行政案件时，应予以参考。需要注意的是，目前不少行政机关向社会公布承诺制度中的一些承诺，缩短了法律、法规及规章规定的审批许可证的期限，这些规定可以作为行政机关对其内部工作人员的工作要求，但不能作为判断行政行为程序是否违反法定程序的标准。人民法院审理具体行政案件时，应以法律、法规及规章规定的期限作为判断行政行为程序是否违反法定程序的标准。

这里需要特别注意两个问题：一是我国对有关行政征收等行政行为的程序问题还没有一部专门的法律或行政法规。在一些行政管理领域，有关这类行政行为程序方面的法律规范还很不完善或处于空白，为保证行政相对人的合法权益不因法律规范不健全而受到损害，人民法院在审理这类具体行政案件时，应以行政程序的基本原则为标准，参照《行政处罚法》《行政许可法》等法律、法规及规章的有关规定，审查判断行政行为程序是否违反法定程序。二是上位法规定比较原则，下位法作出的创设性的行政程序规则不涉及实体性的权利义务，只要不违反上位法的强制性规定，一般应当认定为是合法有效的。在审判实践中，法院要审查创设的行政程序是否符合行政行为的目的，是否有利于行政相对人及相关人。对于严重影响行政效率以及增加行政相对人负担且不符合公共利益的程序规定，不能作为法院审查行政程序合法性的依据。

### 2.2.4 法律规范中有关行政程序问题规定不一致的适用问题

具有立法权的国家机关发布的两个以上的法律规范中有关

行政程序方面的规定，在个别情况下会出现规定不一致的问题。具体来讲，有三种情形：一是同一机关发布的后一个法律规范修改了前一个法律规范有关程序方面的规定；二是后颁布的上位法与先前颁布的下位法有关程序方面的规定不一致；三是下位法有关程序方面的规定与上位法的规定相抵触。对前两种情形，应当适用“后法优于前法”的原则。因为法律规范中有关行政程序的规定，是保证行政机关作出合法、公正的处理决定的必要措施，是保障公民、法人和其他组织合法权益的必要手段。这类规定并没有规定行政相对人的实体权益，不涉及公民、法人、其他组织和国家的实体利益，仅仅是规定行政机关的工作程序，按照“新的程序法律规范生效后必须遵守”的原则，行政机关和人民法院在处理这类案件时，均应适用新法的规定，而不应适用旧法的规定。但对第三种情形，按照上位法优于下位法的原则，无论下位法是在上位法前发布还是后发布，均应当适用上位法有关程序方面的规定。

## 2.3　违反法定程序的方式及具体内容

### *2.3.1*　对行政行为作出的程序方式的审查

行政机关实施行政行为的程序是否存在违反法定程序的问题，既是一个事实问题，也是一个法律问题。所谓事实问题，是指行政机关实施行政行为的方式、步骤、顺序和时限。所谓法律问题，是指行政机关作出行政行为的程序是否违反法律、法规、规章及其他规范性文件有关程序问题的规定。因此，人民法院在审查行政行为的程序是否违反法定程序的问题时，首先要查清被告或者被告的内部机构、派出机构实施被诉行政行为的事实问题，尔后依据有关法律、法规、规章及其他规范性文件对行政机关作出行政行为的程序方面的事实进行衡量。

根据《行政诉讼法》关于被告负举证责任的规定，法庭应当要求被告说明其作出行政行为程序的事实，并向法庭提交其所说明的事实的证据，尔后由其他当事人进行质证、提供反证。法庭根据庭审经过质证的证据，对程序事实进行认定。被告提供的证据不能证明其所说明的程序事实的，不能认定，其他当事人提供的或法院调查收集的证据否定被告说明的程序事实的，亦不能认定。法院查清程序事实后，再由被告向法庭提供作出这类行政行为有关的行政程序的规范性文件，并宣读其依据的条文。其他当事人认为行政行为违反某项法律规范的规定，可以向法庭提供该文件，并在法庭上宣读有关条文。当事人宣读完某个规范性文件后，法庭应当审查该文件的效力，对于不具有法律效力的规范性文件，不能作为判断行政行为是否违反法定程序的标准。法庭认为被告应当提供而没有提供的文件或应当宣读而没有宣读的条文，由审判人员当庭出示、宣读有关文件和条文。

### *2.3.2* 对行政行为作出的程序具体内容的审查

行政程序是由行政机关作出行政行为的方式、步骤、顺序和时限等因素组成的，因此，人民法院应从以下几个方面审查行政行为是否违反法定程序：

#### *2.3.2.1* 审查法定方式

行政机关作出行政行为的方式是由行政管理活动进行的形式种类和外在表现形式两个部分组成。

根据我国现行法律、法规、规章及其他规范性文件的规定，形式种类主要分为简易程序、一般程序和听证程序三种：

（1）简易程序。它是指行政机关在特定的条件下，按照简单的方式，对具体行政事务当场作出处理决定。这里的“当场”应作狭义理解，特指违法行为发生的当时当地，行政机关对违法行为所作出的行政处罚决定。因此，简易程序只适用于一些案情简单、事实清楚、对行政相对人权利义务影响不大的案件。

《行政处罚法》第 33 条[①]规定，对公民处以 50 元以下罚款和警告，对法人或者其他组织处以 1000 元以下罚款或者警告的行政处罚的，适用简易程序进行处罚。对公民拘留和超过 50 元的罚款、对法人或者其他组织超过 1000 元的罚款应适用一般程序进行处罚。《道路交通安全法》第 107 条第 1 款[②]规定，对道路交通违法行为人予以警告、200 元以下罚款的，交通警察可以当场作出行政处罚决定。两者之间有关适用简易程序的标准明显不一致。是否能够认定后者与前者相抵触，应当适用前者而不应当适用后者？

2015 年《立法法》第 92 条规定：“同一机关制定的法律、行政法规、地方性法规、自治条例和单行条例、规章，特别规定与一般规定不一致的，适用特别规定；新的规定与旧的规定不一致的，适用新的规定。”该条中特别使用了“同一机关制定”的字眼，立法本意是要给规则设置一个明确的适用范围，强调规则只适用于“同一机关”制定的法律规范之间，非同一机关制定的法律规范之间即便不一致，也不适用“特别规定优于一般规定”的原则。[③] 但对全国人民代表大会与全国人民代表

---

① 《行政处罚法》第 33 条规定：“违法事实确凿并有法定依据，对公民处以五十元以下，对法人或者其他组织处以一千元以下罚款或者警告的行政处罚的，可以当场作出行政处罚决定。当事人应当依照本法第四十六条、第四十七条、第四十八条的规定履行行政处罚决定。”

② 《道路交通安全法》第 107 条第 1 款规定：“对道路交通违法行为人予以警告、二百元以下罚款，交通警察可以当场作出行政处罚决定，并出具行政处罚决定书。”

③ 参见乔晓阳主编：《立法法讲话》，中国民主法制出版社 2000 年版，第 292~293 页。

大会常务委员会是否为“同一机关”，2000年《立法法》本身没有作出明确规定，至今法学界和实务界对此问题存在不同认识。有学者认为，尽管全国人民代表大会与全国人民代表大会常务委员会均属于立法机关，但两者的立法权限不同，根据2000年《立法法》的规定，全国人民代表大会制定基本法，全国人民代表大会常务委员会制定除此以外的其他法律。基本法具有原则性和全局性，是在一个部门中规定的起到基本准则的法律。根据2000年《立法法》的规定，全国人民代表大会常务委员会对全国人民代表大会制定的法律进行部分补充和修改时不得同该基本法相抵触。从法理上说，基本法的效力高于其他法律。据此，全国人民代表大会与全国人民代表大会常务委员会都是有独立立法权且名称不同的组织，两者不属于同一机关。① 笔者认为，虽然两者之间存在立法权限上的不同，所制定的法律在效力高低上存在一些差异。但是，根据我国《宪法》第67条第（3）项的规定，全国人民代表大会常务委员会在全国人民代表大会闭会期间，对全国人民代表大会制定的法律进行部分补充和修改，但是不得同该法律的基本原则相抵触。也就是说，在全国人民代表大会闭会期间，其常委会代行全国人民代表大会的职权，其属于全国人民代表大会的常设机构。因此，全国人民代表大会常务委员会可以与全国人民代表大会视为同一机关。

2015年《立法法》第7条规定：“全国人民代表大会和全国人民代表大会常务委员会行使国家立法权。全国人民代表大会制定和修改刑事、民事、国家机构的和其他的基本法律。全国人民代表大会常务委员会制定和修改除应当由全国人民代表

① 参见顾建亚：《行政法律规范冲突的适用规则研究》，浙江大学出版社2010年版，第61页。

大会制定的法律以外的其他法律；在全国人民代表大会闭会期间，对全国人民代表大会制定的法律进行部分补充和修改，但是不得同该法律的基本原则相抵触。”根据该条的规定，《行政处罚法》属于基本法，《道路交通安全法》属于单行法律。从严格意义上讲，基本法的效力高于单行法，单行法的规定不得与基本法的基本原则相抵触。也即是说，单行法的规定与基本法的规定不一致，但不违背其基本原则的仍然具有法律效力。由于交通行政管理具有很强的流动性，若不及时处理，不利于正常的交通运行，而且错过时机将难以找到行政相对人，适当放宽简易程序的条件，有利于交通管理且不违反《行政处罚法》有关适用简易程序适用范围的基本原则。

尽管《行政处罚法》是全国人民代表大会制定的，《道路交通安全法》是全国人民代表大会常务委员会制定的，但两者可以视为“同一机关”。由于《行政处罚法》有关简易程序的规定适用于所有类型的行政处罚案件，《道路交通安全法》有关简易程序的规定仅适用于有关交通安全的行政处罚案件，所以说，前者属于一般规定，后者属于特别规定。按照特别规定优于一般规定的原则，公安机关在处理违反交通安全行为的案件时，可以适用《道路交通安全法》第 107 条规定的简易程序作出行政处罚决定。

（2）听证程序。它是指行政机关作出处理决定时，让当事人和利害关系人与其面对面地对要作出处理的事实进行举证、质证、提供反证、辩论、陈述等，而后作出处理决定。听证程序在国外备受推崇，被认为是实现公民参与权、防止行政专横、减少行政争议的有效途径。从当今世界各国的行政程序立法来看，听证制度是现代行政程序立法的重要制度。我国不少现行法律、法规中对行政机关作出涉及公民、法人或者其他组织的重大权益的行政行为规定应当进行听证。例如，《行政处罚法》

第 42 条规定："行政机关作出责令停产停业、吊销许可证或者执照、较大数额罚款等行政处罚决定之前，应当告知当事人有要求举行听证的权利；当事人要求听证的，行政机关应当组织听证……"根据该条的规定，人民法院经审理认定，行政机关作出的责令停产停业、吊销许可证或者执照、较大数额罚款等行政处罚决定前，未告知当事人有权要求举行听证或者未按照规定举行听证的，应当确认该行政处罚决定违反法定程序。这里需要注意两个问题：一是该条中的"等"属于等外等，除该条已经明确列出的行政处罚外，还应当包括未列出但对当事人权益有重大影响的没收较大数额财产、没收较大数额违法所得等其他行政处罚。二是有关"较大数额"的标准，对实行中央垂直领导的海关、金融、税务等行政管理部门作出的行政处罚，应当参照国务院部委的有关较大数额罚款标准的规定；其他行政管理部门作出的行政处罚，应当参照省、自治区、直辖市人民政府的相关规定。又如，《行政许可法》第 46 条规定："法律、法规、规章规定实施行政许可应当听证的事项，或者行政机关认为需要听证的其他涉及公共利益的重大行政许可事项，行政机关应当向社会公告，并举行听证。"第 47 条第 1 款规定："行政许可直接涉及申请人与他人之间重大利益关系的，行政机关在作出行政许可决定前，应当告知申请人、利害关系人享有要求听证的权利；申请人、利害关系人在被告知听证权利之日起五日内提出听证申请的，行政机关应当在二十日内组织听证。"根据这两条的规定，人民法院在审理行政案件中发现被诉行政许可行为属于这两条中规定应当告知当事人举行听证，而未告知当事人听证的，均应当确认违反法定程序。

（3）一般程序。它是指除法律、法规特别规定应当适用简易程序和听证程序以外，行政处理通常所应当适用的程序。一般程序相对简易程序而言，所实施的步骤较多，行政相对人可以通过陈述、申辩阐明其意见，防止行政机关武断作出行政决定。但相对听证程序而言，所实施的步骤少些，对涉及行政相对人重大权利义务及复杂的案件，就难以充分表达自己的意见，对一些重要证据没有通过直接、言辞性质证，难以准确认定案件的事实。为了保障行政相对人的基本权利，提高行政机关办案质量和效率，我国现行法律、法规规定，行政机关作出行政行为绝大多数应当适用一般程序。

根据我国法律、法规的规定，行政机关未按有关规定，对应按照一般程序作出行政决定而按照简易程序作出行政决定，或应按照听证程序作出行政决定而按照一般程序作出行政决定的，均应当认定违反法定程序。但是，如果可以按照简易程序作出行政决定而按照一般程序作出行政决定，或可以按照一般程序作出行政决定而按照听证程序作出行政决定的，则不应认定违反法定程序。

外在表现形式通常分为要式和非要式两种形式。根据我国法律、法规的规定，在一般情况下，行政机关作出行政行为应当采取要式行为，而不能采取非要式行为。例如，《行政处罚法》中明确规定，行政机关对行政相对人作出行政处罚必须是书面形式，不能采取口头形式。如果缺少书面决定书，即违反法定程序。因此，人民法院在审查行政行为是否违反法定程序时，首先要审查行政机关作出行政行为的方式是否符合法律、法规及规章的要求，凡是不符合的，均应予以撤销或者确认违法。

#### *2.3.2.2* 审查法定步骤

步骤是行政程序的基本要素，任何行政程序作为一个过程均要通过一个个步骤来完成。行政行为种类不同，采用的法定方式不同，步骤亦有所不同。行政行为的步骤主要有：（1）立案。行政处罚一般根据行政机关工作人员发现的违法行为线索或者举报，而决定是否立案。裁决、许可、登记、复议等依申请的行政行为是由当事人申请而启动立案。（2）调查。调查包括讯问当事人和证人，查阅相关资料、复印相关书证、复制物证，检查现场、物品、人身，勘验现场，组织鉴定、评估、检验等。（3）考试、评选。如招录公务员时组织报考者考试，评选模范先进人物等。（4）咨询、论证。涉及专业问题，常常需要咨询相关专业部门的专家，或组织专家进行论证。（5）告知当事人权利与义务。（6）公示、公告。行政行为涉及公共利益或人数较多并对当事人权益影响较大的，需要公示相关政策、拟定处理方案等。（7）听取当事人的意见。听取意见可以书面听取，也可当面听取。听取意见包括听取当事人陈述和申辩。（8）作出处理决定。行政机关在作出决定前，相关人员要进行研究，重大问题须行政机关领导进行集体研究，特别重大问题还须报同级人民政府或上级机关批准后，才能作出处理决定。（9）送达。作出处理决定后，要将处理决定书送达当事人。一般按照《民事诉讼法》规定的送达方式及要求将处理决定送达当事人。

听证程序须进行以下步骤：（1）告知当事人有要求听证的权利。（2）当事人在限期内提出听证要求。当事人应当在行政机关告知后 3 日内提出要求。（3）告知当事人听证时间、地点。（4）公开听证。（5）非本案调查人员主持听证。（6）听证委托代理。（7）当事人进行申辩和质证。（8）制作听证笔录。（9）审查听证结果报告，作出处理决定。

一般程序主要有以下步骤：（1）立案。（2）调查。（3）听取当事人及相关人的陈述和申辩。（4）作出处理决定。（5）送达。

简易程序一般有以下步骤：（1）告知。即执法人员告知拟认定的相关事实、法律依据及处理结果。（2）听取意见。（3）发给处理决定书。

步骤分为必经步骤与选择步骤。法律、法规及规章中规定的必须进行、不得省略的步骤，为必经步骤；可以选择或省略的步骤，为选择步骤。行政行为的种类不同，行政程序适用的步骤虽有所不同，但行政机关在处理具体事务过程中，缺少法律、法规及规章中规定的必经步骤中的一个或者几个的，或虽进行了必经步骤，但必经步骤不符合法律、法规及规章规定的要求的，所作出的行政行为，就有可能违反公正原则，侵犯行政相对人的合法权益，或有可能损害国家利益、集体利益、其他公民的利益。因此，缺少必经步骤或必经步骤不合法的行政行为属于违反法定程序的行为。例如，《行政处罚法》中规定，按照一般程序作出的行政处罚决定，包括立案、进行调查取证、听取当事人的陈述和申辩、由行政机关负责人对调查结果进行审查后作出决定、将决定送达相对人等步骤。如果缺少其中任何一个步骤或任何一个步骤中存在不符合法定程序的问题，即属违法。又如，按照听证程序作出的行政处罚决定，一是行政机关应当在听证的 7 日前，通知当事人举行听证的时间、地点等有关事项；二是由调查人员提出当事人违法的事实、证据、处罚建议和理由，由调查人员向主持人举证，尔后由当事人对调查人员举出的证据进行质证，当事人进行陈述和申辩；三是由行政机关的主管领导或者主要负责人进行集体研究作出决定。如果缺少其中任何一个步骤即属违法。但是，行政机关及其工作人员对法律规范未规定或者未明确规定的选择步骤，未进行的，不应认定为违反法定程序。例如，征用公民、法人或者其他组织财产的，在一般情况下，应当与被征用人进行协商，协商达成协议后才能征用。但在紧急情况下，法律、法规未规定需要协商，倘若行政机关在征用过程中未进行协商的，不应认定违反法定程序。

需要注意的是，法律、法规及规章未规定的步骤，行政机关在作出行政行为时予以增加，如果不增加行政相对人的义务，不会导致处理时间延长的，不宜认定为违反法定程序。反之，增加行政相对人的义务或导致处理时间拖延较长的，应当认定为违反法定程序。例如，在婚姻登记中，登记机关要求申请人提供单位证明；申请律师执照时，颁发机关要求申请人提供公安机关出具的无犯罪记录的证明等。增加申请人的义务，即属于程序违法。又如，对一般行政案件，按照听证程序中的步骤进行，因相对人的合法权益可以得到更充分的保障，一般不宜认定为程序违法。如果采取听证程序的步骤导致过度延迟处理的时间，应认定程序违法。

在一般情况下，行政机关实施行政行为的有关程序问题，在有关程序的法律、法规及规章中规定，或在其适用的单行法律、法规及其下位法律规范中规定。但是，有些行政行为在作出前，有较多的前置程序，因前置程序涉及的问题是由不同的法律规范来调整，所以审查有无遗漏必经步骤问题，除需要查看行政机关依据的法律规范的规定，还须查看与之相关的其他法律规范。例如，县级人民政府作出征收国有土地上房屋决定，除须审查该决定的作出是否符《国有土地上房屋征收与补偿条例》有关程序的规定外，还要审查该决定是否符合其他相关法律规范有关程序问题的规定。因房屋征收的前提条件是为了公共利益，判断公共利益的前提条件，是所建设的项目是否属于公共利益所需的项目。因此，在程序上就要审查它的前置行为，建设项目首先必须经过立项。根据《企业投资项目核准和备案管理办法》的规定，建设项目必须经过有权机关批准立项的，才有可能准许建设。经过立项，才能开始进行征用房屋的下一步步骤；而后，建设项目必须取得规划许可证。《城乡规划法》第 37 条规定：“在城市、镇规划区内以划拨方式提供国有土地使用权的建设项目，经有关部门批准、核准、备案后，建设单位应当向城市、县人民政府城乡规划主管部门提出建设用地规划许可申请，由城市、县人民政府城乡规划主管部门依据控制性详细规划核定建设用地的位置、面积、允许建设的范围，核发建设用地规划许可证。建设单位在取得建设用地规划许可证后，方可向县级以上地方人民政府土地主管部门申请用地，经县级以上人民政府审批后，由土地主管部门划拨土地。”根据该条的规定，取得规划许可证，亦是征收决定的前提步骤中不可或缺的一步。再后，建设项目必须取得有权机关批准土地使用证明。《城乡规划法》第 38 条规定：“在城市、镇规划区内以出让方式提供国有土地使用权的，在国有土地使用权出让前，城市、县人民政府城乡规划主管部门应当依据控制性详细规划，提出出让地块的位置、使用性质、开发强度等规划条件，作为国有土地使用权出让合同的组成部分。未确定规划条件的地块，不得出让国有土地使用权。以出让方式取得国有土地使用权的建设项目，建设单位在取得建设项目的批准、核准、备案文件和签订国有土地使用权出让合同后，向城市、县人民政府城乡规划主管部门领取建设用地规划许可证。城市、县人民政府城乡规划主管部门不得在建设用地规划许可证中，擅自改变作为国有土地使用权出让合同组成部分的规划条件。”根据该条的规定，取得有权机关批准土地使用证明，亦是作出征收决定前置的必经步骤。最后，办理其他审批文件。建设项目具有环境评价报告。《环境影响评价法》第 16 条规定：“国家根据建设项目对环境的影响程度，对建设项目的环境影响评价实行分类管理。建设单位应当按照下列规定组织编制环境影响报告书、环境影响报告表或者填报环境影响登记表（以下统称环境影响评价文件）：（一）可能造成重大环境影响的，应当编制环境影响报告书，对产生的环境影响进行全面评价；（二）可能造成轻度环境影响的，应当编制环境影响报告表，对产生的环境影响进行分析或者专项评价；（三）对环境影响很小、不需要进行环境影响评价的，应当填报环境影响登记表。建设项目的环境影响评价分类管理名录，由国务院生态环境主管部门制定并公布。”根据该条的规定，国家建设项目进行环境影响评价是各级人民政府作出征收决定的必经步骤。《文物保护法》第18条规定：“根据保护文物的实际需要，经省、自治区、直辖市人民政府批准，可以在文物保护单位的周围划出一定的建设控制地带，并予以公布。在文物保护单位的建设控制地带内进行建设工程，不得破坏文物保护单位的历史风貌；工程设计方案应当根据文物保护单位的级别，经相应的文物行政部门同意后，报城乡建设规划部门批准。”根据该条的规定，在文物保护单位的周围划出一定的建设控制地带的建设项目须经文物行政部门同意是不可或缺的步骤。

步骤又可分为内部步骤与外部步骤。所谓内部步骤，是指在行政主体内部，不对外公开的步骤。如决定案件承办人、领导人审批决定文书等。所谓外部步骤，是指向行政相对人公开的步骤。如调查询问、告知、协商、听证、送达等。在行政诉讼中，时常会出现原告不清楚行政机关作出行政行为时已经过哪些必经的内部步骤的情形。法官应当要求被告提供作出被诉行政行为有关行政程序的法律规范，对照相关规定进行审查。对是否进行了必经的内部步骤，应当由被告进行举证，如果被告提供的证据材料证明不了已进行过必经的步骤，应当认定违反法定程序。

在法律、法规对某类行政程序没有明确规定的情况下，应当按照正当程序判断被诉行政行为的程序是否合法。正当法律程序的主要含义可归结为两个规则：一是任何人不得自己做自己的法官；二是任何人在受到公权力不利行为的影响时，有获得告知、说明理由和提出申辩、陈述的权利。也就是说，行政主体在作出行政行为时，不存在需要回避而未回避的问题，对行政相对人造成不利影响的，要保障其获得告知、说明理由和提出申辩、陈述的权利。如果存在上述问题的，应当认定被诉行政行为程序不合法。

#### *2.3.2.3*　审查法定顺序

法律、法规及规章中规定的行政程序的顺序，是立法机关在总结行政执法的经验和教训的基础上，从特殊中抽象出一般，按照符合客观规律的要求确定的行政程序的步骤顺序。行政机关在行政执法中颠倒顺序，不仅有可能影响行政效率，而且也会影响行政质量。行政执法中颠倒行政程序的顺序必然违反了行政规律和法律、法规及规章的要求，因此人民法院在审查行政行为是否违反法定程序时，发现行政机关在作出行政行为的过程中颠倒顺序的，应认定为违反法定程序。

行政程序中颠倒顺序主要有以下三种表现形式：（1）先裁决后取证。在审判实践中，常常发现行政机关作出行政行为，原告起诉到人民法院以后，行政机关进行大量的调查取证，向法庭提交的证明行政行为认定事实的证据，基本上是原告起诉后收集的。（2）裁决、听证后告知当事人陈述和申辩的权利。一些行政机关在作出行政行为的过程中，不告知当事人有陈述和申辩的权利，作出行政行为以后才告知。这种做法实际上剥夺了当事人的陈述和申辩的权利，事后告知无任何意义。（3）先执行后裁决。有些行政机关由于受到利益驱动，在未作出裁决前，先将当事人的存款划进自己的账号上，或违反规定将扣押的当事人物品变卖、拍卖。根据我国有关法律、法规的规定，在未对案件作出处理决定前，行政机关只能依法冻结当事人的存款、扣押当事人的物品，无特殊情况不能划拨、变卖、拍卖。这里需要注意的是，行政机关作出一些即时性行政行为，往往是先电话经有关领导批准，尔后补办有关手续。对这种情况，不能认定为颠倒顺序。

#### 2.3.2.4 审查法定时限

任何一个行政程序都必须在一定时间内完成，如果行政机关可以不受时间限制，那么将无工作效率而言。公民、法人或其他组织请求行政机关履行法定职责，行政机关如可以无限期地拖延，则他们的合法权益将无法得到保护。我国许多法律、法规及规章中都对行政程序中的时间限制作出了明确的规定。例如，《药品管理法实施条例》第3条规定："开办药品生产企业，申办人应当向拟办企业所在地省、自治区、直辖市人民政府药品监督管理部门提出申请。省、自治区、直辖市人民政府药品监督管理部门应当自收到申请之日起30个工作日内，依据《药品管理法》第八条规定的开办条件组织验收；验收合格的，发给《药品生产许可证》。"又如，《进出口关税条例》第52条规定："海关发现多征税款的，应当立即通知纳税义务人办理退还手续。纳税义务人发现多缴税款的，自缴纳税款之日起1年内，可以以书面形式要求海关退还多缴的税款并加算银行同期活期存款利息；海关应当自受理退税申请之日起30日内查实并通知纳税义务人办理退还手续。纳税义务人应当自收到通知之日起3个月内办理有关退税手续。"因此说，时间限制亦是法定程序的要素之一。法律、法规及规章有关行政程序中的时间限制的规定，就是要求行政机关必须在规定的期间内完成，反之则属于违反法定程序的性质。由于行政管理涉及面非常广泛，而且情况复杂多变，所以一些有关行政管理程序的期限法律、法规及规章中没有明确作出规定的，无规章制定权的行政机关制定的规范性文件中所确定的期限，应视为法定期限，行政机关亦不得违反。如果无规章制定权的行政机关也没有规定的，原则上可以参照行政复议的期限（即 60 日），判断执法机关是否超出法定期限。法律、法规及规章中规定可以延长期限的，行政机关经批准延长的，应当在期限届满前告知当事人。行政机关告知当事人的，应将延长期限算作法定期限。但行政机关未告知当事人的，不应当将延长期限计算为法定期限。

这里需要特别指出的是，行政机关在法律、法规规定的复议期限内未作出复议裁决，这种情况属于违反期限规定的性质。但是，根据 2014 年《行政诉讼法》第 45 条中“复议机关逾期不作决定的，申请人可以在复议期满之日起十五日内向人民法院提起诉讼”的规定，申请复议人可以向人民法院提起诉讼，也就是说申请人取得了救济途径。据此，人民法院不应因复议机关超过法定复议期限，判决其在一定期限内作出复议裁决。

#### *2.3.2.5*　审查是否存在应当回避、禁止不当接触的问题

我国的许多法律、法规及规章中都明确规定，行政机关的执法人员与其所处理的案件有利害关系或其他影响案件公正处理的关系，应当回避。执法人员在应当回避而没有回避的情况下作出的行政行为，有可能造成行政处理不公正。因此，人民法院在审查行政行为是否存在违反法定程序的问题时，还应查清执法人员（包括调查人员、作出决定人员、组织听证人员）是否存在应当回避而没有回避的问题。这一问题因涉及被诉行政行为是否合法，在一般情况下，行政机关不会提供其存在这一问题的证据。因而在审查是否存在这一问题时，主要是通过原告、第三人提供的证据，或者法院根据原告、第三人提供的线索取得的证据，或者法院在审查有关证据中发现这方面的问题。人民法院在审理案件时，特别是在庭审质证后，认定的证据证实被告的执法人员与案件一方当事人有较为密切的亲朋关

系，或者与当事人有矛盾甚至仇恨，或者处理结果影响到被告行政机关自身利益以及其工作人员或工作人员近亲属等的利益，应当回避而没有回避的，就应认定被诉行政行为程序违法。

对于禁止不当接触原则，在我国的行政法律规范中，只有少数法律、法规及规章作出了明确规定，绝大多数法律、法规及规章未作规定。例如，《证券法》第23条第2款规定："参与审核和核准股票发行申请的人员，不得与发行申请人有利害关系，不得直接或者间接接受发行申请人的馈赠，不得持有所核准的发行申请的股票，不得私下与发行申请人进行接触。"《招标投标法》第44条规定："评标委员会成员应当客观、公正地履行职务，遵守职业道德，对所提出的评审意见承担个人责任。评标委员会成员不得私下接触投标人，不得收受投标人的财物或者其他好处。评标委员会成员和参与评标的有关工作人员不得透露对投标文件的评审和比较、中标候选人的推荐情况以及与评标有关的其他情况。"《职业病防治法》第54条第1款规定："……职业病诊断鉴定委员会组成人员不得私下接触当事人，不得收受当事人的财物或者其他好处，与当事人有利害关系的，应当回避。"对于当事人之间存在明显利益冲突或者涉及重大公共利益的确权裁决、招投标、审核和核准股票上市等行政行为，只要存在私下接触或收受当事人财物及好处的情形，就会导致裁决明显不公或损害公共利益，故有关这方面的法律、法规及规章已经认识到这一问题的严重性，明确规定了禁止不当接触原则。为了防止偏私，维护公共利益，除法律、法规及规章中明确规定的这两类案件外，其他案件也应适用禁止不当接触原则。

#### 2.3.2.6 审查行政监督决定的几个问题

行政程序可以分为行政立法程序、行政执法程序、行政监督程序和行政司法程序。行政立法程序不属于行政诉讼的范围，在此不作论述。行政执法程序和行政司法程序原则上应按照上述方式进行审查。但是，由于行政监督程序有一定的特殊性，因此，在审查行政机关按照行政监督程序作出的决定时，应当注意以下三个问题：

（1）审查复议裁决的程序范围问题。1989 年《行政诉讼法》第 25 条第 2 款规定："经复议的案件，复议机关决定维持原具体行政行为的，作出原具体行政行为的行政机关是被告；复议机关改变原具体行政行为的，复议机关是被告。"根据该条的规定，人民法院审理复议裁决维持原行政行为的案件，审查的对象应当是原行政行为；复议裁决改变原行政行为的，审查的对象应当是复议裁决。因此，人民法院审理前一类案件，只需审查原行政行为的程序问题，而无须审查复议裁决的程序问题。审理后一类案件，因审查的对象是复议裁决，一般应当按照有关行政复议的法律、法规及规章的规定，审查复议裁决的程序问题，可以不审查原行政行为是否合法的问题。但是，复议裁决以程序违法为由撤销原行政行为，并责令被申请人重新作出行政行为的，一方当事人以"复议决定认定行政程序不合法不能成立，请求法院维持原行政行为"为由而提起行政诉讼的，法院除应审查复议裁决的程序问题外，还应审查原行政行为的程序问题。如果发现原行政行为违反法定程序并影响申请人的合法权益，复议裁决即属于违法，亦应判决予以撤销复议裁决，并责令复议机关重新作出复议裁决。

2014 年《行政诉讼法》第 26 条第 2 款的规定，将经复议的案件，复议机关决定维持原行政行为的，作出原行政行为的行政机关为被告，改为作出原行政行为的行政机关和复议机关是共同被告。第 79 条规定："复议机关与作出原行政行为的行政机关为共同被告的案件，人民法院应当对复议决定和原行政行为一并作出裁判。”也就是说，2014 年《行政诉讼法》施行之后，诉复议维持原行政行为的案件，要同时对原行政行为与复议决定的合法性进行审查并作出判决。因此，对作出的原行政行为和复议决定是否符合法定程序的问题均要审查。

（2）审查行政申诉裁决的程序问题。行政机关驳回当事人对行政行为提起申诉的重复处理行为，不属于行政诉讼受案范围，因此，人民法院不受理这类案件，也就谈不上对这类案件的行政程序问题进行审查。行政机关的申诉裁决改变原行政行为的，属于作出新的行政行为，当事人对这类裁决提起行政诉讼的，属于行政诉讼的受案范围，因此，也就存在审查行政程序的问题。这类案件绝大多数都是经过多次处理，一般拖得时间较长，为避免不必要的纠纷发生，解决当事人的实体问题，提高行政效率，尽快稳定行政法律关系，人民法院审理这类案件时，只应审查申诉裁决的程序问题，不审查原行政行为或复议决定的程序问题。

（3）行政复议机关是否有权自行改变原复议决定。法律授权行政机关依法享有某项行政职权，相应地，也应当享有否定自己作出的已经生效的行政行为的职权，通俗地讲，就是行政机关享有自我纠错的法定职权。也就是说，行政复议机关对其作出的、已发生法律效力的复议决定具有改变的权力。主要理由如下：第一，宪法、法律授予行政机关相应职权，目的在于实现有效的社会管理和各类社会主体的权利保障，只有严格依法才能真正实现宪法、法律的授权目的。在行政执法行为出现偏离依法行政的要求时，赋予行政机关自我纠错的职权能够更有效率地实现法律目的。第二，法律授予行政机关的职权没有限制其自我纠错的规定。相反，在《行政诉讼法》及其司法解释中，通过肯定诉讼中允许被告自行改变被诉行政行为、原告撤诉的方式，确认了作出被诉行政行为的行政机关享有诉讼期间的自我纠错职权。行政复议决定在诉讼中同样属于被诉行政行为的范畴，作为被告的复议机关在诉讼中还能够通过自我纠错改变复议决定，所以在未进入诉讼阶段时，行政机关更应当享有自我纠错的法定职权。第三，法律赋予当事人诉讼和申请行政复议的权利，同时也赋予行政机关自我纠错的职权，两者并不矛盾。不能以法律授权当事人享有行政复议和行政诉讼的权利，就否定行政机关的自我纠错职权。第四，法律授权行政机关行使行政职权，当然需要行政行为保持一定的稳定性和可预见性。但是，行政行为的稳定性更应当服从于行政行为的合法性。违法错误的行政行为也不能带来正确的预见性。所以，法律从内部、外部多条途径规定了对行政行为的监督制约，以保障行政机关严格依法行政。其中，行政机关自我纠错，正是回归依法行政、实现合法行政的有效途径之一。

# 第3章

# 对主要证据是否确实、充分的审查

“以事实为基础，以法律为准绳”是我国《宪法》确定的一切执法机关在执法活动中应当遵循的一项基本原则。违反该原则的执法行为，均属于违法行为。按照这一原则的要求，行政机关在执法中必须在查清事实后，才能作出行政行为。行政机关作出的行政行为认定的事实主要证据不足，也就意味着该行政行为缺乏事实基础，违反了该项原则，故属于违法行政行为。根据1989年《行政诉讼法》第54条第（2）项第1目、2014年《行政诉讼法》第70条第（1）项的规定，人民法院对主要证据不足的行政行为，应当判决予以撤销。因此，行政行为的主要证据是否确实、充分，是人民法院判断行政行为是否合法的要件之一。人民法院在审理行政案件时，应当查清被诉行政行为是否存在主要证据不足的问题。行政行为的合法性审查是由其认定事实的主要证据是否确实、充分，适用法律、法规是否正确，是否符合行政程序，有无超越职权、滥用职权等方面的问题构成。这几个方面是否合法均存在一个有无证据证实的问题。本章主要侧重论述行政行为认定事实的主要证据是否确实、充分的问题。其他方面是否存在主要证据不足的问题，分别在其他部分中予以论述。

## 3.1 主要证据不足的含义

### *3.1.1* 主要证据不足的定义

这里所说的主要证据不足，是指被告向法庭提供的证据达不到被诉行政行为所认定的事实所需要的证明标准。

这里所说的“行政行为所认定的事实”，是指在行政行为中用文字记载的事实，或向行政相对人口头宣告行政行为时宣读的事实。口头宣告的事实，必须要在符合规定要求的记录中反映出来。被诉行政行为中没有认定的事实，人民法院不能将其作为被诉行政行为认定的事实进行审查，只能作为审查行政行为是否存在滥用职权、明显不当等问题的事实进行审查。如果将被诉行政行为没有认定的事实进行审查，并依此事实确定行政行为的主要证据是否充分，实际上是人民法院越权行使行政权的行为，其是与《行政诉讼法》规定的“合法性审查原则”相悖的。行政行为中没有认定的事实，被告在诉讼中所提出的事实，不属于行政行为认定的事实。

这里所说的“证实”，是指对被诉行政行为确定的有关定性和处理结果以及其他有关行政相对人权利义务的基本事实，其举出的证据均达到此类行政行为所要求的证明标准。如果对有关行政相对人权利义务的基本事实，所举出的证据达不到此类行政行为证明的标准，即属于主要证据不足。例如，某县烟草专卖局的处罚决定认定某商店未经许可销售香烟 20 箱。该商店没有取得销售香烟许可证关系其行为的性质，出售了多少箱香烟关系对其的处理。如果县烟草专卖局举出的证据不能证实这两个方面，该处罚决定就属于主要证据不足。行政行为中有关定性和处理结果的基本事实清楚，但一些不影响定性和处理结果的事实的证据不足，则不能依此确定被诉行政行为主要证据不足。例如，某公安机关认定刘某殴打张某，造成张某胸部一块 10cm×12cm 软组织挫伤，依据《治安管理处罚法》第 43 条第 1 款的规定给予 150 元罚款的处罚。该公安机关提供的证据证实刘某殴打张某，但有关证据证实张某的胸部软组织挫伤不是 10cm×12cm，而是 10cm×11cm。此问题因不影响对刘某行为的定性，也不影响处理的结果和刘某的其他权利义务，故不属于主要证据不足。

一个被诉行政行为认定多个事实的，每个事实中有关权利义务的基本事实，均要有证据加以证实。如果有的事实中有关权利义务的基本事实有证据加以证实，有的没有证据或者缺乏证据证实，对证实的事实应当认定主要证据确实、充分；对没有或者缺乏证据证实的事实，应当认定主要证据不足。例如，某市场监督管理机关所作的处罚决定中，认定某公司倒卖香烟400箱，倒卖汽车20台。该机关只提交出该公司有关倒卖汽车的证据，提供不出该公司倒卖香烟的证据。据此，法院应当认定该机关的处罚决定中认定倒卖汽车的事实成立，认定倒卖香烟的事实主要证据不足。

### *3.1.2* 行政诉讼中的证明标准

所谓证明标准，是指负有举证责任的诉讼主体运用证据证明争议事实、论证诉讼主张所必须达到的程度方面的要求。由于行政案件存在多样性的问题，因此，行政诉讼的证明标准亦应根据行政案件类型多样的实际作出划分：

#### *3.1.2.1* 优势证明标准

优势证明标准，是指如果全案证据显示某一待证事实存在的可能性明显大于其不存在的可能性，使法官有理由相信它很可能存在，尽管还不能完全排除存在相反的可能性，也应当允许法官根据优势证据认定这一事实。民事诉讼一般采取优势证明标准。

在行政案件中，有一部分案件是行政机关作为中立机关，对平等主体之间的民事纠纷作出裁决而引起诉讼的案件。因行政机关在行政裁决中所适用的是优势证明标准，所以，法院对行政裁决行为进行审查时，亦应当适用优势证明标准。即原告提供的证据的可信度大于行政机关所依据的证据的可信度时，应当采信原告提供的证据；反之，则应当采信行政机关所依据的证据。事实上，行政机关裁决的性质相当于初审法院对民事案件的裁判，而行政诉讼程序的性质相当于二审法院对民事案件的裁判。但是，仅仅以案件是否具有民事性质作为确定适用优势证明标准的依据是远远不够的，同时还应当考虑以下几个因素：一是应当考虑承担举证责任的一方当事人收集证据的能力因素。在行政诉讼中，原告亦应承担一定的证明责任，由于原告在行政程序中处于弱势一方，其收集证据的能力有限，为了使原告在行政诉讼中与被告诉讼地位真正平等，凡是由原告承担举证责任的事实，均应当适用优势证明标准。二是应当考虑负有举证责任的一方当事人收集证据的条件因素。为了保障行政执法的效率，我国法律规定行政机关在遇到特殊情况时，可以采取对行政相对人权利影响不大的即时性行政处罚、行政强制措施等行政行为。由于即时性行政处罚和行政强制措施在多数情况下只有行政执法人员与行政相对人，没有其他第三者在场，行政机关收集证据的条件受到一定的限制，往往形成“一对一”的证据。如果要求行政机关证明度过高，势必造成行政机关在收集证据上花过多的精力，无形中增加行政成本，同时也不利于行政效率的提高，因此，对行政机关采取即时性行政行为且对行政相对人权利义务影响不大的，应当适用优势证明标准。

在行政诉讼中，优势证明标准主要适用以下几种情况：

（1）行政机关作为中立机关对平等主体之间的民事纠纷作出裁决而引起诉讼的案件，应当适用优势证明标准。这类案件主要有自然资源、专利、商标、国有资产、房屋征收安置补偿等确权或裁决案件。由于行政机关在处理这类案件时，适用优势证明标准，因此，法院对行政裁决的工作人员依据证据规则作出的自由心证应当给予充分的尊重。这里需要特别注意的是，对涉及历史变迁的土地等自然资源的确权案件，法院应注意审查产权变化情况，同时要考虑历史上占有、使用、管理经营的实际利害关系。要围绕这些问题进行查证。对涉及历史遗留下的土地、滩涂、林地等自然资源争议，因历史原因，导致有关案件的证据灭失，原告、被告、第三人已无法收集，法院在认定事实上应本着“宜粗不宜细”的原则，只要被告提供的证据大体上能够证实其作出的行政裁决认定的事实的，即可认定为主要证据充分。对确实无法查清的事实，只要行政机关在处理上基本考虑到了各方的利益，原则上应考虑驳回诉讼请求。

（2）在行政诉讼案件中，对原告承担说服举证责任的事实部分，适用优势证明标准。在行政诉讼案件中原告承担说服举证责任的，有两种情况：一是原告提出被诉行政行为没有认定但与该行为合法性有关联的事实主张的，由原告承担举证责任。例如，某公安局派出所认定，1998 年 5 月 6 日，中学生张某因楼上刘某在家跳舞，影响其学习，便上楼用脚踢坏了刘家的门。依据《治安管理处罚条例》[①] 第 23 条第（4）项的规定，决定给予张某 50 元罚款和警告的处罚。张某不服依法提起行政诉讼。张某诉称，当晚其父亲得知后，带其主动到刘家上门道歉，并将门修好，依法应当免于其行政处罚。该条例第 16 条中规定，违反治安管理行为人主动承认错误及时改正的，可以从轻或者免予处罚。在这种情况下，法院对原告提出主动承认错误及时改正的事实应当适用优势证明标准，但被告承担举证责任的事实一般应当适用清楚而具有说服力的证明标准。二是在行政赔偿、补偿诉讼中，原告应当对被诉行政行为造成的损害承担举证责任。因此，在这种案件中有关“损害事实”的内容，

① 2006 年 3 月 1 日《治安管理处罚法》施行，该条例同时废止。本书以下同。

应当适用优势证明标准。

（3）诉即时性行政处罚、行政强制措施等行政行为的案件，适用优势证明标准。行政机关采取即时性行政处罚、行政强制措施的案件，在不少情况下只有执法人员与行政相对人“一对一”的证词，这就给法院认定案件事实造成一定的困难。例如，执勤交警认定黄某驾驶机动车辆“闯红灯”，对其当场处罚，黄某提起诉讼。在诉讼中，被告提交的唯一证据是唯一在场的执勤交警的书面陈述，称交警执行公务时看到原告违反交通规则的事实。原告坚持自己没有闯红灯。由于执法交警亲历案件的事实，当场发现违法行为并当场给予处罚，且处罚轻微。如果该执勤交警与被处罚人之间不存在影响公正处理的因素，就应当确认交警的证词优于原告的陈述。此外，也应当考虑在一些非常特殊的情况下，行政机关收集证据时存在即时性问题的，亦应适用优势证明标准。例如，朱某在参加英语四级考试时，因监考老师考前接到匿名举报，称朱某将通过传呼机作弊。考试中监考老师发现朱某频频查看传呼机，遂上前检查，发现均是 1、2、3、4 数字和 A、B、C、D 字母，但由于经验不足，未将该信息固定，后被新的信息覆盖。朱某因作弊受到学校处分后，以没有作弊行为为由提起行政诉讼。学校仅举出监考老师当日的监考记录证明朱某作弊的事实。由于监考老师取证时存在即时性，未及时固定该信息，以后又无法补救，如果监考老师与朱某之间不存在影响公正处理的因素，法院应当依据监考老师的当日监考记录认定案件事实。

#### *3. 1. 2. 2*　排除合理怀疑的证明标准

排除合理怀疑的证明标准，是刑事诉讼中所采取的证明标准。它是指公诉人将一个普通的理性人凭借日常生活经验对被告人的犯罪事实明智而审慎地产生的怀疑予以排除，法庭才能予以认定。

中国行政处罚制度的设计与英美国家有很大的不同，特别是限制人身自由的行政处罚和具有惩罚性质的限制人身自由的行政强制措施。英美国家正当法律程序原则要求所有限制人身自由的处罚均应当由法院经司法程序作出。而我国治安处罚和具有处罚性质的强制戒毒等限制人身自由的强制措施是由公安机关作出的，并且只有在行政相对人提起行政诉讼的情况下，才接受法院的司法审查。不仅如此，我国治安拘留和具有惩罚性质的限制人身自由的强制措施在行政诉讼期间不停止执行。事实上，治安拘留和具有处罚性质的限制人身自由的强制措施相当于英美国家的轻罪处罚，属于刑罚的范畴，应当适用刑事诉讼程序。因此，限制人身自由的行政处罚或者具有处罚性质的限制人身自由的强制措施案件中，法官应当适用排除合理怀疑的证明标准。① 行政机关作出的停产停业和吊销证照的决定，实际上是剥夺了受处罚的行政相对人在其所许可领域进行某项事务活动的权利，直接影响其今后的生存权利，行政机关应当审慎行使这一权力，因此，行政机关作出对行政相对人权利有重大影响的行政行为的证明标准应当适用排除合理怀疑的证明标准。行政机关作出的行政行为不仅仅只对行政相对人的权益产生影响，而且还会对公共安全或公共利益产生重大影响。例如，药品监督管理机关批准某企业生产某种新药，与该企业有竞争关系的企业向法院起诉时，提出有证据证明批准的新药可能对人体产生某种严重的副作用。因此，批准生产新药的药品监督管理机关应当举证证明该新药不存在对人体产生某种严重的副作用的可能性，才能保障人民群众的用药安全。也就是说，

① 参见甘文：《行政诉讼证据司法解释之评论》，中国法制出版社 2003 年版，第 176~177 页。

行政机关作出涉及重大公共利益的行政行为的证明标准应当适用排除合理怀疑的证明标准。

可见，在行政诉讼中，排除合理怀疑的证明标准适用于三类案件：一是公安机关作出的限制人身自由的行政拘留决定案件和具有惩罚性的限制人身自由的强制措施案件；二是行政机关作出的停产停业和吊销证照的决定案件；三是被诉行政行为对公共安全或公共利益有重大影响的案件。

从目前行政审判实践中反映的情况来看，第三类案件主要有以下两种情况：一种是行政机关核发行政许可证，许可的行为涉及重大公共安全或公共利益，与该许可证有法律上利害关系的人依法提起诉讼。例如，前面所举的核发新药生产许可证案件。这里需要注意的问题是，诉行政机关颁发许可证案件中，如果被诉行政行为涉及重大公共安全或公共利益的，应当适用排除合理怀疑证明标准。如果行政相对人申请行政许可证，行政机关拒绝颁发许可证的，因颁发给其许可证有可能对公共安全或者公共利益有重大影响，但未颁发许可证不会对公共安全或者公共利益有重大影响，因此，对此种情况，一般仍应当适用明显优势的证明标准。另一种是诉行政机关拒绝履行某种法定职责或者义务有可能对公共安全或者公共利益有重大影响的案件。例如，某工厂排放有毒气体，当地居民黄某等180人要求市环保局制止该工厂排放有毒气体，但被行政机关拒绝，于是集体提起行政诉讼。案件受理后，行政机关向法院提供其对该工厂生产过程及污染情况的调查报告，以证明工厂排放的气体不属于有毒气体，且污染程度符合国家规定的标准。提起诉讼的当地居民没有提供直接证明工厂排放的气体是有毒气体的证据，但提供了当地居民的某一种病的发病率数据，并提供了某医疗机构的《证明》：这种病与工厂排放的气体很可能有关系。由于环保局拒绝原告的请求，有可能对公共安全有重大影响，因此，该案应当适用排除合理怀疑的证明标准。也就是说，被告不能排除当地居民的某种疾病与工厂排放的气体无关，就应当以被诉行政行为主要证据不足判决撤销被告的拒绝行为，并限期重新作出行政行为。

法官在判断某个事实存在的可能性要达到多少，才能算是排除合理怀疑？我们无法给排除合理怀疑的证明标准下一个准确的定义。但我们可以从以下四个方面理解行政诉讼中的排除合理怀疑的证明标准。

第一，合理怀疑意味着肯定的判断存在错误的可能性。例如，有三个高度近视的人，其证言中说，他们没有戴眼镜，距离 200 米处看见李某翻墙并进行盗窃。证人乙视力 1.5，他当时在距离 30 米处。他在作证时说，只看见翻墙人的身高、头发颜色、性别，但不能肯定就是李某。其中，他所说的头发颜色与证人甲所说的头发颜色不同。公安机关根据前三人的证词，认定李某有翻墙盗窃行为，作出行政拘留 15 日的处罚决定。在行政诉讼中，法官采用排除合理怀疑的证明标准，认定公安机关认定的事实存在合理怀疑，应当判决撤销该处罚决定。

第二，排除合理怀疑同时意味着否定的判断亦有存在错误的可能性。在存在合理怀疑的情况下，即使否定的判断的错误概率高于肯定的判断，法官也应作出否定的判断。例如，前面所举的诉行政机关拒绝履行法定职责案，很可能否定当地居民的某种疾病与该工厂无关的判断的错误概率高于肯定的判断，但法官亦应认定行政机关认定的事实主要证据不足。

第三，合理怀疑的理由应当以相关证据为基础。上述案例中，法官不认可公安机关认定的事实，是因为在该案中有一个相反的证据，而且形成了合理怀疑。如果不存在相反的证据，法官不能以没有证据为依据的主观怀疑推翻公安机关认定的事实。

第四，合理怀疑的证据应当足以让法官确信对方或者要求被告查处的违法事实存在。若上述治安案件中，肯定翻墙盗窃人的是证人乙，而不是高度近视的其他证人，法官在一般情况下，不应否定公安机关认定的事实。又如上述诉行政机关拒绝履行法定职责案中，当地居民某一种病的发病率的数据和某医疗机构提供的这种病与工厂排放的气体很可能有关系的证明均是有效力的，法官就不能认定该工厂排放的气体与当地居民的某种病无关。

### *3. 1. 2. 3*　明显优势证明标准

明显优势证明标准，是指在行政诉讼中，法庭按照证明效力具有明显优势的一方当事人提供的证据认定案件事实的证明标准。适用明显优势证明标准应当符合以下两项条件：一是要将双方当事人提供的证据进行比较，一方当事人提供的证据具有较大的优势。二是该优势足以使法官确信其主张的案件事实真实存在，或者更具有真实存在的可能性。

民事诉讼案件是平等主体之间有关权利义务的争议，民事诉讼当事人之间的权利义务是对等的，因此，在民事诉讼中一般采取优势证明标准。刑事诉讼案件是检察机关认为被告人实施了违法行为并且构成犯罪，向法院提起公诉，请求法院追究被告人刑事责任。刑事诉讼的被告人与提起公诉的检察机关之间的权利义务不对等程度很大，同时，对被告人的权益影响亦非常大，因此，在刑事诉讼中一般采用排除合理怀疑的证明标准。在行政管理活动中，行政机关与行政相对人之间是管理者与被管理者之间的关系，行政机关处于强势地位，行政相对人处于弱势地位，行政诉讼当事人的权利义务关系不对等介于民事诉讼和刑事诉讼两者之间，因此，在行政诉讼中一般应当采用介于两者之间的证明标准，在一般情况下，应当适用明显优势证明标准。

行政诉讼中明显优势证明标准可以从以下四个方面理解：

第一，被告提供的证据相对原告的证据具有明显的优势，这是相对于民事诉讼中的一般优势而言的。例如，卫生行政机关认定甲企业生产的减肥保健品中含有兴奋剂，决定给予甲企业罚款5万元的处罚。卫生行政机关向法院提供其查获的与该保健品包装完全相同的20箱保健品、乙商店从甲企业进货20箱保健品的发票及该批保健品含有兴奋剂的鉴定结论。甲企业提供证据证明乙商店曾经将别的企业产品调包的证据，并声称含有兴奋剂的保健品不是其生产的。在民事诉讼中，一般就可以认定卫生行政机关认定的事实。但是，在行政诉讼中，如果甲企业生产的保健品属于名牌商品，乙商店为追求最大利润，完全可以采取调包的手段，以次充好，法院就不能确定卫生行政机关所认定的事实。

第二，明显优势的证明标准不排除存在合理怀疑。证据法上所说的排除合理怀疑的证明标准，是指排除所有的合理怀疑。但明显优势证明标准的严格程度要低于排除合理怀疑，因此，明显优势的证明标准允许一定的合理怀疑存在。以前案为例，如果卫生行政机关提供证据证明甲企业生产的保健品不属于名牌商品，从一般常理上讲，乙商店不可能追求到最大利润，尽管不能完全排除乙商店调包的可能性，但调包的可能性较小，所以，法官应当认定甲企业生产的该批保健品含有兴奋剂。

第三，行政机关提供的证据之间具有清楚的逻辑关系。行政机关在行政管理中通常处于优势地位，拥有较多收集证据的手段，掌握更多的信息。行政机关作出对公民不利的行政行为时，应当对其所认定事实的证据之间具有一个合乎逻辑的判断。

第四，行政机关的证据具有一定的说服力。行政机关对公民不利的行政行为，行使的是公共权力，行政机关作出决定时，必须考虑公众的认可程度。因此，行政机关作出行政行为时应当有充分的证据使大多数人相信其是必要的，也就是应当具有一定的说服力。

根据我国现行法律、法规、规章的规定，当某种情形出现时，行政机关可以采取即时性强制措施。例如，《治安管理处罚法》第 15 条第 2 款规定："醉酒的人在醉酒状态中，对本人有危险或者对他人的人身、财产或者公共安全有威胁的，应当对其采取保护性措施约束至酒醒。"根据该条的规定，公安机关对醉酒人采取保护性约束措施的，只需要证明被约束人当时处在醉酒状态中，即应认定该机关完成举证责任。因此，行政机关采取即时性强制措施完全可以适用优势证明标准，而不应当再降低证明标准。

受益行政行为案件主要是核发许可证和奖励行为的案件。这类案件在一般情况下，应当适用明显优势证明标准。但也有例外的情况，当事人所诉的核发许可证行为，如果涉及重大公共利益的，应当适用排除合理怀疑的标准。据此，行政案件的证明标准不应当仅仅以被诉行政行为的类型来划分，还应当考虑被诉行政行为的性质、对行政相对人权益影响的大小、对公共利益影响的大小等因素来确定。

## 3.2　主要证据不足的表现形式

根据我国审判实践中反映出来的情况，行政行为主要证据不足的主要表现形式有以下几种：

### *3.2.1*　行政行为认定的事实不清或者没有认定事实

行政机关在行政管理活动中，作出确定、改变行政相对人权利义务关系，限制行政相对人权利行使的决定，必须要以一定的事实为前提。行政行为认定的事实不清或者没有认定事实，也就是说，缺乏作出决定的前提，即使被告在诉讼中提出有关证据，但这些证据不能证明就是该行政行为认定的事实。故应当按主要证据不足处理。例如，某市卫生局的处罚决定中认定某医院销售假药，决定给予罚款 5 万元的处罚，但未认定该医院销售了多少假药、非法获利多少等主要事实和情节。这一处罚决定即属事实不清。又如，某县林业局以某企业滥伐林木为由，决定给予该企业罚款 10 万元。但该决定没有认定该企业在何时、何地、采取什么方式滥伐林木以及滥伐林木数量的基本事实。林业局的处罚决定就属没有认定事实的情况。

### *3.2.2* 行政行为认定的事实没有足够的证据证实

被告不向法庭提供证据，或者提供的证据不能证实被诉行政行为认定的事实，该行政行为就属于没有足够的证据证实的情形。例如，某县工商局认定某公司 1993 年 3 月至 5 月销售 50 吨劣质化肥，非法获利 5 万元。县工商局向法庭提供的鉴定结论与原告提供的鉴定结论相反，在诉讼中，人民法院重新组织鉴定，该鉴定结论为该批化肥符合标准。据此，人民法院以该处罚决定主要证据不足为由，判决予以撤销。又如，某市卫生局认定某个体饭店的厨房不符合卫生标准，作出不核发其卫生许可证的决定。但卫生局向法庭提供不出该饭店的厨房不符合卫生标准的证据。据此，人民法院以主要证据不足为由，判决撤销该决定，并责令市卫生局 2 个月内重新作出决定。

行政行为的种类繁多，不同种类的行政行为对有关事实认定的要求亦有不同。如行政主体作出行政处罚的行为，应在行政处罚决定中认定违法行为人及其身份、是否具有行为能力等问题和违法行为实施的时间、地点、手段或方式、过程以及造成的危害后果等。因此，行政处罚决定中需要将上述事实叙述清楚，并向法庭提供相应的证据予以证实，否则，就构成主要证据不足。又如，我国法律、法规中一般明确规定需要采取行政强制措施行为的情形，因此，法院在审理这类案件时，首先应当审查法律、法规规定需要采取行政强制措施的条件；而后根据被告举出的证据，判断需要采取行政强制措施的情形是否存在。如果不存在，应当认定主要证据不足。如果存在，再与法律、法规规定的条件进行对照，如果相符，应当确认被诉行政行为合法；反之，则应当认定被诉行政行为违法。这里需要注意的是，对于强制带离现场的，因带离现场时无法固定证据，一般带离现场之后固定证据，因此，此类案件有关带离现场的视频证据，可以在带离现场后固定。再如，行政主体对平等主体之间的民事问题作出的行政裁决，应当在裁决中认定有关争议的问题，各方提供的证据及行政机关调查所取得的证据，而后认定有关争议的事实。如果裁决有关争议事实叙述不清或被告提供的证据不能证实其所认定的事实，应当认定被诉行政行为主要证据不足。因此，法官在审理不同种类的行政行为时，要根据法律、法规、规章规定的该类行政行为的要求，判断被诉行政行为的事实是否叙述清楚，主要证据是否充分。

需要注意，有些行政行为认定的事实非常复杂，在处理决定上表述比较原则，但该决定附有一些附件，附件中所认定的事实，应当属于行政行为认定的事实。例如，某县畜牧局的行政处罚决定书上认定，某公司1992年1月至5月，销售假兽药1000箱，劣质兽药2000箱，非法获利10万余元。其附件上注明，销售每一笔伪劣兽药的种类、数量、获利额。附件上认定的事实，就属于行政行为认定的事实。如果处理决定和附件中认定的事实清楚，应当确认该行政行为认定的事实清楚。

### 3.2.3　行政行为认定的责任主体错误或证据不足

被诉行政行为将非责任主体认定为责任主体，未将责任主体作为责任主体认定，或认定的责任主体缺少有关证据加以证明，造成不应当承担法律后果的人承担了法律后果，应当承担法律后果的人反而不承担法律后果，均属于这类主要证据不足的情况。例如，某市环保局的处罚决定中，认定A厂1994年7月至8月间，向河流中排放污水100吨，严重污染了水源，决定给予5万元罚款。经法庭查证，市环保局确定排放污水的出口，系B厂排放污水的出口。据此，人民法院确认被告市环保局处罚决定中责任主体认定错误，判决予以撤销。

人民法院确认行政行为认定的责任主体时应当特别注意以下几个问题：

（1）有关隶属关系的问题。在我国，单位之间存在隶属关系有两种情况：一种是一方单位是另一方的下属单位，不具有独立法人的资格，不能以自己的名义从事民事活动；另一种是虽然一方单位对另一方单位具有一定的领导权力，但双方均是独立的法人，各自均独立核算并可以独立对外从事民事活动。对于前一种情况，其下属单位违反行政管理秩序行为的行政责任可以由具有法人资格的一方承担。例如，某百货公司未向工商行政管理机关登记，就设立了不能独立承担民事责任的分支机构——照相门市部，并开展了照相业务。工商行政管理机关在行政处罚决定中认定该门市部为无照经营活动的行为人，对百货公司进行行政处罚应当说是正确的。后一种情况，因双方均为独立的法人，各自仅对各自的行为负责，谁实施的行为，由谁承担法律责任。不能因一方实施了违反行政管理秩序的行为，就可以认定是另一方的行为。例如，某饮食联合商店与其下属的18个饮食商店均是独立的法人，饮食联合商店或者其下属饮食商店违法销售不符合卫生标准食品的行为，应当由销售商店负责，既不可以因饮食联合商店销售了不符合卫生标准食品的行为，给予其下属的饮食商店行政处罚；也不可以因下属饮食商店销售了不符合卫生标准食品的行为，给予饮食联合商店行政处罚。

（2）有关企业承包关系的问题。企业的承包方式，是指将企业的一部分经营管理权，以承包的方式包给个人或某部分人。这种情况只发生管理形式和分配的变化，不发生企业性质和企业所有权的变化，承包人在承包期间以企业的名义实施的行为，是企业行为，而不是个人行为。因此，在审理存在企业承包关系的行政处罚案件时，要查清承包人违反行政管理秩序的行为是在何时、以谁的名义实施的。承包人在承包期间以企业的名义实施的违反行政管理规范的行为，应当认定为企业的违法行为，而不应认定为个人的违法行为。承包人在承包期间实施承包合同规定的权利范围以外的违法行为，或者在承包以前、以后实施违法行为，则应当认定为承包人的违法行为，而不应当认定为企业的违法行为。例如，某砖厂与技工支某签订了制砖技术承包合同，合同约定砖厂负责管理，提供厂房、机械等设备和资金；支某为砖厂生产成品砖 200 万块，每块提取 0.035 元。在合同履行 8 个月时，县税务局以支某未按规定办理生产砖的税务登记为由，给予支某罚款 500 元的处罚。支某生产砖的行为是以砖厂的名义进行的，该案未办理生产砖的税务登记的违法行为责任人应当是砖厂，而不应当是支某，显然该处罚决定认定的违法行为责任人是错误的。

（3）有关雇佣关系的问题。在具有雇佣关系的情况下，因被雇人按照雇主的要求所实施的行为，该行为能否得到实施一般取决于雇主，所以对这种情况一般应认定为雇主的行为，所产生的行政法律责任应当由雇主承担，而不应当由被雇佣人承担。例如，某农民未经人民政府批准雇十几个民工在其承包地上建房，违法建房行为人应当认定为该农民，而不应当认定为民工。但是需要注意的是，被雇佣人所进行的雇佣关系以外的行为，应当认定为被雇佣人自己的行为，而不能认定为雇主的行为。如前例，被雇的民工在干活休息中，因买香烟与店主发生争执，将店主打伤。因该行为与雇佣关系无关，所以违法行为人应当是打人的民工，而不应当是雇主。

（4）有关委托关系的问题。委托代理人实施的行为违反行政管理秩序主要有以下几种情况：①被代理人委托代理人实施的民事法律行为合法，委托代理人超出了被代理委托的权限范围实施了违反行政管理秩序的行为。根据《民法通则》第 66 条“没有代理权、超越代理权或者代理权终止后的行为，只有经过被代理人的追认，被代理人才承担民事责任。未经追认的行为，由行为人承担民事责任”的规定，在没有经过被代理人追认的情况下，违法行为人应当认定为委托代理人，而不应当认定为被代理人。例如，某酒店（系中外合作企业）委托某投资公司按有关规定将 20 万美元按国家牌价调剂为人民币。投资公司擅自违法将 20 万美元卖出，事后未告知酒店。该案违法买卖外汇的行为人应当认定为投资公司，而不能认定为酒店。②被代理人委托代理人代理的行为违反行政管理秩序，有证据证明委托代理人确实不知道该行为违法的，该违法行为是由于被代理人的委托造成的，所以应当认定被代理人为违法行为的责任承担人，而不应当认定委托代理人为违法行为的责任承担人。例如，某化肥厂采取伪造产品合格证等手段骗取某供销社的信任，让其代为销售劣质化肥，如果经审查供销社能够提供确实、充分的证据证明其无法知道该批化肥是劣质产品的，承担销售该批劣质化肥的行政责任人应当是化肥厂，而不应当是供销社。③委托代理人和被代理人都知道委托代理的行为违反行政管理秩序，只要委托代理人实施了委托的行为，被代理人与委托代理人应当是共同的违反行政管理秩序的行为人。如前例，如果供销社知道该批化肥是劣质化肥仍代为销售的，则应当认定化肥厂和供销社为共同违法行为人。

（5）是单独违法还是共同违法的问题。行政处罚决定认定行政相对人违反行政法律规范的行为，必须明确是单独行为，还是共同行为。认定是单独实施违反行政法律规范的行为的，被告向法庭提供的证据应当排除共同实施违法行为的可能性。对认定共同实施违法行为的，行政处罚决定应当写明共同违法行为人在实施违法行为中所处的地位、作用和实施的具体内容，并提供相关的证据证实上述事实。如果对这方面事实认定不清，或者证据不足，就有可能遗漏被处罚人，使应当受到法律制裁的人逃脱法律制裁，或扩大处罚对象，使不应当受到行政处罚的人受到行政处罚，或造成行政处罚显失公正，很难使被处罚人真正认识错误，不能起到教育公民遵守法律、防止违法行为的作用。

### 3.2.4　行政相对人的身份、责任能力认定错误或未查清

行政相对人的身份不同，其享受的权利和应承担的义务有所不同，行政相对人责任能力的大小决定对其行为应承担的责任亦有很大区别，由于行政行为认定行政相对人的身份、责任能力错误或未查明，将导致行政相对人承受不应承受的责任，实际上侵害了他们的合法权益，应当以主要证据不足为由，判决撤销。例如，某村民在家请客时，因其制作的食物不洁，造成12人食物中毒。卫生机关认定该村民生产经营不洁食品，造成多人食物中毒，依据1995年《食品卫生法》的规定给予其罚款处罚。根据1995年《食品卫生法》第4条“凡在中华人民共和国领域内从事食品生产经营的，都必须遵守本法”的规定，

该村民不是为了赢利制作食品，故不属于食品生产经营者，卫生机关认定其为食品生产经营者，并对其处罚，即属于行政相对人身份认定错误。又如，公安机关的治安裁决认定刘某殴打他人，致人轻微伤，给予罚款 50 元的处罚。刘某不服，依法向人民法院提起诉讼。刘某的诉讼代理人向法庭提供了刘某未满 14 周岁的证据，根据《治安管理处罚法》第 12 条中“不满十四周岁的人违反治安管理的，不予处罚”的规定，因公安机关未查清刘某年龄这一事实，导致刘某受到处罚，故应以主要证据不足为由，判决予以撤销。

# 第4章

# 对适用法律规范是否正确的审查

## 4.1 审查依据

人民法院审理行政案件是通过审查被诉行政行为，对其是否合法的问题作出判决。正确作出判决的前提在于正确适用法律规范；而正确适用法律规范的前提，则是必须明确审查的依据。所谓审查依据，就是人民法院审理行政案件时，用来衡量行政行为是否合法的标准。1989 年《行政诉讼法》第 52 条、第 53 条，2014 年《行政诉讼法》第 63 条均规定，人民法院审理行政案件，以法律、行政法规、地方性法规及自治条例和单行条例为依据，参照规章。

### *4.1.1* 依据法律、行政法规、地方性法规及自治条例和单行条例

#### *4.1.1.1* 以法律为依据

这里所指的法律是狭义的，仅指全国人民代表大会及其常务委员会依照立法程序，通过和颁布的具有普遍约束力的规范性文件。全国人民代表大会及其常务委员会是我国最高权力机关，制定的法律在全国范围内适用，其效力仅次于宪法。

#### *4.1.1.2* 以行政法规为依据

在 2000 年《立法法》颁布前，根据有关规定，行政法规，是指由国务院依法制定或者批准颁布的具有普遍约束力的规范性文件。但是，2000 年《立法法》仅规定由国务院依法制定并颁布的具有普遍约束力的规范性文件属于行政法规，未将国务院批准由国务院部门发布的具有普遍约束力的规范性文件列入行政法规的范畴。因考虑 1949 年后我国立法程序的沿革情况，

现行有效的行政法规有以下三种类型：一是国务院制定并公布的行政法规。二是 2000 年《立法法》施行以前，按照当时有效的行政法规制定程序，经国务院批准、由国务院部门公布的行政法规。但在 2000 年《立法法》施行以后，经国务院批准、由国务院部门公布的规范性文件，不再属于行政法规。三是在清理行政法规时，经国务院确认由国务院批准、国务院部门公布的具有普遍约束力的规范性文件为行政法规。

国务院是我国最高行政机关，依法制定和批准颁布的行政法规也是在全国范围内适用。但是，行政法规的效力低于法律，不能与法律相抵触。也就是说，行政法规是法律的下位法，当行政法规的规定与其上位法的法律的规定相抵触时，应当适用上位法即法律。

经国务院同意、国务院办公厅下发的具有普遍约束力的规范性文件属于何种性质，2000 年《立法法》中没有明确的规定。在 2000 年《立法法》颁布以前，实践中将这类规范性文件视为行政法规。2000 年《立法法》第 61 条规定："行政法规由总理签署国务院令公布。"这就意味着以后所有的行政法规都必须以总理签署国务院令的形式公布，不再保留国务院批准、国务院部门发布行政法规这一形式。经国务院同意、国务院办公厅下发的具有普遍约束力的规范性文件，在 2000 年《立法法》施行后不应再视为行政法规。但此种文件应属于何种性质，该法没有明确。在 2000 年《立法法》施行后，虽此种文件不属于行政法规，但国务院采取这种行政措施主要是基于保障法律、行政法规及中央宏观政策的统一性考虑，防止地方各行其是，破坏法律、行政法规及中央宏观政策的统一性，因此，其法律效力虽低于行政法规，但高于地方性法规和规章，只要不与上位法相抵触的，地方各级政府及其部门仍应执行。

#### 4.1.1.3 以地方性法规为依据

地方性法规，是指有权制定法规的地方人民代表大会及其常务委员会按照立法程序制定和颁布的具有普遍约束力的规范性文件。根据我国《宪法》和《地方各级人民代表大会和地方各级人民政府组织法》、2000 年《立法法》等法律的规定，有权制定法规的地方人民代表大会及其常务委员会包括：(1) 省、自治区、直辖市的人民代表大会及其常务委员会；(2) 深圳市、厦门市、珠海市和汕头市人民代表大会及其常务委员会；(3) 省、自治区人民政府所在地的市人民代表大会及其常务委员会；(4) 经国务院批准的较大的市（它们是：大连、唐山、大同、包头、鞍山、抚顺、吉林、齐齐哈尔、青岛、无锡、淮南、洛阳、宁波、淄博、邯郸、本溪、苏州、徐州等 18 个市）的人民代表大会及其常务委员会。后两者制定的地方性法规须经省、自治区人民代表大会常务委员会的批准才能施行。地方性法规的效力低于法律、行政法规，不能与法律、行政法规相抵触。也就是说，地方性法规的上位法是法律、行政法规，因此，当地方性法规与法律、行政法规相抵触时，应当适用其上位法即法律或者行政法规。

2015 年《立法法》与 2000 年《立法法》关于有权制定地方性法规问题的规定有以下三点不同：(1) 2015 年《立法法》将“经国务院批准的较大的市人民代表大会及其常务委员会”具有制定地方性法规的立法权，修改为“设区的市的人民代表大会及其常务委员会”具有制定地方性法规的立法权。由原来 49 个较大的市（包括 27 个省、自治区的人民政府所在地的市，4 个经济特区所在地的市和 18 个经国务院批准的较大的市），扩大为 284 个设区的市人民代表大会及其常务委员会具有制定地方性法规的立法权。(2) 设区的市人民代表大会及其常务委员会可以对“城乡建设与管理、环境保护、历史文化保护等方面的事项”制定地方性法规，法律对设区的市制定地方性法规的事项另有规定的，从其规定。原有 49 个较大的市人民代表大会及其常务委员会已经制定的地方性法规，涉及上述事项范围以外的，继续有效。(3) 设区的市的地方性法规须报省、自治区的人民代表大会常务委员会批准后施行。省、自治区的人民代表大会常务委员会对报请批准的地方性法规，应当对其合法性进行审查，同宪法、法律、行政法规和本省、自治区的地方性法规不抵触的，应当在 4 个月内予以批准。除省、自治区的人民政府所在地的市，经济特区所在地的市和国务院已经批准的较大的市以外，其他设区的市开始制定地方性法规的具体步骤和时间，由省、自治区的人民代表大会常务委员会综合考虑本省、自治区所辖的设区的市的人口数量、地域面积、经济社会发展情况以及立法需求、立法能力等因素确定，并报全国人民代表大会常务委员会和国务院备案。

人民法院在适用地方性法规时，应当注意以下三个问题：一是由于我国各地区之间，政治、经济发展不平衡，需要各地区的立法机关结合本地区的具体情况制定一些地方性法规。因此，地方性法规只能适用本行政区域内发生的行政案件，不能适用本行政区以外发生的行政案件。二是省级以下立法机关制定的地方性法规不得与省级立法机关制定的地方性法规相抵触。省级立法机关制定的地方性法规是省级以下立法机关制定的地方性法规的上位法。三是有地方立法权的立法机关制定的地方性法规不得超过法律的授权，超越部分，不能作为判决依据。

#### *4.1.1.4* 以自治条例和单行条例为依据

这里的自治条例和单行条例，是特指民族自治区、自治州、自治县的人民代表大会依照当地民族的政治、经济和文化特点制定的自治条例和单行条例，以及法律规定由民族自治地方对某项法律的补充或者变通规定。自治区的自治条例和单行条例，报全国人民代表大会常务委员会批准后生效；自治州、自治县制定的自治条例和单行条例，报省、自治区、直辖市的人民代表大会常务委员会批准后生效。生效的自治条例和单行条例，也可以作为人民法院审理发生在该民族自治区内的行政案件的依据。

### *4.1.2* 参照规章

根据我国《宪法》、2000 年《立法法》和《地方各级人民代表大会和地方各级人民政府组织法》的规定，规章分为部门规章和地方政府规章。部门规章，是指国务院各部、委员会、中国人民银行、审计署和具有行政管理职能的直属机构，根据法律和国务院的行政法规、决定、命令，在本部门的权限范围内，制定和发布的具有普遍约束力的规范性文件。地方政府规章，是指省、自治区、直辖市，深圳市、厦门市、珠海市、汕头市，省、自治区的人民政府所在地的市，设区的市，自治州的人民政府①根据法律和国务院的行政法规、决定、命令制定和发布的具有普遍约束力的规范性文件。规章具有以下三个特征：第一，规章是由宪法和法律授权的上述行政机关制定和发布的，其他机关、组织、团体均无权制定规章。第二，制定和发布的规章必须以法律和国务院的行政法规、决定、命令为依据，不能随意制定和发布。第三，规章的效力低于法律、法规，部门规章不得与法律和行政法规相抵触，部门规章的上位法是法律、行政法规，地方性法规不属于其上位法；地方政府规章不得与

---

① 2015 年《立法法》实施前，经国务院批准的较大的市的人民政府具有制定地方政府规章的立法权，其他设区的市、自治州的人民政府不具有制定地方政府规章的立法权。

法律和行政法规及上级、同级立法机关制定的地方性法规相抵触。地方政府规章的上位法不仅包括法律、行政法规，同时还包括上级或者同级立法机关制定的地方性法规。

2015 年《立法法》对 2000 年《立法法》有关规章的问题作了如下修改：一是对 284 个设区的市的人民政府，赋予其可以根据法律、行政法规和本省、自治区、直辖市的地方性法规制定规章的职权。二是对部门规章和地方政府规章的权限进行规范。具体有以下三个方面的内容：（1）制定部门规章，没有法律或者国务院行政法规、决定、命令的依据，不得设定减损公民、法人和其他组织权利或者增加其义务的规范，不得增加本部门的权力、减少本部门的法定职责。（2）制定地方政府规章，没有法律、行政法规、地方性法规的依据，不得设定减损公民、法人和其他组织权利或者增加其义务的规范。（3）考虑到地方工作的实际需要，规定应当制定地方性法规但条件尚不成熟的，因行政管理迫切需要，可以先制定地方政府规章，规章实施满两年需要继续实施规章所规定的行政措施的，应当提请本级人民代表大会或者其常务委员会制定地方性法规。

规章在行政管理活动中，对贯彻实施宪法和法律、行政法规，进一步改革开放，促进社会主义精神文明建设，提高行政效率，规范行政管理等方面起着重要作用，保障了行政机关依法行使职权。但是，规章也存在一些问题，如某些行政机关在制定规章时，由于考虑本地区、本部门的利益，导致制定出的规章在权利义务上出现不平等的现象，从而损害公民、法人和其他组织的合法权益；制定规章的程序不严格，权限不明确；规章与法律、行政法规相抵触，规章与规章之间的规定不一致等。

根据《行政诉讼法》的规定，人民法院审理行政案件，只以法律、行政法规为依据，没有规定以规章为依据。这是因为，我国的政治制度是人民代表大会制度，行政机关和人民法院都向同级人民代表大会及其常务委员会负责，并受其监督。《行政诉讼法》的立法目的，是保护公民、法人和其他组织的合法权益，监督行政机关依法行政。如果人民法院审理行政案件要以规章为依据，就意味着把规章的行政管理效力延伸到审判活动中去，这不符合行政机关与审判机关之间的合理分工原则。同时，也意味着人民法院审理行政案件要以行政机关的利益为准则，既要承认其合法的规章，又要承认其不合法的规章，这是违反法律的公正原则的。所以，规章不能作为审判的依据，只能参照。

王汉斌同志曾经在《关于〈中华人民共和国行政诉讼法(草案)〉说明》中指出："对符合法律、行政法规的规章，法院要参照审理，对不符合法律、行政法规原则的规章，法院可以灵活处理。"也就是说，"参照规章"，既不是无条件地适用规章，也不是一律拒绝适用规章，只能是在参酌、鉴别之后决定适用与否。具体是指，人民法院在审理行政案件时，对合法的规章可以作为衡量行政行为是否合法的标准；对不合法的规章，人民法院不承认其效力，不予适用。人民法院要判断出规章是否合法，只有通过审查规章，才能作出判断。因此，人民法院对规章有一定的审查权。我国宪法和法律没有授予人民法院可以撤销或者改变规章的权力，但如果依此否认人民法院在审理行政案件中对规章的审查权，那么，《行政诉讼法》就没有必要规定参照规章，而可以直接规定依据规章。《行政诉讼法》中规定，人民法院审理行政案件时，参照规章，实质上包含着人民法院审理行政案件有权审查规章的合法性。这是一种应用性质的合法性审查，人民法院不能撤销或者改变规章，只能在审理具体行政案件时，决定适用或不适用规章。

### 4.1.3 如何对待规章以下的规范性文件

规章以下的规范性文件，是指不具有制定和发布规章的行政机关制定和下发的具有普遍约束力的文件。它包括：国务院各部、委员会的内部职能机构、直属局，各省、自治区、直辖市人民政府的职能机关，没有规章制定权的市、县人民政府及其职能机关，乡镇人民政府制定的具有普遍约束力的规范性文件。

《行政诉讼法》规定，人民法院审理行政案件依据法律、法规，参照规章。但对规章以下规范性文件应如何对待，未作规定。那么，人民法院在审理行政案件中，究竟应当如何对待规章以下的规范性文件呢？

行政机关管理的国家行政事务涉及面非常广泛，涉及社会上各种各样的人和事，社会上的人和事又是在不断的变化之中，加之我国幅员辽阔、民族众多，各地区之间政治、经济、文化等发展不平衡，所以，也需要不具备规章制定权的行政机关依据法律、法规及规章，结合本部门、本地区的实际情况，制定规范性文件，更有针对性地解决实际中的问题。这些规范性文件在我国社会主义建设过程中，发挥了较大的作用。但是，由于这类规范性文件制定的程序较为简单，制定的人员水平相对较低、视野较窄，因此，存在的问题比规章更多。故《行政诉讼法》没有规定，人民法院审理行政案件时可以参照。

但是，这并不意味着，人民法院审理行政案件可以完全不必考虑规章以下的规范性文件的规定。行政机关在其职权范围内制定和发布的规章以下的规范性文件的规定，只要与法律、法规及规章的规定一致的，人民法院应当承认其效力，在审理行政案件时，可以参考。这里特别需要指出，没有规章制定权的行政机关制定的规范性文件，须与法律、法规及规章不相抵触。严禁以部门内设机构名义制发行政规范性文件，行政规范性文件不得增加法律、法规规定之外的行政权力事项或者减少法定职责；不得设定行政许可、行政处罚、行政强制等事项，不得减损公民、法人和其他组织权益或者增加其义务。不同层级之间的规范性文件不一致时，原则上应当适用高层级的规范性文件，不适用低层级的规范性文件。

## 4.2 对行政行为适用的法条的审查

只有在确定被诉行政行为适用的法律、法规及规章的条文后，才能判断被诉行政行为适用的法律、法规是否正确。也就是说，正确认定被诉行政行为适用的具体法律、法规及规章的条文，是判断被诉行政行为适用法律、法规是否正确的前提条件。在审查判断被诉行政行为适用法律、法规是否正确时，首先应当认定被诉行政行为究竟适用了哪些具体的法律、法规及规章的条文。

### *4.2.1* 行政行为适用法律规范的形式和内容条件

法律是一种社会规范，它规定了人们可以这样行为，应该这样行为或不应该这样行为，从而为人们的行为提供了一个模式、标准或方向。法律对人们行为肯定的，为合法行为，应加以保护、赞许或者奖励；法律对人们行为否定的，为不合法的行为，应加以禁止，对违反者予以制裁。法律是以规定人们的权利和义务为主要内容，赋予人们享有法律上的某种权利，要求人们履行法律上的某种义务，对人们实施了法律上禁止的行为给予制裁。人们行为的性质不同，也就决定其应当享有什么样的权利，承担什么样的义务，以及权利义务的多少。国家通过制定各项单行法律、法规调整不同社会关系，并通过法律、法规中的具体条文的规定，来规范人们的行为和调整各种权利义务关系。有关何种行为为合法行为，何种行为为附条件行为，何种行为是违法行为，可以享有某种权利和需要承担某种义务等内容的规定，属于有关定性的条款；有关应当享有多大权利和承担多少义务的规定，属于处理性条款。行政相对人的行为或者事项的性质不同，行为的情节和事项的具体情况不同，法律后果亦不相同，因而在行政行为中，应当适用的具体的法律、法规的条文也就不一样了。据此，行政行为适用的法律、法规，在形式上必须要写明依据的具体的法律、法规及规章的名称和具体的条文。在一个条文中，有多款或者多项的，应当写明具体的款或项。在内容上，一般应当写明认定行政相对人行为的性质或者事项的性质的法条和涉及处理结果的法条。但须指出，对有关定性的法条与有关处理的法条，在有些法律、法规中是分别在不同条款中规定的，有些法律、法规对定性问题有专门条款规定，在处理条款中，又明确某类情况应当给予何种具体的处理。如果是前种情况的，应当同时适用这两类条款；如果是后种情况的，仅适用处理条款，没有适用定性条款的，不能认定为没有适用定性条款。

### *4.2.2*　如何判断行政行为适用的法条

在审判实践中，各地人民法院认定被诉行政行为适用的法条的做法不尽相同，绝大多数人民法院将被诉行政行为中引用的具体法条，也就是处罚决定书、处理决定书、通知书等法律文书中载明的具体法条，或在宣告行政行为时宣读的具体法条，认定为被诉行政行为所适用的法条。被诉行政行为没有引用的法条，不认定为被诉行政行为适用的法条，但可以用于论证被诉行政行为适用法律规范是否正确的论据。少数人民法院除认定被诉行政行为引用的具体法条为被诉行政行为适用的法条外，还将被告在法庭上答辩中所引用的具体法条认定为被诉行政行为适用的法条。

笔者认为，前一种做法是正确的，后一种做法是违背《行政诉讼法》的规定的。理由如下：第一，法律、法规要求行政机关在行政行为中写明所适用的法条。例如，《行政处罚法》第39条规定，行政处罚决定书中应当载明行政处罚的种类和依据。其他有关法律、法规和规章中也有类似的规定。根据这些规定，行政行为中应当载明所适用的法条。第二，行政诉讼案件的事实是有关被诉行政行为合法问题的事实。它包括：行政行为认定的事实，适用法律、法规及规章的事实，执法程序的事实等。因此，被诉行政行为适用的法律、法规及规章应当在制作时就存在，仅有被告在法庭中的陈述，没有其他证据证明引用了的仅在法庭上陈述的法条，可以作为论证适用法律正确的论据，但不能认定为被诉行政行为适用的法条。第三，根据《行政诉讼法》关于被告负举证责任的规定，被告应当向法庭提供被诉行政行为认定的事实、适用的法律条文、执法主体资格和行政执法程序等有关其合法性的证据。适用法律条文的证据有：被诉行政行为的法律文书、宣告笔录、其他能够证明被告宣告适用法条的证据。如果被告仅是在法庭上陈述其适用了某法条，但提供不出证据证明行政行为适用了该法条，说明被告未完成举证责任，应当承担其在法庭中陈述的法条的事实不成立的后果。根据这三点，应认定被诉行政行为没有适用被告仅在法庭上陈述其适用的法条。

但是，需要说明的是，被诉行政行为中没有引用，被告行政机关在法庭提出用来论证被诉行政行为适用的法条正确的法律、法规及规章的条文，虽然不能作为被诉行政行为适用的法条，但要认真分析其与被诉行政行为适用的法律、法规之间的关系，对能够证明被诉行政行为适用法律、法规正确的，应当依此确定被诉行政行为适用法律、法规正确；对与被诉行政行为无关联的，不予考虑。万万不能不加审查一律不予考虑。例如，某市卫生局于 2004 年 1 月 16 日认定某公司经营脐带血干细胞库业务，属于未经许可擅自采集血液的行为，依据卫生部发布的《血站管理办法（暂行）》[①]（以下简称《管理办法》）第 21 条“未取得采供血许可的单位和个人，不得开展采供血业务”和第 48 条“对违反《献血法》和本办法的规定，未经批准，擅自设置和开办血站，非法采集、供应或倒卖血液的，由县级以上人民政府卫生行政部门予以取缔，没收擅自设置和开办血站的全部财产和非法所得，并处以 5 万元以上 10 万元以下的罚款”的规定，决定予以取缔。该案被告所适用的法条是《管理办法》第 21 条和第 48 条。被告在法庭上提出，《献血法》第 8 条规定：“血站是采集、提供临床用血的机构，是不以营利为目的的公益性组织。设立血站向公民采集血液，必须经国务院卫生行政部门或者省、自治区、直辖市人民政府卫生行政部门批准……”第 18 条规定：“有下列行为之一的，由县级以上地方人民政府卫生行政部门予以取缔，没收违法所得，可以并处十万元以下的罚款；构成犯罪的，依法追究刑事责任：（一）非法采集血液的；（二）血站、医疗机构出售无偿献血的血液的；（三）非法组织他人出卖血液的。”《管理办法》第 21 条和第 48 条是对《献血法》上述规定的具体化，属于合法有效的条文。原告某公司采集脐带血，目的是分离干细胞后进行储存，以备用于储存人临床治疗血液性疾病。《献血法》《管理办法》虽未对血液中全血的组成、成分血的种类予以详细列明，但从医学及法律规范的角度分析，脐带血应属于血液中的全血，认定某公司未经卫生行政机关批准采集血液的事实成立，适用

① 该规定已被 2006 年施行的《血站管理办法》废止。

法律规范正确。虽被诉行政行为未适用《献血法》第 8 条和第 18 条，但被告用这两条的规定论证了被诉行政行为适用法律正确，故法院支持了被告的主张。

### *4.2.3* 审查判断行政行为适用的法条的方法

在一审中，人民法院均应通过开庭和合议的方式，审查判断被诉行政行为所适用的法条。即在庭审中，先由被告向法庭举出证据证明被诉行政行为所适用的法条，并在法庭上宣读其所适用法条的具体内容；然后由原告、第三人对被告提供的证据进行辨认、辩论，同时原告、第三人也可以向法庭提出反证，反证亦须法庭质证后，才能作为定案的根据，合议庭根据法庭质证的情况，认定当事人提供的证据哪些有效、哪些无效；最后认定被诉行政行为适用了哪些法条并结合被告用于论证其适用的法律条文正确的法律规范进行判断。

在二审中，如果开庭审的，合议庭应通过质证当事人在一审法庭上提供的证据，进行认证，并在此基础上判断一审判决认定被诉行政行为所适用的法条的事实是否正确。如果书面审的，合议庭主要通过审查一审庭审笔录和当事人在一审法庭上提交的证据、起诉状、答辩状等材料，来判断一审判决认定被诉行政行为所用的法条的事实是否正确。

当前在行政审判活动中，一些人民法院往往忽视对被诉行政行为所适用的法条的事实进行审查。在法庭上，没有让被告举出被诉行政行为所适用的法条的证据，而仅仅是在让被告说明被诉行政行为适用了哪些法条后，就询问原告、第三人认为被告陈述中所适用的法条是否正确。这种审判方式不是针对被诉行政行为合法性进行审查，而是审查双方当事人所争议的事实，仍未摆脱民事审判方式的模式。其结果，一是没有审查被诉行政行为所适用的法条这一事实，二是违背了《行政诉讼法》

所确定的合法性审查和被告负举证责任的原则，故应当予以摒弃。

### 4.2.4　判断行政行为适用的法条时应当注意的问题

从近年来审判实践中所反映的问题看，判断被诉行政行为所适用的法条时，应当注意以下三个问题：

（1）被诉法律文书中引用的法条不全，但被告送达给行政相对人的附件材料中载明依据的法条或者被告向行政相对人宣告处理决定时所宣读其依据的法条，只要查证属实的，应认定为被诉处理决定适用了该法条。这里需要指出，未送达给行政相对人的附件材料中载明依据的法条，不能认定为被诉行政行为适用的法条。

（2）被诉行政行为中仅写明所适用的法律、法规的名称，没有写明具体条款，或者连法律、法规的名称也没有写，同时被告在法庭上举不出证据证明其所适用的具体法条的，因无法判断其究竟是根据哪一条具体条款作出处理决定的，故应当认定为没有适用法条。

（3）行政行为引用的法条中有数款或者数项，每款或每项都是有关定性或具体处理的规定，未引用具体的款或者项，应认定该行政行为没有适用定性或处理的款、项。但在该行政行为中的理由部分叙述了被处理行为或者事项的性质或应当受到什么处理，与其适用的法条中的某款或某项相对应的，则应当认定该行政行为适用了相对应的款或项。例如，某公安机关治安裁决仅写明依据《治安管理处罚法》第42条的规定，对某公民作出拘留8日的决定。该条规定："有下列行为之一的，处五日以下拘留或者五百元以下罚款；情节较重的，处五日以上十日以下拘留，可以并处五百元以下罚款：（一）写恐吓信或者以其他方法威胁他人人身安全的；（二）公然侮辱他人或者捏造事实诽谤他人的；（三）捏造事实诬告陷害他人，企图使他人受到刑事追究或者受到治安管理处罚的；（四）对证人及其近亲属进行威胁、侮辱、殴打或者打击报复的；（五）多次发送淫秽、侮辱、恐吓或者其他信息，干扰他人正常生活的；（六）偷窥、偷拍、窃听、散布他人隐私的。”该条中的每项规定的内容都属于定性的性质，应当认定该治安裁决没有定性。但是，如果该治安裁决的理由部分中写明了该公民行为属于公然侮辱他人或者捏造事实诽谤他人的性质，则应当认定其适用了该法第 42 条第（2）项的规定。

## 4.3 审查行政行为适用的法律规范是否有效

被诉行政行为适用的法律规范是否有效，直接关系到其适用的法律、法规是否正确的问题。因此，审查判断被诉行政行为是否存在适用法律、法规错误的问题，就要查明被诉行政行为所适用的法律规范是否有效的问题。人民法院应当从以下几个方面进行审查：

### *4.3.1* 审查所适用的法律规范是否具有时间效力

这里所讲的“时间效力”，是指被诉行政行为适用的法律规范生效和失效的时间问题，以及法律规范有无溯及力的问题。

#### *4.3.1.1* 法律规范的生效

法律规范的生效，是指法律规范制定后何时开始施行。我国法律规范生效通常有两种情况：

（1）从法律规范公布之日起立即生效施行。如第十三届全国人民代表大会第一次会议于 2018 年 3 月 20 日通过的《监察法》第 69 条规定：“本法自公布之日起施行……”

（2）法律规范公布后并不立即生效，经过一定的期限才开始施行。例如，第八届全国人民代表大会第四次会议于 1996 年 3 月 17 日通过的《行政处罚法》第 64 条规定："本法自 1996 年 10 月 1 日起施行……"

#### *4.3.1.2*　法律规范的失效

法律规范的失效，是指法律规范终止生效的时间。我国法律规范施行终止效力大体上有以下四种情况：

（1）新的法律规范中明文宣布原有法律规范废止。如第十届全国人民代表大会常务委员会于 2005 年 8 月 28 日通过的《治安管理处罚法》第 119 条规定："本法自 2006 年 3 月 1 日起施行。1986 年 9 月 5 日公布、1994 年 5 月 12 日修订公布的《中华人民共和国治安管理处罚条例》同时废止。"

（2）由立法机关决定批准公布失效的法律规范目录。如 1987 年全国人民代表大会常务委员会关于批准法制工作委员会关于对 1978 年底以前颁布的已经失效的法律目录 111 件，1978 年底以前全国人民代表大会常务委员会批准的已经不再适用的民族自治条例目录 48 件。

（3）新的法律规范施行后旧的法律规范与新的法律规范（包括同位法、下位法）相抵触的部分，自行失效。如第九届全国人民代表大会常务委员会第二十四次会议于 2001 年 10 月 27 日通过和公布《关于修改〈中华人民共和国商标法〉的决定》（第二次修正），从该决定施行之日起，被修改过的《商标法》的有关条款自行失效。又如，第八届全国人民代表大会常务委员会第十三次会议于 1995 年 5 月 10 日颁布并于 1995 年 7 月 1 日起施行的《商业银行法》第 29 条第 2 款规定："对个人储蓄存款，商业银行有权拒绝任何单位或者个人查询、冻结、扣划，但法律另有规定的除外。"第 30 条规定："对单位存款，商业银行有权拒绝任何单位或者个人查询，但法律、行政法规另有规定的除外；有权拒绝任何单位或者个人冻结、扣划，但法律另有规定的除外。”在该法生效后（即 1995 年 7 月 1 日），按照后法优于前法的原则，国务院 1987 年发布的《投机倒把行政处罚暂行条例》第 7 条第 2 款、第 12 条中县级以上工商行政管理局可以通知投机倒把行为人的开户银行暂停支付和划拨其存款以及其他行政法规、地方性法规中行政机关可以查询个人存款和冻结、划扣个人和单位在商业银行中的存款的规定，自然失效。

（4）新法律实施后，原有的法规、规章与新法律中的某些部分不符合的，在新法律实施一段时间后废止。例如，1996 年《行政处罚法》第 64 条规定：“本法自 1996 年 10 月 1 日起施行。本法公布前制定的法规和规章关于行政处罚的规定与本法不符合的，应当自本法公布之日起，依照本法规定予以修订，在 1997 年 12 月 31 日前修订完毕。”根据该条的规定，在该法公布前制定的法规和规章关于行政处罚设立的规定与该法不符合的，在其修订后失去效力或在 1997 年 12 月 31 日后失去效力。

#### *4. 3. 1. 3* 溯及力

溯及力，是指新的法律规范颁布后，对其以前所发生的事项和行为应当适用。我国现行法律、法规绝大部分不具有溯及力。一般对涉及历史问题处理的法律规范均规定了具有溯及力。例如，《集体企业国有资产产权界定暂行办法》规定，对该办法颁布以前和以后集体企业形成资产的性质如何界定的问题，均应适用该办法。

#### *4. 3. 1. 4* 审查判断被诉行政行为适用法律规范的时间效力时应注意的问题

人民法院在审查判断被诉行政行为适用法律规范的时间效

力时，一是要查清被诉行政行为所适用的法律规范的生效时间、失效时间及有无溯及力的问题；二是要查清被诉行政行为所处理的行为或事项的时间。如果被处理行为或事项发生在被诉行政行为所适用的法律规范具有法律效力的期间，那么，被诉行政行为所适用的法律规范具有时间效力；反之，则不具有时间效力。此外，还应注意以下三个问题：

（1）行政相对人的行为或被处理的事项与行政机关的处理均在新法生效之前的，应适用旧法。行政相对人的行为或被处理的事项和行政机关的处理均发生在新法生效之后的，应适用新法。行政相对人的行为或被处理的事项发生在新法生效之前，行政机关的处理发生在新法生效之后的，除法律、法规明确规定该法具有溯及既往的效力以外，有关实体问题原则上应适用旧法的规定；有关程序问题，应适用新法的规定。但是，有五种情况属于例外：

①对行政处罚行为适用从旧兼从轻的原则。即新法规定属于违法行为，应给予行政处罚，旧法规定不属于违法行为的，应适用旧法的规定；旧法规定属于违法行为，应给予行政处罚，新法规定不属于违法行为的，应适用新法的规定；新法、旧法都规定属于违法行为，哪个法规定的行政处罚轻，亦应适用那个法的规定。

②法律、法规中有关程序的规定如行政处理程序、行政诉讼程序等，是保证行政机关和人民法院作出合法、公正的处理决定和行政判决的必要措施，是保障公民、法人和其他组织合法权益的必要手段。这类规定并没有规定行政相对人的实体权益，不涉及公民、法人、其他组织和国家的实体利益，仅仅是规定行政机关和人民法院的工作程序，按照“新的程序法律规范生效后必须遵守”的原则，行政机关和人民法院在处理这类案件时，均应适用新法的规定，而不应适用旧法的规定。

③在行政许可行为中，有关是否许可的问题应当适用新法。法律规范所设立的行政许可条件，是为了维护社会秩序，保护公共利益而规定的。新的法律规范改变原条件，都是基于情势的变化而改变的，是为了维护社会正常秩序，保护公共利益。行政许可的门槛无论降低还是提高，有关许可准许从事的事项或者行为均是在改变门槛之后，因此，对许可条件问题应当适用新法而不得适用旧法。

④2015 年《立法法》第 93 条规定："法律、行政法规、地方性法规、自治条例和单行条例、规章不溯及既往，但为了更好地保护公民、法人和其他组织的权利和利益而作的特别规定除外。"例如，第九届全国人民代表大会常务委员会 2002 年 12 月 28 日修订后的《草原法》第 11 条第 1 款规定："依法确定给全民所有制单位、集体经济组织等使用的国家所有的草原，由县级以上人民政府登记，核发使用权证，确认草原使用权。"第 13 条第 1 款规定："集体所有的草原或者依法确定给集体经济组织使用的国家所有的草原，可以由本集体经济组织内的家庭或者联户承包经营。"但未规定家庭或者联户承包经营的，是否应当核发承包草原使用权证。全国人民代表大会 2007 年 3 月 16 日通过并公布，自 2007 年 10 月 1 日起施行的《物权法》第 127 条第 2 款规定："县级以上地方人民政府应当向土地承包经营权人发放土地承包经营权证、林权证、草原使用权证，并登记造册，确认土地承包经营权。"对于县级以上人民政府 2005 年 10 月给草原承包经营权人发放草原使用权证，当时 2002 年《草原法》虽没有明确规定，可以给予草原承包人发放草原使用权证，但因当时给草原承包人发放草原使用权证，有利于保护公民、法人和其他组织的权利和利益，故县级人民政府在 2015 年确认草原使用权时，若没有证据确认当事人违法取得该草原使用权证的，应依据 2015 年《立法法》第 93 条和《物权法》第 127 条

的规定，确认该草原使用权证具有法律效力。

⑤两个平等的法律规范规定不一致的，但都是具体法律效力的，应当适用 2015 年《立法法》第 92 条的规定，适用特别法律规范的规定。例如，2007 年《政府信息公开条例》第 11 条规定："设区的市级人民政府、县级人民政府及其部门重点公开的政府信息还应当包括下列内容：……（三）征收或者征用土地、房屋拆迁及其补偿、补助费用的发放、使用情况；……"第 14 条第 4 款规定："行政机关不得公开涉及国家秘密、商业秘密、个人隐私的政府信息。但是，经权利人同意公开或者行政机关认为不公开可能对公共利益造成重大影响的涉及商业秘密、个人隐私的政府信息，可以予以公开。"为了防止房屋征收部门滥用权力、暗箱操作，为某些被征收人谋取不正当利益，让被征收人互相监督，实现所有被征收人公平补偿，2011 年《国有土地上房屋征收与补偿条例》第 15 条规定："房屋征收部门应当对房屋征收范围内房屋的权属、区位、用途、建筑面积等情况组织调查登记，被征收人应当予以配合。调查结果应当在房屋征收范围内向被征收人公布。"第 29 条第 1 款规定："房屋征收部门应当依法建立房屋征收补偿档案，并将分户补偿情况在房屋征收范围内向被征收人公布。"上述两个规定对国有土地上房屋调查结果和分户补偿情况的公布并未附加不予公开的例外情况，即使涉及个人隐私，也要予以公开。据此，上述两条的规定与 2007 年《政府信息公开条例》第 14 条第 4 款的规定不尽一致。根据 2015 年《立法法》第 92 条"同一机关制定的法律、行政法规、地方性法规、自治条例和单行条例、规章，特别规定与一般规定不一致的，适用特别规定"的规定，因 2007 年《政府信息公开条例》第 14 条第 4 款是对政府信息公开问题的一般规定，2011 年《国有土地上房屋征收与补偿条例》第 15 条和第 29 条是对有关房屋征收政府信息公开的特别规定，

故对房屋调查情况和分户补偿情况的公开问题，应当适用《国有土地上房屋征收与补偿条例》的相关规定，而非《政府信息公开条例》的相关规定。

（2）法律、法规颁布在前，行政解释性文件作出在后，对行政解释性文件作出以前的行政相对人的行为或事项处理时，能否适用行政解释性文件？行政解释性文件是对法律规范的具体化和对某些条文规定的进一步阐述，并不是新的行为规范准则和新的权利义务划分的标准。因此，只要这些行政解释性文件符合法律规范规定的要求，其效力原则上可以追溯到法律规范实施之日。但是，如果在行政解释性文件发布以前，有权行政机关制定过行政解释性文件的，而且这些文件符合法律规范原意的，原则上应适用原来的文件，而不应适用新的文件。例如，1984 年 3 月 12 日通过、1992 年 9 月 4 日修正的《专利法》第 63 条第 2 款规定："将非专利产品冒充专利产品的或者将非专利方法冒充专利方法的，由专利管理机关责令停止冒充行为，公开更正，并处以罚款。"中国专利局 1994 年 8 月 20 日发布的《专利管理机关查处冒充专利行为暂行规定》第 2 条规定："本规定所称的冒充专利行为是指任何单位或者个人为生产经营目的将非专利产品冒充专利产品或者将非专利方法冒充专利方法的行为，包括下列各项：一、印制或者使用伪造的专利证书、专利申请号、专利号，或者其他专利申请标记、专利标记；二、印制或者使用明知已经被驳回、视为撤回或者撤回的专利申请的申请号或者其他专利申请标记；三、印制或者使用明知已经被撤销、终止、或者被宣告无效的专利的专利证书、专利号或者其他专利标记；四、制造或者销售明知有前三项所列标记的产品；五、其他足以使他人将非专利产品误认为专利产品或者将非专利方法误认为专利方法的冒充行为。"因该条是对上述《专利法》第 63 条第 2 款的解释，并符合其本意，故可以作为专利管理机关处理发生在《专利法》实施以后的冒用专利行为的依据。

（3）新颁布的法律规范或者经修订的法律规范施行后，原有的下位法是否还具有法律效力？新颁布的法律规范或者经修订的法律规范均是在原有的法律规范经过实践检验后制定出来的，为了保证国家政策的连续性，避免造成法律规范的真空，所以，新颁布的法律规范或者经修订的法律规范没有明确规定废止的下位法，其规定的内容与新颁布的法律规范或者经修订的法律规范的规定不相抵触的部分，均具有法律效力。但当新的同位法律规范发布施行后，原有的同位法律规范自行失效。

### *4.3.2*　审查所适用的法律规范是否具有空间效力

所谓的“空间效力”，是指法律规范在哪些地域范围内发生效力。按照国际法公认的国家主权原则，主权国家的法律应当适用其管辖领域。这里的“管辖领域”不仅包括该国的陆地、水域及其底土和上空，而且还包括驻外使领馆和在领域外的该国船舶或飞机。我国是一个主权国家，根据我国宪法和有关法律的规定，我国的法律和行政法规及部门规章，在我国全部领域内适用。但有两种情况例外：其一，为针对发生在特殊范围的行为和特别地区的特别问题进行管理所制定的专门法律、法规，这些专门的法律、法规只能在特殊领域内有效。例如，国务院发布的《公共场所卫生管理条例》第 2 条规定：“本条例适用于下列公共场所：（一）宾馆、饭店、旅店、招待所、车马店、咖啡馆、酒吧、茶座；（二）公共浴室、理发店、美容店；（三）影剧院、录像厅（室）、游艺厅（室）、舞厅、音乐厅；（四）体育场（馆）、游泳场（馆）、公园；（五）展览馆、博物馆、美术馆、图书馆；（六）商场（店）、书店；（七）候诊室、候车（机、船）室、公共交通工具。”又如，国务院批准的

《北京市新技术产业开发试验区暂行条例》，只适用于北京市有关新技术产业开发问题。其二，我国《宪法》第 31 条规定："国家在必要时得设立特别行政区。在特别行政区内实行的制度按照具体情况由全国人民代表大会以法律规定。"全国人民代表大会于 1990 年和 1993 年制定的《香港特别行政区基本法》和《澳门特别行政区基本法》规定，中华人民共和国对香港和澳门恢复行使主权时起，设立该地区为特别行政区，并规定除两个基本法附件规定的特别行政区适用的全国性法律外，"其他法律不适用于特别行政区"。根据上述规定，我国在对香港和澳门两地恢复行使主权后，除《香港特别行政区基本法》和《澳门特别行政区基本法》附件规定的在香港、澳门特别行政区适用的全国性法律外，其他法律、行政法规及部门规章，均不在香港、澳门特别行政区适用。据此，人民法院审理在我国领域内（除香港、澳门外）任何地方发生的行政案件，一般应以法律和行政法规为依据，并可以参照部门规章。

我国《宪法》和《行政诉讼法》及其他有关法律中明确规定，地方性法规、自治条例和单行条例及地方政府规章适用于本行政区域或民族自治地方发生的行政案件。也就是说，行政机关处理本行政区域或民族自治地方内发生的行政案件时，可以依据本地的地方性法规或自治条例和单行条例，并可以参照地方政府规章进行处理。这里所讲的"本行政区域或民族自治地方内发生的行政案件"，是指被行政机关处理的行为或事项的发生地，而不是指作出处理的行政机关的所在地。通常作出行政行为的行政机关的所在地与被处理行为或事项的发生地均在一地的。因此，作出处理的行政机关可以依据其所在地的地方性法规或自治条例和单行条例，参照地方政府规章处理行政案件。但是，在一些特殊情况下，作出行政行为的行政机关的所在地与被处理行为或事项的发生地不在同一地的，对这类行政案件，仅可以适用被处理行为或事项发生地的地方性法规或自治条例和单行条例，参照地方政府规章作出处理决定。例如，辽宁省市场监督管理局处理发生在鞍山市的违反市场管理的行为，可以适用鞍山市的有关地方性法规或政府规章，而不得适用沈阳市的地方性法规或者政府规章。

据此，人民法院在审理行政案件中，被诉行政行为适用地方性法规、自治条例和单行条例及地方政府规章的，必须查清是否具有空间效力。

### *4.3.3* 审查所适用的法律规范是否具有对人和事的效力

所谓的“对人的效力”，是指法律规范适用于什么样的人。这里的人包括：自然人、法人和其他组织。根据我国宪法和法律的规定，我国公民、法人和其他组织在我国领域内一律适用我国的法律规范；外国人、无国籍人、外国组织在我国境内，除有外交特权和豁免权者以外，也应适用我国的法律规范。这是一个总的原则。但就每一部单行法律和行政法规来讲，由于其调整的范围不同，有的适用于所有人，但也有的只适用于某一部分特定人。例如，《食品安全法》只适用于食品的生产经营者，对其他人不能适用。此外，还有些单行法律、行政法规中的某些条款对特定人适用，对其他人不适用。例如，《土地管理法》第 78 条第 1 款规定：“农村村民未经批准或者采取欺骗手段骗取批准，非法占用土地建住宅的，由县级以上人民政府农业农村主管部门责令退还非法占用的土地，限期拆除在非法占用的土地上新建的房屋。”该条款的规定只能适用于农村村民，不能适用其他人。因此，人民法院在审理行政案件时，应当查清被诉行政行为所适用的法律规范可以适用的人的范围；对外国人和外国组织还应查清是否具有外交特权和豁免权，从而确定被诉行政行为所适用的法律规范是否具有对被处理人的效力。

对涉及国际条约的，还应注意审查国际条约与国内法的规定是否一致的问题。国际条约是国际法的渊源之一，缔结国与参加国对生效的国际条约有义务遵照履行。我国一贯信守缔结和参加的国际条约，一般均在国内法中予以确认。

对涉及世界贸易规则的，根据2002年《最高人民法院关于审理国际贸易行政案件若干问题的规定》第7条、第8条的规定，人民法院审理国际贸易行政案件，应当依据中华人民共和国法律、行政法规以及地方立法机关在法定立法权限内制定的有关或者影响国际贸易的地方性法规。地方性法规适用于本行政区域内发生的国际贸易行政案件；参照国务院部门根据法律和国务院的行政法规、决定、命令，在本部门权限范围内制定的有关或者影响国际贸易的部门规章，以及省、自治区、直辖市和省、自治区的人民政府所在地的市、经济特区所在地的市、国务院批准的较大的市的人民政府根据法律、行政法规和地方性法规制定的有关或者影响国际贸易的地方政府规章。

所谓的“对事的效力”，是指法律规范对所规定的事项所发生的效力。一般行政法律规范仅对规定的事项发生效力，对未规定的事项则不具有约束力。例如，《医疗事故处理条例》只适用于医疗事故，而不适用铁路、公路等其他事故。但因行政事项繁杂，有关法律、法规难以列举穷尽，为适应实际工作的需要，法律、法规一般规定一个范围、事项的性质，具体的事项不一一列举，仅作概括性或例示性的规定，对属于概括性或例示性规定的范围内的事项均具有效力。例如，《产品质量法》第2条第1款规定：“在中华人民共和国境内从事产品生产、销售活动，必须遵守本法。”根据该条款的规定，在我国境内从事产品生产、销售活动的行为，在没有特殊规定的情形下，均应适用该法调整。

### 4.3.4 审查所适用的法律规范在内容上是否具有法律效力

#### 4.3.4.1 与宪法、法律相抵触的法规是否应当适用

根据我国《宪法》和《立法法》的规定，法律的规定不得与宪法的规定相抵触；行政法规的规定不得与宪法和法律的规定相抵触；地方性法规的规定不得与宪法、法律和行政法规相抵触。只要下位法的规定与上位法的规定相抵触的，下位法的规定，属于无效。所谓“抵触”一词，字面含义是冲突、矛盾。其法律含义是，下位法与上位法的内容相冲突、相矛盾，违背上位法的基本原则和立法本意，超出法定的权限范围。因此，人民法院在审理行政案件时，不应适用无效的法律、法规。根据我国《宪法》第62条和第67条关于全国人民代表大会及其常务委员会行使监督宪法实施的职权的规定，各地人民法院在审理行政案件中，如果发现法律与宪法相抵触的问题，应当逐级上报，由最高人民法院报请全国人民代表大会常务委员会，全国人民代表大会或其常务委员会作出该条法律同宪法相抵触裁决的，人民法院才可以根据裁决的决定，不适用该条法律。我国《宪法》第67条规定，全国人民代表大会常务委员会行使撤销国务院制定的同宪法、法律相抵触的行政法规和撤销省、自治区、直辖市国家权力机关制定的同宪法、法律和行政法规相抵触的地方性法规的职权。2000年《立法法》第88条和2015年《立法法》第97条亦作了相同的规定。根据这些规定，各地人民法院在审理行政案件中，如果发现行政法规的规定与宪法、法律的规定相抵触，或省级立法机关制定的地方性法规与宪法、法律和行政法规的规定相抵触的问题，应当逐级上报，由最高人民法院报请全国人民代表大会常务委员会的工作机构，全国人民代表大会常务委员会的工作机构提出该条行政法规或

地方性法规同宪法、法律及行政法规相抵触的意见，最高人民法院依此作出司法解释后，各地人民法院才可以根据司法解释，不适用该条行政法规或地方性法规。最高人民法院未作司法解释前，不能确认地方性法规与法律、行政法规相抵触。地方人民法院在审理行政案件中，认为省级以下立法机关制定的地方性法规与上位法相抵触的，应当逐级报送高级人民法院，由高级人民法院报请省级立法机关裁决。省级立法机关的裁决可以作为人民法院对发生在本行政辖区内的行政案件的依据。

#### *4.3.4.2* 审查判断行政行为所适用的规章是否合法

人民法院审理行政案件时，判断被诉行政行为所适用的规章是否合法，主要从三个方面进行审查：

第一，审查制定规章的行政机关是否存在超越职权的问题。我国宪法和法律在授权特定行政机关制定规章时，明确要求行政机关在其职权范围内行使制定规章的职权。超越职权制定的规章，按照行政法上的越权无效原则，当然不能承认其效力。故不能作为人民法院衡量行政行为是否合法的标准。行政机关超越职权制定规章，主要有三种情形：（1）超越行政机关管理事务的职权范围制定规章。例如，公安部只能就公安行政管理事务制定规章，若就卫生行政管理事务问题制定规章，就属于超越职权制定规章。（2）超越行政管理权制定规章。例如，省人民政府制定的规章，可以依据法律和行政法规的规定，具体规定行政处罚的标准和幅度，不能规定有关刑事处罚的标准和幅度等。（3）超越法律规定制定的范围和幅度的权限制定规章。例如，《行政处罚法》第12条规定："国务院部、委员会制定的规章可以在法律、行政法规规定的给予行政处罚的行为、种类和幅度的范围内作出具体规定。尚未制定法律、行政法规的，前款规定的国务院部、委员会制定的规章对违反行政管理秩序的行为，可以设定警告或者一定数量罚款的行政处罚。罚款的限额由国务院规定……”《国务院关于贯彻实施〈中华人民共和国行政处罚法〉的通知》中规定：“国务院各部门制定的规章对非经营活动中的违法行为设定罚款不得超过 1000 元；对经营活动中的违法行为，有违法所得的，设定罚款不得超过违法所得的 3 倍，但是最高不得超过 30000 元，没有违法所得的，设定罚款不得超过 10000 元；超过上述限额的，应当报国务院批准。地方政府规章设定罚款的限额，由省、自治区、直辖市人大常委会规定，可以不受上述规定的限制。”在《行政处罚法》施行后，具有规章制定权的行政机关制定的规章超出上述规定的数额，均属这类超越职权的行为。

第二，审查制定规章的程序是否合法。法律、法规规定制定规章程序的目的，是为了避免规章与法律、行政法规相抵触，规章与规章之间发生冲突和矛盾，保证行政机关正确行使行政权。违反法定程序制定的规章，亦不具有法律效力，人民法院在审理行政案件时，对其也不予适用。

根据 2015 年《立法法》的规定，制定规章的程序可以分为以下几步：（1）提出制定规章建议，并由国务院法制机构立项。（2）起草过程中，应当广泛听取有关机关、组织和公民的意见。听取意见可以采取座谈会、论证会、听证会等多种形式。与有关部门意见不一致的，应协商解决。协商解决不成的，报国务院。不得在不一致的情况下发布。（3）修改后提交部务会议或委员会会议，人民政府常务会议或全体会议决定。（4）公布。即通过的规章要经首长签署发布，并在规章制定机关指定的一至两种公开出版发行的报刊上即时、全文刊登。刊登的规章应当是正式文本，包括规章的名称、制定时间、制定机关、正文以及附件等内容。联合发布的规章，共同制定机关应当分别按照规定予以刊登。（5）规章必须报国务院备案。

现实生活中反映出的主要问题是：（1）在有关部门意见不一致的情况下，制定部委就发布了该规章；（2）该规章不公布，而是以下发的形式要求下级行政机关执行。

第三，审查规章的内容与法律和行政法规的规定是否抵触。规章的效力低于法律和行政法规，规章规定的内容不得与法律、行政法规的规定相抵触。规章的规定与法律、行政法规的规定相一致，是维护社会主义法治的统一和尊严的必要条件，是防止行政机关越权行政和滥用行政职权的保障。因此，规章可以根据法律、行政法规的规定，作出细划的规定，但不得与法律、行政法规的规定相抵触；对于没有法律、法规的规定，但现实生活中亟待规范的问题，有规章制定权的行政机关可以制定规章，但不得与法律、行政法规所确定的基本原则相抵触。如果规章的规定与法律、行政法规的规定相抵触，人民法院不能承认其效力，对其不予适用。

在判断规章是否与上位法相抵触时，应当分析规章规定的内容是否符合上位法的立法原义、追求的目的，通过对制定该规章所依据的上位法的全文进行分析，才能作出判断。切忌机械地理解上位法的某一条文，不要简单地将规章规定的内容与上位法规定的内容不一致的，都认定为抵触。特别是对上位法规定不明确的问题，规章进行了规定的，应当从上位法的立法目的和公共利益这两个方面进行考察，如果规章规定的内容符合立法目的和公共利益的，原则上不能认定为该规章的规定与上位法的规定相抵触；如果违背了立法目的，或不符合公共利益的，则应当认定为抵触。

上述三个条件同时具备的规章属于合法规章。人民法院审理行政案件时，承认其效力并予以适用。不符合第二个条件的规章和整个规章均不符合第一、三个条件的，整个规章都属于不合法规章，人民法院不承认其整个效力，完全不予适用。如果规章的规定中，只有个别条款不符合第一、三个条件，其他部分符合条件的，人民法院仅不适用该规章中的个别条款，其他部分的条款仍予以适用。

### *4.3.5* 如何判断下位法与上位法是否抵触的问题

下位法与上位法相抵触，是指下位法与上位法的内容相冲突、相矛盾，违背上位法的基本原则和立法本意，超出法定的权限范围。

从近些年行政审判中反映出来的情况看，下位法与上位法相抵触主要有以下几种情况：

#### *4.3.5.1* 减少、变更或者增加制裁条件、手段、幅度，扩大或者缩小特定机关的制裁权限

（1）下位法增设或者限制上位法规定的适用条件。例如，2003 年《道路交通安全法》第 13 条第 1 款规定：“对登记后上道路行驶的机动车，应当依照法律、行政法规的规定，根据车辆用途、载客载货数量、使用年限等不同情况，定期进行安全技术检验。对提供机动车行驶证和机动车第三者责任强制保险单的，机动车安全技术检验机构应当予以检验，任何单位不得附加其他条件……”公安部 2004 年《机动车登记规定》第 34 条第 1 款规定：“机动车所有人申请检验合格标志，应当提交行驶证、机动车第三者责任强制保险凭证、机动车安全技术检验机构出具的安全技术检验合格证明。”第 3 款规定：“机动车涉及道路交通安全违法行为和交通事故未处理完毕的，不予核发检验合格标志。”显然 2004 年《机动车登记规定》第 34 条第 3 款的规定，增加了机动车涉及道路交通安全违法行为和交通事故处理完毕的，才予以核发检验合格标志的条件。该款规定就属于增设上位法规定的适用条件，属于下位法与上位法相抵触

的性质，法院在审理这类案件时，应当适用上述《道路交通安全法》第 13 条第 1 款的规定。①

（2）下位法扩大或者限缩上位法规定的给予行政处罚的行为、种类和幅度的范围。例如，重庆市人民代表大会常务委员会于 1998 年 1 月 21 日通过的《重庆市林业行政处罚条例》（以下简称《条例》）第 22 条第 1 款第（1）项规定，无木材或规定林产品运输证的，由林业主管部门予以没收。1996 年《行政处罚法》第 11 条第 2 款规定："法律、行政法规对违法行为已经作出行政处罚规定，地方性法规需要作出具体规定的，必须在法律、行政法规规定的给予行政处罚的行为、种类和幅度的范围内规定。"1984 年 9 月 20 日颁布、1985 年 1 月 1 日施行的《森林法》及国务院批准、1986 年 5 月 10 日林业部发布施行的《森林法实施细则》仅规定对盗伐、滥伐森林或者其他林木，伪造或者倒卖林木采伐许可证、木材运输证等违法行为可以作出行政处罚，但未规定对无运输证运输林产品的行为可以作出行政处罚。1998 年 4 月 29 日通过、1998 年 7 月 1 日施行的《全国人民代表大会常务委员会关于修改〈中华人民共和国森林法〉的决定》增加规定了非法买卖林木采伐许可证、木材运输证件、批准出口文件、允许进口证明书以及伪造采伐许可证、木材运输证件、批准出口文件、允许进出口证明书等违法行为的行政处罚，但仍未将无运输证运输林产品的行为纳入行政处罚的范围之内。国务院 2000 年 1 月 29 日发布施行的《森林法实施条

① 参见《最高人民法院关于公安交警部门能否以交通违章行为未处理为由不予核发机动车检验合格标志问题的答复》（2008 年 11 月 17 日，〔2007〕行他字第 20 号）。该答复规定："《道路交通安全法》第十三条对机动车进行安全技术检验所需提交的单证及机动车安全技术检验合格标志的发放条件作了明确规定：'对提供机动车行驶证和机动车第三者责任强制保险单的，机动车安全技术检验机构应当予以检验，任何单位不得附加其他条件。对符合机动车国家安全技术标准的，公安机关交通管理部门应当发给检验合格标志。'法律的规定是清楚的，应当依照法律的规定执行。"

例》第 44 条规定："无木材运输证运输木材的，由县级以上人民政府林业主管部门没收非法运输的木材，对货主可以并处非法运输木材价款 30%以下的罚款。"但是，也未将无运输证运输林产品的行为纳入行政处罚的范围之内。无论按照新旧《森林法》及《森林法实施细则》或《森林法实施条例》的规定，无运输证运输林产品的行为均不属于可以给予行政处罚的违法行为。《条例》第 22 条第 1 款第（1）项的规定，实际上扩大了上述《森林法》规定可以给予行政处罚行为的范围，属于与上位法相抵触的性质，法院不应适用。①

（3）下位法扩大上位法规定的可以给予行政处罚的对象。例如，1984 年 9 月 20 日通过、1985 年 7 月 1 日施行的《药品管理法》第 50 条规定："生产、销售假药的，没收假药和违法所得，处以罚款，并可以责令该单位停产、停业整顿或者吊销《药品生产企业许可证》、《药品经营企业许可证》、《制剂许可证》。对生产、销售假药，危害人民健康的个人或者单位直接责任人员，依照刑法第一百六十四条的规定追究刑事责任。"第 51 条规定："生产、销售劣药的，没收劣药和违法所得，可以并处罚款；情节严重的，并责令该单位停产、停业整顿或者吊销《药品生产企业许可证》、《药品经营企业许可证》、《制剂许可证》。对生产、销售劣药，危害人民健康，造成严重后果的个人或者单位直接责任人员，比照刑法第一百六十四条的规定追究

① 参见《最高人民法院对〈关于秦大树不服重庆市涪陵区林业局行政处罚争议再审一案如何适用法律的请示〉的答复》（2003 年 6 月 23 日，〔2001〕行他字第 7 号）。该答复规定："根据《中华人民共和国行政处罚法》第十一条第二款关于'法律、行政法规对违法行为已经作出行政处罚规定，地方性法规需要作出具体规定的，必须在法律、行政法规规定的给予行政处罚的行为、种类和幅度的范围内规定'的规定，《重庆市林业行政处罚条例》第二十二条第一款第（一）项关于没收无规定林产品运输证的林产品的规定，超出了《中华人民共和国森林法》规定的没收的范围。人民法院在审理有关行政案件时，应当适用上位法的规定。"

刑事责任。”第 52 条规定：“未取得《药品生产企业许可证》、《药品经营企业许可证》、《制剂许可证》生产药品、经营药品或者配制制剂的，责令该单位停产、停业或者停止配制制剂，没收全部药品和违法所得，可以并处罚款。”根据这三条的规定，未规定可以对单位负有责任的领导人或者直接责任人给予罚款处罚。卫生部 1992 年 9 月 23 日发布施行的《药品监督管理行政处罚规定（暂行）》第 29 条至第 32 条、第 34 条、第 37 条、第 42 条至第 44 条、第 47 条、第 50 条至第 52 条、第 57 条、第 58 条都规定，对违反上述《药品管理法》第 50 条至第 52 条规定单位负有责任的领导人或者直接责任人可以罚款处罚。这些规定超出了上位法规定的可以处罚的对象的范围，缺乏上位法的依据，故不能作为法院的判决依据。

（4）下位法改变上位法已经规定的违法行为的性质。上位法因某种行为对社会秩序具有破坏性，或有损国家利益、公共利益、他人合法权益，而确定为违法，禁止任何人实施此类行为。如果下位法规定行为人可以实施此类行为，实质上使此类行为合法化，将会使上位法的目的落空。因此，下位法改变上位法已经规定的违法行为的性质，属于与上位法相抵触。

（5）下位法超出上位法规定的行政强制措施的适用范围、对象、条件和种类。《行政强制法》第 10 条规定：“行政强制措施由法律设定。尚未制定法律，且属于国务院行政管理职权事项的，行政法规可以设定除本法第九条①第一项、第四项和应当由法律规定的行政强制措施以外的其他行政强制措施。尚未制定法律、行政法规，且属于地方性事务的，地方性法规可以设定本法第九条第二项、第三项的行政强制措施。法律、法规以

① 《行政强制法》第 9 条规定：“行政强制措施的种类：（一）限制公民人身自由；（二）查封场所、设施或者财物；（三）扣押财物；（四）冻结存款、汇款；（五）其他行政强制措施。”

外的其他规范性文件不得设定行政强制措施。”第 11 条规定：“法律对行政强制措施的对象、条件、种类作了规定的，行政法规、地方性法规不得作出扩大规定。法律中未设定行政强制措施的，行政法规、地方性法规不得设定行政强制措施。但是，法律规定特定事项由行政法规规定具体管理措施的，行政法规可以设定除本法第九条第一项、第四项和应当由法律规定的行政强制措施以外的其他行政强制措施。”例如，1997 年 7 月 3 日通过、1998 年 1 月 1 日施行的《公路法》未赋予养路费征稽部门对偷逃、拒缴公路交通规费不接受处理等行为的扣押驾驶证、车辆等强制措施的职权。甘肃省人大常委会 1997 年 5 月 28 日通过的《甘肃省公路交通规费征收管理条例》第 19 条 2 款规定：“对偷逃、拒缴公路交通规费不接受处理的，征稽机构可暂扣车辆或车辆行驶证、车辆购置附加费凭证……”该规定与上述《公路法》的规定不相一致，人民法院在审理此类案件时，应适用《公路法》的相关规定。①

#### *4.3.5.2* 下位法限制或者剥夺上位法规定的权利，或者违反上位法立法目的扩大上位法规定的权利范围

（1）下位法扩大上位法规定的义务。例如，国务院 1994 年 4 月 1 日施行的《矿产资源补偿费征收管理规定》第 3 条规定：“矿产资源补偿费按照矿产品销售收入的一定比例计征……本规定所称矿产品，是指矿产资源经过开采或者采选后，脱离自然赋存状态的产品。”煤炭部 1995 年 9 月 25 日煤政函字〔1995〕第 35 号复函指出：“根据《矿产资源补偿费征收管理规定》第三条的规定

---

① 参见《最高人民法院行政审判庭关于养路费征稽部门能否扣押车辆问题的答复》(2002 年 8 月 7 日，〔2002〕行他字第 7 号)。该答复指出：“人民法院审理公路交通行政案件涉及地方性法规对交通部门暂扣运输车辆的规定与《中华人民共和国公路法》有关规定不一致的，应当适用《中华人民共和国公路法》的有关规定。”

……据此，你局开采且脱离自然赋存状态的产品是原煤，应以原煤作为矿产资源补偿费的征收对象。”也就是说，煤炭部的复函，将计征对象由脱离自然赋存状态的产品扩大到原煤，增加了上位法的义务，故可以判断煤炭部的复函与上位法相抵触。①

（2）限缩义务主体的范围、性质或者条件。例如，国务院1994年4月1日施行的《矿产资源补偿费征收管理规定》第4条第1款规定：“矿产资源补偿费应由采矿权人缴纳。”国务院1994年3月26日施行的《矿产资源法实施细则》第6条规定：“……取得采矿许可证的单位或者个人称为采矿权人……”依据上述两条的规定，矿产资源补偿费缴费义务的主体，应当为取得采矿许可证的单位或者个人。地矿部地函〔1995〕292号复函指出：“对于你省若干矿务局……其下属行政矿持有采矿许可证，但未办理营业执照，也无权对外销售矿产品，其所采出的矿石由矿务局统一对外销售或作洗、选处理后销售的情况，征收机关可以指定矿务局为矿产资源补偿费的纳费义务人。”地矿部地函〔1995〕292号复函将缴费义务的主体限缩为统一对外销售或者作出精煤处理的矿务局，故应判断为抵触。②

（3）下位法扩大上位法规定的义务主体的权利范围。例如，根据《税收征收管理法》第33条第1款“纳税人依照法律、行政法规的规定办理减税、免税”的规定，只有法律、行政法规可以作出有关减免税收问题的规定，其他规范性文件均不可以

---

① 参见《最高人民法院行政审判庭关于对矿产资源补偿费缴费义务主体以及征收对象问题的答复》(1997年3月7日，〔1996〕行他字第16号)。该答复指出：“根据《矿产资源补偿费征收管理规定》第三条的规定，征收矿产资源补偿费，应当以脱离自然赋存状态的原矿为计征对象。”

② 参见《最高人民法院行政审判庭关于对矿产资源补偿费缴费义务主体以及征收对象问题的答复》(1997年3月7日，〔1996〕行他字第16号)。该答复指出：“依照《矿产资源补偿费征收管理规定》第四条第一款及《矿产资源法实施细则》第六条……的规定，矿产资源补偿费缴费义务主体应是依法取得采矿许可证、具有独立承担经济责任能力的组织或者个人。”

规定。地方性法规、规章以及其他规范性文件作出扩大减免税收的规定，实质上是扩大义务主体的权利范围，可能有害于国家和人民的利益，倘若在审理行政案件中发现这一问题，人民法院应当判断下位法与上位法相抵触，适用上位法，而不适用下位法。需要指出，地方性法规、规章及规章以下规范性文件对法律、行政法规有关减免税收的规定，作出限缩性规定，亦属下位法与上位法相抵触的性质。

（4）下位法违反《行政许可法》等法律、行政法规的规定，设立行政许可，扩大或者限缩行政许可的范围，增加或者减少行政许可的条件。下位法所设立的行政许可，不符合《行政许可法》第 12 条至第 17 条①规定的，均应判断为与上位法相抵触。

---

① 《行政许可法》第 12 条规定："下列事项可以设定行政许可：（一）直接涉及国家安全、公共安全、经济宏观调控、生态环境保护以及直接关系人身健康、生命财产安全等特定活动，需要按照法定条件予以批准的事项；（二）有限自然资源开发利用、公共资源配置以及直接关系公共利益的特定行业的市场准入等，需要赋予特定权利的事项；（三）提供公众服务并且直接关系公共利益的职业、行业，需要确定具备特殊信誉、特殊条件或者特殊技能等资格、资质的事项；（四）直接关系公共安全、人身健康、生命财产安全的重要设备、设施、产品、物品，需要按照技术标准、技术规范，通过检验、检测、检疫等方式进行审定的事项；（五）企业或者其他组织的设立等，需要确定主体资格的事项；（六）法律、行政法规规定可以设定行政许可的其他事项。"第 13 条规定："本法第十二条所列事项，通过下列方式能够予以规范的，可以不设行政许可：（一）公民、法人或者其他组织能够自主决定的；（二）市场竞争机制能够有效调节的；（三）行业组织或者中介机构能够自律管理的；（四）行政机关采用事后监督等其他行政管理方式能够解决的。"第 14 条规定："本法第十二条所列事项，法律可以设定行政许可。尚未制定法律的，行政法规可以设定行政许可。必要时，国务院可以采用发布决定的方式设定行政许可。实施后，除临时性行政许可事项外，国务院应当及时提请全国人民代表大会及其常务委员会制定法律，或者自行制定行政法规。"第 15 条规定："本法第十二条所列事项，尚未制定法律、行政法规的，地方性法规可以设定行政许可；尚未制定法律、行政法规和地方性法规的，因行政管理的需要，确需立即实施行政许可的，省、自治区、直辖市人民政府规章可以设定临时性的行政许可。临时性的行政许可实施满一年需要继续实施的，应当提请本级人民代表大会及其常务委员会制定地方性法规。地方性法规和省、自治区、直辖市人民政府规章，不得设定应当由国家统一确定的公民、法人或者其他组织的资格、资质的行政许可；不得设定企业或者其他组织的设立登记及其前置性行政许可。其设定的行政许可，不得限制其他地区的个人或者企业到本地区从事生产经营和提供服务，不得限制其他地区的商品进入本地区市场。"第 16 条规定："行政法规可以在法律设定的行政许可事项范围内，对实施该行政许可作出具体规定。地方性法规可以在法律、行政法规设定的行政许可事项范围内，对实施该行政许可作出具体规定。规章可以在上位法设定的行政许可事项范围内，对实施该行政许可作出具体规定。法规、规章对实施上位法设定的行政许可作出的具体规定，不得增设行政许可；对行政许可条件作出的具体规定，不得增设违反上位法的其他条件。"第 17 条规定："除本法第十四条、第十五条规定的外，其他规范性文件一律不得设定行政许可。"

#### 4.3.5.3 下位法扩大行政主体或者其职权范围、延长履行法定职责期限

（1）下位法扩大行政主体的范围。例如，国务院1987年9月17日发布施行的《投机倒把行政处罚暂行条例》第2条规定："投机倒把行为由工商行政管理机关依照本条例规定予以处罚……"国务院1990年8月9日批准的《投机倒把行政处罚暂行条例施行细则》第18条规定："对投机倒把行为的处罚，应当由县级以上工商行政管理机关制作书面处罚决定书，送达被处罚人。确实无法送达的，应当予以公告。"根据这两条的规定，对投机倒把行为的行政处罚，只能由县级以上工商行政管理机关，而不得由工商行政管理机关的内部机构作出。国家工商行政管理局1991年1月11日印发的《关于对〈投机倒把行政处罚暂行条例施行细则〉若干问题的答复》第11条关于"县级以上工商行政管理机关"的解释为：县局级以上工商行政管理局和分局，及经省级人民政府批准成立的县（处）级工商行政管理机构。该答复将对投机倒把行为的行政处罚的主体，扩大到经省级人民政府批准成立的县（处）级工商行政管理机构，属于下位法扩大行政主体范围的性质，故应判断为与上位法相抵触的性质，人民法院在审理行政案件中遇到此类问题时，应当适用其上位法的规定。①

（2）下位法扩大行政主体的职权范围。例如，1987年1月22日通过、1987年7月1日施行的《海关法》第21条第1款规

① 参见《最高人民法院关于工商行政管理检查所是否具有行政主体资格问题的答复》(1995年12月18日，法函〔1995〕174号)。该答复指出："根据《投机倒把行政处罚暂行条例》第二条和《投机倒把行政处罚暂行条例施行细则》第十八条的规定，对投机倒把行为的处罚，应当由县级以上工商行政管理机关制作书面处罚决定书。山东省工商行政管理检查所不具有行政主体资格，更何况系事业编制，故不能以自己的名义作出行政处罚决定。"

和部门规章不是一个效力层次，地方性法规可以作为人民法院的审判依据，规章在法院审判时只作为参照。因此，不好明确地方性法规与部门规章谁高谁低，发生冲突时，谁优先适用。这就需要一个解决冲突的机制。本法规定由国务院先提出意见，是因为国务院有权对规章是否合法或合理作出判断，如果是规章的问题，国务院可以行使改变或撤销权，但国务院无权改变或撤销地方性法规，因此，国务院认为地方性法规有问题，应当适用部门规章，则应当提请全国人大常委会作出裁决。”① 因此，地方性法规与部门规章既不属于同位法关系，也不属于上位法与下位法之间的关系，两者之间的效力高低不具有可比性。在 2000 年《立法法》施行后，也改变了人们原来的思路，理论部门与实践部门均认为，地方性法规与部门规章之间的效力问题，还需根据具体情况，区别对待。

第二，关于地方立法机关与国务院部门的立法权限问题。根据 2000 年《立法法》第 8 条②、第 64 条③和 2015 年《立法

---

① 参见张春生主编：《中华人民共和国立法法释义》，法律出版社 2000 年版，第 242 页。

② 2000 年《立法法》第 8 条规定：“下列事项只能制定法律：（一）国家主权的事项；（二）各级人民代表大会、人民政府、人民法院和人民检察院的产生、组织和职权；（三）民族区域自治制度、特别行政区制度、基层群众自治制度；（四）犯罪和刑罚；（五）对公民政治权利的剥夺、限制人身自由的强制措施和处罚；（六）对非国有财产的征收；（七）民事基本制度；（八）基本经济制度以及财政、税收、海关、金融和外贸的基本制度；（九）诉讼和仲裁制度；（十）必须由全国人民代表大会及其常务委员会制定法律的其他事项。”

③ 2000 年《立法法》第 64 条规定：“地方性法规可以就下列事项作出规定：（一）为执行法律、行政法规的规定，需要根据本行政区域的实际情况作具体规定的事项；（二）属于地方性事务需要制定地方性法规的事项。除本法第八条规定的事项外，其他事项国家尚未制定法律或者行政法规的，省、自治区、直辖市和较大的市根据本地方的具体情况和实际需要，可以先制定地方性法规。在国家制定的法律或者行政法规生效后，地方性法规同法律或者行政法规相抵触的规定无效，制定机关应当及时予以修改或者废止。”

法》第 73 条[①]的规定，地方立法机关一是可以根据法律、行政法规的规定，制定地方性法规；二是在没有法律、行政法规规定的情况下，除该法第 8 条所列的国家主权等 10 个事项以外，凡属于地方事务的均可以制定地方性法规。根据 2000 年《立法法》第 71 条[②]的规定，国务院部门可以根据法律和国务院的行政法规、决定、命令，在本部门的权限范围内制定规章。而且部门规章规定的事项应当属于执行法律或者国务院的行政法规、决定、命令的事项。2015 年《立法法》第 80 条规定："国务院各部、委员会、中国人民银行、审计署和具有行政管理职能的直属机构，可以根据法律和国务院的行政法规、决定、命令，在本部门的权限范围内，制定规章。部门规章规定的事项应当属于执行法律或者国务院的行政法规、决定、命令的事项。没有法律或者国务院的行政法规、决定、命令的依据，部门规章不得设定减损公民、法人和其他组织权利或者增加其义务的规范，不得增加本部门的权力或者减少本部门的法定职责。"

新旧《立法法》规定的地方立法机关制定地方性法规的权限与国务院部门制定部门规章的权限具有重合。具体表现为以下两个方面：一是均可以根据法律、行政法规制定地方性法规

---

① 2015 年《立法法》第 73 条规定："地方性法规可以就下列事项作出规定：（一）为执行法律、行政法规的规定，需要根据本行政区域的实际情况作具体规定的事项；（二）属于地方性事务需要制定地方性法规的事项。除本法第八条规定的事项外，其他事项国家尚未制定法律或者行政法规的，省、自治区、直辖市和设区的市、自治州根据本地方的具体情况和实际需要，可以先制定地方性法规。在国家制定的法律或者行政法规生效后，地方性法规同法律或者行政法规相抵触的规定无效，制定机关应当及时予以修改或者废止。设区的市、自治州根据本条第一款、第二款制定地方性法规，限于本法第七十二条第二款规定的事项。制定地方性法规，对上位法已经明确规定的内容，一般不作重复性规定。"

② 2000 年《立法法》第 71 条规定："国务院各部、委员会、中国人民银行、审计署和具有行政管理职能的直属机构，可以根据法律和国务院的行政法规、决定、命令，在本部门的权限范围内，制定规章。部门规章规定的事项应当属于执行法律或者国务院的行政法规、决定、命令的事项。"

或部门规章；二是在没有法律、行政法规规定的情况下，地方立法机关可以根据本地方的具体情况和实际需要，先制定地方性法规，国务院部门可以根据国务院决定、命令，在本部门的权限范围内制定部门规章。由于地方立法机关与国务院部门制定地方性法规或部门规章的权限具有重合，因此，在现实中就会出现依法制定的地方性法规与依法制定的部门规章之间发生冲突。由于有些规定需要在全国统一标准，有些规定是地方立法机关根据本地方的情况制定的，对其他地方并不适用。正是这种重合存在不同的情况，因此，需要确定一种优先适用的标准。

优先适用部门规章有以下两种情况：一是法律、行政法规授权国务院主管部门对其规定的事项作出实施性或解释性的部门规章；二是尚未制定法律、行政法规的，国务院部门根据国务院决定、命令或对于中央宏观调控的事项所制定的部门规章。这两种情况之所以要优先适用部门规章，主要是基于保障法律、行政法规及中央的宏观政策的统一性考虑。为了使法律、行政法规和国务院的决定、命令及中央的宏观政策得到贯彻执行，防止地方各行其是，破坏法律、行政法规和国务院决定、命令及中央宏观政策的统一性，法律、行政法规及国务院决定、命令才授权国务院部门制定部门规章，所以，其在效力上应当高于地方性法规。因此，当部门规章与地方性法规规定不一致的，只有优先适用部门规章才能使授权的目的得以实现，反之，将会造成各地各行其是，地方利益得到超限度的扩张，破坏法律、行政法规及中央政策的统一性，从而损害全局利益。

优先适用地方性法规有以下三种情况：一是法律、行政法规对其规定的事项授权地方性法规根据本行政区域的实际情况作出具体规定；二是地方性法规对属于地方性事务的事项作出规定；三是尚未制定法律、行政法规而国务院亦未作出决定、命令的事项，地方性法规根据本行政区域的具体情况作出规定。《国务院关于贯彻实施〈中华人民共和国立法法〉的通知》中指出：对各地方可以根据当地实际情况分别规定的事项，国务院不宜也无必要作统一规定。这就意味着，根据国家有关规定无须在全国范围统一执行的事项，地方性法规应当优先适用。前两种情况优先选择适用地方性法规的依据正是该通知。尚未制定法律、行政法规而国务院亦未作出决定、命令的事项，如果部门规章作出此项规定，显然超出了《宪法》和《立法法》规定的部门规章的权限范围，根据越权无效的理论，该部门规章法院不能适用。因此，当两者规定不一致时，应当优先适用地方性法规。

#### *4.3.6.3* 规章冲突的选择适用

部门规章与地方政府规章之间对相同事项的规定不一致的，人民法院一般可以按照下列情形适用：（1）法律或者行政法规授权部门规章作出实施性规定的，其规定优先适用；（2）尚未制定法律、行政法规的，部门规章对国务院决定、命令授权的事项，或者对属于中央宏观调控的事项，需要全国统一的市场活动规则及对外贸易和外商投资等事项作出的规定，应当优先适用；（3）地方政府根据法律或者行政法规的授权，根据本行政区域的实际情况作出的具体规定，应当优先适用；（4）地方政府规章对属于本行政区域的具体行政管理事项作出的规定，应当优先适用；（5）能够直接适用的其他情形。不能确定如何适用的，应当中止行政案件的审理，逐级上报最高人民法院送请国务院裁决。

国务院部门之间的规章对同一事项的规定不一致的，人民法院一般可以按照下列情形选择适用：（1）适用与上位法不相抵触的部门规章；（2）与上位法均不抵触的，优先适用专属职权制定的规章规定；（3）两个以上的国务院部门就涉及其职权范围的事项联合制定的规章规定，优于其中一个部门单独作出的规定；（4）能够选择适用的其他情形。不能确定如何适用的，应当中止行政案件的审理，逐级上报最高人民法院送请国务院裁决。

国务院部门或者省、市、自治区人民政府制定的其他规范性文件对相同事项的规定不一致的，参照上列精神处理。

## 4.4　适用法律、法规错误的情形

### *4.4.1*　适用法律、法规错误的含义

目前，理论界和司法界的专家学者对“适用法律、法规错误”所下的定义不尽相同。归纳起来，主要有以下两种观点：第一种观点认为，适用法律、法规错误，是指行政机关作出的行政行为在适用实体法律规范方面，适用了不应适用的法律规范，或者没有适用应当适用的法律规范。第二种观点认为，适用法律、法规错误，是指行政机关或者法律、法规授权的组织或者行政机关委托的组织，实施行政行为违反了程序法规定，或者依据了不相适应的法律、法规或条款，或者适用的法律、法规或条款不是调整相应行政行为的法律、法规或条款。

第一种观点与第二种观点最大的不同点是，前者把“适用法律、法规错误”限于适用实体法律规范的错误；而后者不仅包括适用实体法律规范错误，而且还包括适用程序法律规范错误。其他部分仅是表述上的不同。笔者认为，第一种观点更符合 1989 年《行政诉讼法》第 54 条，2014 年《行政诉讼法》第 70 条的立法本意。虽然违反法定程序、超越职权都存在着适用法律、法规错误的问题，但是，上述《行政诉讼法》中均将适

用法律、法规错误与违反法定程序、超越职权等并列起来，也就说明，违反法定程序和超越职权中适用法律、法规错误，分别属于违反法定程序、超越职权的性质，故不应包括在适用法律、法规错误的范围之内。换言之，适用法律、法规错误仅限于适用实体法律规范错误的范围，不包括适用程序法律规范错误。

### *4.4.2* 适用法律、法规错误的表现形式

从各地人民法院审理行政案件中反映出来的情况来看，被诉行政行为适用法律、法规错误的表现形式主要有以下几种：

#### *4.4.2.1* 适用法律、法规性质错误

所谓“适用法律、法规性质错误”，通俗地讲，也就是人们常说的，应当适用甲法，却适用了乙法。但这种表述从法律意义上讲，不够准确。准确的表述应当是，被诉行政行为应当适用调整被处理行为或者事项的法律、法规，没有适用；而是适用了不能调整被处理行为或者事项的法律、法规。

这里需要指出，以下两种情况不属于适用法律、法规性质错误：

（1）同一行为或者事项，可以适用不同性质的法律规范进行处理，对这种情况，被告适用不同性质的法律、法规中的任何一个，都不属于适用法律、法规性质错误。例如，1990 年 7 月，某几个商店在市场上未经批准，同时提高彩电价格，扰乱了市场秩序。根据《投机倒把行政处罚暂行条例》第 3 条第 1 款第（10）项的规定，这种行为属于哄抬物价性质的投机倒把行为，应当适用该条例进行处罚；但根据《价格管理条例》第 29 条第（3）项的规定，这种行为也属于“抬级抬价”性质的价格违法行为，应当根据该条例的规定进行处罚。被告行政机

关不论适用《投机倒把行政处罚暂行条例》的有关规定进行处罚，还是适用《价格管理条例》的有关规定进行处罚，均不能认定为适用法律、法规性质错误。

（2）一行为同时违反了两个或者两个以上不同性质的法律、法规的规定，被诉行政行为适用了其中一个法律、法规作出处理，亦不属适用法律、法规性质错误。例如，某个体户销售冒用他人商标标识的假“六神丸”，根据《商标法》的规定，该行为属于侵犯他人注册商标专用权的行为，可以根据《商标法》予以行政处罚；根据《药品管理法》的规定，该行为属于销售假药的行为，也可以根据《药品管理法》予以行政处罚。行政机关根据这两个法中的任何一个法作出的行政处罚决定，均不属于适用法律、法规性质错误。

#### *4. 4. 2. 2*　适用法律、法规条文错误

所谓“适用法律、法规条文错误”，是指适用法律、法规没有错误，但适用的具体条文错误。进一步区分，它又可以分为适用定性条款错误和适用处理性条款错误两种。

（1）适用定性条款错误，是指被诉行政行为适用认定被处理行为或者事项性质的法律、法规的条款错误。定性错误一般将会导致被处理人的处理结果不同。也有一些情况，处理结果相同，但可能影响到被处理人的名誉。因此，不论处理结果相同或者不同，均属于适用法律、法规错误。例如，1996 年 6 月 11 日，李某在挤车时，与王某发生口角，李某将王某殴打致成轻微伤。这一行为应当根据《治安管理处罚条例》第 22 条第（1）项的规定，认定为“殴打他人，造成轻微伤害”的性质，但某公安机关作出的治安裁决适用了该条例第 19 条第（4）项的规定，以“结伙斗殴”给予李某拘留 10 日。根据该条例第 19 条和第 22 条的规定，对这两种性质的行为均应给予 15 日以下拘

留、200元以下罚款或者警告的处罚。因此，根据该条例第19条第（4）项的规定，给予李某的处罚亦可以拘留10日。但以“结伙斗殴”比以“殴打他人”给予李某处罚，对李某的名誉损害更要大。故应属于适用法律、法规错误。又如，1992年2月，某个体工商户持有乙县工商局核发的经营蔬菜的营业执照，从甲县收购10吨土豆准备运回乙市销售，在运输中，被乙县工商局扣住。该局依据《投机倒把行政处罚暂行条例》第3条第1款第（1）项和第9条的规定，以该个体工商户的行为构成投机倒把为由，决定将其运输的10吨土豆没收。该个体工商户贩运土豆的行为属于合法经营行为，不属于投机倒把行为，乙县工商局依据《投机倒把行政处罚暂行条例》的有关规定对该个体工商户的处罚亦属对其行为定性错误的性质。

（2）适用处理性条款错误，是指被诉行政行为适用定性的条款没有错误，但适用有关处理的条款错误。例如，1994年4月，某工厂由于操作人员违反操作规程，将含有油污的工业废水排放到河流中，造成中度污染，未造成重大损失。某市环保局依据1984年《水污染防治法》第21条、第39条和《水污染防治法实施细则》第33条第（2）项的规定，罚款6万元。根据上述《水污染防治法》第21条和第39条的规定，向水体排放油污的，应当处以罚款。上述《水污染防治法实施细则》第33条第（1）项规定“对造成水污染事故的企业事业单位处以一万元以上五万元以下罚款”。第（2）项规定“对造成重大经济损失的，按照直接损失的百分之三十计算罚款，但最高不得超过二十万元”。该处罚决定就属于适用处理性条款错误。

#### *4.4.2.3* 适用了没有效力的法律规范

所谓“适用了没有效力的法律规范”，是指被诉行政行为适用的实体法律、法规、规章及其他规范性文件（包括法条），尚未生效或者已经失效或者本身就不具有法律效力。例如，1990 年 1 月 21 日，高某在某市区违章建房。市规划局于同年 7 月 6 日依据《城市规划法》的规定，对高某进行了处罚。根据《城市规划法》第 46 条“本法自 1990 年 4 月 1 日起施行。国务院发布的《城市规划条例》同时废止”的规定，市规划局的处罚决定应适用《城市规划条例》，而不应适用违法行为发生时尚未生效的《城市规划法》。市规划局的这一处罚决定即属于适用了尚未生效的法律性质。又如，1992 年，某个体工商户拖缴公路养路费 3000 余元，辽宁省某县公路管理机关依据辽宁省人民政府发布的《关于加强公路养路费征收稽查工作的通告》第 6 条的规定，将该个体工商户的一辆东风牌卡车扣留。国务院发布的《公路管理条例》没有规定公路行政管理部门对拖缴、逃缴公路规费的单位和个人可以采取扣留驾驶证、行车证、车辆等强制措施，而辽宁省人民政府发布的《关于加强公路养路费征收稽查工作的通告》第 6 条“可以采取扣留驾驶证、行车证、车辆等强制措施”的规定，就属于与行政法规相抵触的性质，不具有法律效力。县公路管理机关的这一强制措施所适用的法律规范亦属于适用了没有效力的法律规范的性质。

这里需要指出，被诉行政行为同时适用了多个法律、法规及规章或者多条法条，有的具有法律效力，有的不具有法律效力，如果适用有关定性和处理的法律、法规条文正确，无效的法律规范条文不影响其正确性的，应当认定被诉行政行为适用法律、法规正确。反之，则应当认定被诉行政行为适用法律、法规错误。例如，某公司从香港购买了 15 辆旧奥迪轿车拆解为两件套，在无合法证明的情况下于 1994 年 1 月运进国内，在组装时被工商机关查获。工商机关于同年 7 月 17 日依据国务院批准、国务院办公厅 1993 年 8 月 20 日发布的《关于加强进口汽车牌证管理的通知》第 2 条“海关、公安、工商行政管理部门对查获的走私汽车和无进口证明的汽车应一律没收，不得罚款放行”和国家计委等 1994 年 3 月 12 日发布的《汽车工业产业政策》第 38 条“国家禁止以贸易方式和接受捐赠方式进口旧汽车和旧摩托车”的规定，作出没收该公司无进口证明的 15 辆旧奥迪轿车的决定。该决定适用的《关于加强进口汽车牌证管理的通知》第 2 条的规定是有效的，适用该条对该案的定性和处理也都是正确，虽然所适用的《汽车工业产业政策》在该公司进口该批旧奥迪轿车时尚未发布，不能适用于该案，但影响不到对该案的定性和处理。据此，应当认定该决定适用法律规范正确，但应在判决理由部分指出这一问题。

#### *4.4.2.4* 未适用应当适用的法条

所谓“未适用应当适用的法条”，是指被诉行政行为未适用有关对被处理行为或者事项定性或处理的法律、法规及规章的条文。它包括以下三种情况：

（1）被诉行政行为根本没有引用任何法律、法规、规章或者只引用了法律、法规、规章的名称，没有引用具体条文。法律、法规及规章是通过每一条条文来规定各种行为、事项的性质，对不同情节、情况的行为、事项应如何处理。行政机关的行政行为没有引用法律、法规、规章或者只引用了法律、法规、规章名称，没有引用具体条文，说明其应当适用的条文没有适用，故属于适用法律、法规错误。例如，某镇政府只引用县政府党委的文件，没有引用任何法律、法规及规章，征收该镇居民的治安费。又如，某乡政府只引用《土地管理法》，但没有引用任何条款，对村民刘某与村民张某争议的宅基地作出归刘某使用的处理决定。这两个案件就属于这类适用法律、法规错误的情况。应当指出，行政行为没有引用法律、法规，但引用了规章的条文，不属于未适用法条的情形。

（2）被诉行政行为只引用了有关定性或处理的原则条文，没有引用应该适用的有关处理规定条文。例如，某工商机关于 1993 年 10 月作出的行政处罚决定，认定某个体工商户倒卖限制自由买卖的走私香烟 50 箱，依据《投机倒把行政处罚暂行条例》第 3 条第 1 款第（1）项“倒卖国家禁止或者限制自由买卖的物资、物品”属于投机倒把行为的规定，作出没收其倒卖的 50 箱走私香烟，并处 10000 元罚款的决定。但没有适用该条例第 9 条和《投机倒把行政处罚暂行条例施行细则》第 15 条有关处理的条款。该条例第 9 条原则规定对投机倒把行为可以单处或并处通报批评、没收投机倒把的物资、罚款等 9 种处罚。该施行细则第 15 条共有 12 项，每项对不同投机倒把行为规定了不同的处罚，适用不同的款项处理结果将会不同。因该处罚决定没有适用应当适用的具体处罚条款规定，即属于这类适用法律、法规错误的情况。又如，某市博物馆举办文化活动，门票收入 25 万元。税务机关依据《营业税暂行条例》附件第 5 项“征收文化体育业营业税率为 3%”的规定，通知博物馆交纳 7500 元营业税。《营业税暂行条例》第 6 条第 1 款第（6）项规定，纪念馆、博物馆、文化馆等单位举办文化活动的门票收入免征营业税。税务机关未适用该条款第（6）项的规定，通知市博物馆交纳门票收入营业税，即属这类适用法律、法规错误的问题。

但是，这里需要指出，被诉行政行为适用有关定性和处理的原则条文，未引用具体处理条文，其处理结果符合具体处理条文的规定，不属于未适用应当适用的法条的错误。例如，某海关认定某公司进口空调配件申报不实，依据 1987 年《海关法》第 51 条第（3）项“进出口货物、物品或者过境、转运、通运货物向海关申报不实的”，可以处以罚款的规定，决定给予应缴纳税款的一倍罚款。虽未引用 1987 年《海关法行政处罚实施细则》第 11 条第（5）项“进出境货物申报不实的”，处货物、物品等值以下或者应缴纳税款两倍以下的罚款的规定，但该处罚决定符合该项的规定，故不属于适用法律、法规错误。

（3）被诉行政行为只适用有关处理的条款。例如，某卫生机关于1996年4月8日作出行政处罚决定，认定某个体工商户销售了禁止销售的食品，依据当时有效的《食品卫生法》第42条“违反本法规定，生产经营禁止生产经营的食品的，责令停止生产经营，立即公告收回已售出的食品，并销毁该食品，没收违法所得，并处以违法所得一倍以上五倍以下的罚款”的规定，决定停止销售，销毁未销售的食品，没收违法所得和罚款5000元。该法第9条规定禁止生产经营的食品有12项，究竟该决定的定性为何项不清，故应认定为适用法律、法规错误。

#### *4.4.2.5* 没有适用法条中必须适用的内容

所谓“没有适用法条中必须适用的内容”，是指被诉行政行为引用的法律、法规的条文正确，但没有适用该条规定中规定的必须适用的内容，而适用了不应适用或者选择适用的内容。例如，某县卫生局1993年10月19日查出，龙山乡卫生所出售劣药获利5632元，未出售的劣药2箱。依据1984年《药品管理法》第51条第1款“生产、销售劣药的，没收劣药和违法所得，可以并处罚款；情节严重的，并责令该单位停产、停业整顿或者吊销《药品生产企业许可证》、《药品经营企业许可证》、《制剂许可证》”和1989年《药品管理法实施办法》第49条“对生产、销售、使用劣药的，没收劣药和违法所得，卫生行政部门根据情节，可处以该批劣药相当正品价格的三倍以下的罚款”的规定，作出给予龙山乡卫生所罚款2万元的处罚决定。根据处罚决定适用的这两条的规定，对生产、销售、使用劣药的，必须没收劣药和违法所得，只有在给予这种处罚仍不足以纠正这类违法行为的情况下，才可以并处罚款、停产停业整顿、吊销许可证。如果不给予该类行为人没收劣药和违法所得的处罚，一是可能使劣药再度流入市场，危害人民群众的身体健康；二是可能给予违法行为人的处罚太轻，起不到威慑作用，不利于制止这类违法行为。因此说，没收劣药和违法所得是上述两条规定中必须适用的内容，罚款、停产停业整顿、吊销许可证等处罚属于选择适用的内容。县卫生局的处罚决定虽然引用法条没有错误，但是，从处理结果上看，没有适用法律、法规条文中规定的必须适用的部分，即没有没收龙山乡卫生所未销售的劣药和违法所得，有悖于这两条规定的本意，故属于适用法律、法规错误。

# 第5章

# 对是否存在滥用职权、明显不当的审查

## 5.1 滥用职权与明显不当的概述

### 5.1.1 滥用职权的概念及构成

滥用职权，在日常生活中经常被使用，泛指掌握权力的国家机关及其工作人员违法使用或不正当使用权力的行为。但是，作为现代行政法中的滥用职权的含义却与日常生活中的意思有着很大的差别。

在行政法中，滥用职权，是指行政主体作出的行政行为虽然在其自由裁量权限的范围内，但违背或者偏离了法律、法规的目的、原则，不合理地行使自由裁量权。构成滥用职权的行政行为，须具备以下三个要件：

#### 5.1.1.1 行政主体作出的行政行为不尽合理但未超出法定权限

“未超出法定权限”是滥用职权与超越职权的主要区别点之一。行政机关所作出的行政行为如果超出法律、法规规定的权限，即属超越职权。因此，行政机关只有在法律、法规规定的职权范围内作出行政行为，才有可能出现不合理地行使自由裁量权的问题。

行政机关管理的国家行政事务涉及面非常广泛，所处理的各项行政事务涉及社会上各种各样的事情和人，由于社会非常复杂，而且社会和社会组织的结构或事项都处在不断的变化之中，更增加其多样化和复杂性。法律、法规是为一般人的行为提供一个模式、标准和方向，它的对象是相对的、一般的，而不是具体的、特定的。因此，再细微缜密的行政法律规范，也无法规定行政相对人的所有行为，也不可能约束行政机关的全部行为。为了适应纷繁复杂、发展变化的具体情况，法律、法规以行政机关主观参与的程度，将行政行为分为两类：一类是羁束性行政行为。即法律、法规对行政行为的方式、手段、范围等均作了具体、详细、明确的规定，行政机关在处理具体事项或特定人时，不能参与自己的意见，必须严格按照法律、法规的规定作出决定。例如，根据《消费税暂行条例》中关于征收粮食白酒的税率为 25%的规定，税务机关征收单位或者个人粮食白酒税款时，只能按照 25%的税率计算税额，高于或低于 25%即属违法，没有其他选择的余地。行政机关作出的羁束性行政行为要么符合法律、法规的规定，要么超出法律、法规规定的职权范围，因此，这类行政行为不存在滥用职权的问题。另一类是自由裁量的行政行为。即法律、法规对行政机关处理某类事务的职权仅划了一个范围、幅度，行政机关在处理具体的事项或者行为时，可以基于法律、法规的目的、原则，在规定的范围、幅度内，选择适当的方式、手段、数额等作出具体处理。例如，《治安管理处罚法》第 26 条规定，公安机关对结伙斗殴等寻衅滋事行为，处 5 日以上 10 日以下拘留，可以并处 500 元以下罚款；情节较重的，处 10 日以上 15 日以下拘留，可以并处 1000 元以下罚款。对具体的行为人究竟应当给予何种种类的行政处罚，罚款多少元、拘留多少日，由公安机关决定。正因为行政机关在作出自由裁量的行政行为时，可以在一定范围和幅度内，按照自己的意志选择具体的处理方式、手段、数额等，所以，自由裁量的行政行为才有可能出现合理与不合理的问题，才有可能存在滥用职权的问题。

这里需要特别指出的是，行政处罚并不都是可以自由裁量的。行政处罚中，也可以划分为羁束性处罚和自由裁量性处罚。法律、法规及规章没有规定处罚幅度的处罚，如警告、没收违法所得、没收非法财产、责令停业、吊销许可证或营业执照等，属羁束性处罚；规定处罚幅度的处罚，如规定一定幅度的罚款、行政拘留等，属自由裁量性处罚。如果法律、法规规定可以给予违法行为人几种不同种类的行政处罚，行政机关选择何种行政处罚属于行使自由裁量权的性质，但如果仅选择了羁束性种类的行政处罚，应当先审查选择的行政处罚种类是否显失公正。如果显失公正，应当认定为滥用职权；如果不存在显失公正问题的，应当认定不存在滥用职权的问题。例如，药品监督机关认定某药店销售假药，依据 2015 年《药品管理法》第 73 条“生产、销售假药的，没收违法生产、销售的药品和违法所得，并处违法生产、销售药品货值金额二倍以上五倍以下的罚款；有药品批准证明文件的予以撤销，并责令停产、停业整顿；情节严重的，吊销《药品生产许可证》、《药品经营许可证》或者《医疗机构制剂许可证》；构成犯罪的，依法追究刑事责任”的规定，作出没收违法销售的药品和违法所得的处罚决定，未选择其他处罚种类。因没收违法生产、销售的药品和违法所得均属于羁束性行政处罚，若也不存在认定事实、适用法律法规错误、违反法定程序等问题的，给予这两种行政处罚不存在显失公正的问题，应当认定不存在显失公正的问题，该处罚决定正确。如果还选择了罚款处罚，就须审查给予的罚款是否合理。如果不合理，应当认定存在显示公正的问题。

#### *5.1.1.2* 行政主体的行政行为违背或者偏离法律、法规的目的、原则

“违背或者偏离法律、法规的目的、原则”是构成滥用职权的实质要件之一。法律、法规的目的是立法者要通过该规定所要达到的结果；原则则是处理各类行政事务问题的基本准则。我国法律、法规的总目的是为了维护社会主义制度，维护国家的统一，维护社会秩序和公共利益，保护公民、法人和其他组织的合法权益，促进社会的进步和发展。基本原则是公平、公

正、适当。这里的“公平”，是指行政机关作出的行政行为合情合理，不偏袒任何一方行政相对人。“公正”，是指行政机关作出的行政行为符合社会主义的公共道德标准。“适当”，是指行政机关作出的行政行为所确定的行政相对人的权利义务与其应当享有的权利或者应当承担的义务基本一致，不存在明显的差距。行政机关的行政权力在根本上不同于个人的权利。个人可以在法律规定的范围内，自由处置其民事权利，不受任何约束。但行政机关的行政权力却不能无约束地行使，只能合理地、诚实地行使，只能为实现法律、法规的目的而行使。因此，行政机关在执法过程中，均不能违背总目的和基本原则。因每一部单行法律、法规所调整的范围不同，其目的和原则亦有些区别。我国的单行法律、法规通常在总则部分或者前几条中，写明此项法律、法规的目的、原则。例如，《食品安全法》第 1 条规定：“为了保证食品安全，保障公众身体健康和生命安全，制定本法。”该条的规定，就是该法的目的。又如，《治安管理处罚法》总则中的第 1 条规定：“为维护社会治安秩序，保障公共安全，保护公民、法人和其他组织的合法权益，规范和保障公安机关及其人民警察依法履行治安管理职责，制定本法。”第 5 条规定：“治安管理处罚必须以事实为依据，与违反治安管理行为的性质、情节以及社会危害程度相当。实施治安管理处罚，应当公开、公正，尊重和保障人权，保护公民的人格尊严。办理治安案件应当坚持教育与处罚相结合的原则。”这两条的规定，分别是该法的目的和原则。行政机关作出自由裁量的行政行为，必须与法律、法规的目的和原则相一致，凡是违背或者偏离法律、法规的目的、原则的，即属违法行政行为。

在不少有关行政法的著作和文章中，将主观故意作为滥用职权的构成要件之一。[①] 笔者认为，这种观点是不正确的。理由有二：

其一，将“故意”作为滥用职权的要件之一，有悖《行政诉讼法》的本意。行政机关作出的行政行为违背或者偏离法律、法规的目的、原则，并且是不合理的，绝大多数情况，是执法人员的主观故意造成的。但是，也有些是因为行政执法人员工作上的疏忽或者水平有限，把应当考虑的因素没有考虑，或不应当考虑的因素予以考虑，在法律、法规规定的范围和幅度内，作出明显不合理的行政行为，侵害了行政相对人的合法权益。如果将“故意”作为滥用职权的要件之一，人民法院对在审查中发现的被告执法人员因过失将应当考虑的因素没有考虑作出的不合理的行政行为，只能维持或者驳回诉讼请求，不能撤销，就会使行政相对人的合法权益受到侵害，无法从实体上得到救济。例如，1993 年 5 月 15 日，中学生张某因楼上刘某在家跳舞，影响其学习，便上楼用脚踢坏了刘某家的门。当晚张某的父亲得知后，上门道歉，并将门修好。第二天，某公安派出所依据《治安管理处罚条例》第 23 条第（4）项的规定，以“故意损坏公私财物”为由，给予张某罚款 50 元和警告的处罚。人民法院在审理过程中，发现该公安派出所没有考虑张某的父亲已赔礼道歉和修好门的法定可以免予处罚的情节，如果以故意为要件，人民法院就应认定该处罚决定合法，只能判决维持或驳回诉讼请求，不能撤销。这样的判决，既不利于保护公民、法人和其他组织的合法权益，也不利于规范和提高行政机关的执法水平，有悖《行政诉讼法》的立法本意，不会产生良好的法律效果和社会效果。

其二，人民法院难以认定行政行为是否存在滥用职权的问

① 参见罗豪才主编：《中国司法审查制度》，北京大学出版社 1998 年版，第 407 页。

题。人民法院认定行政机关的行政行为存在滥用职权，必须要有证据。被告行政机关的主观想法有时可以通过其言行表现出来，如被告的工作人员因行政相对人未满足其不合理的要求，扬言对行政相对人予以报复，对这种情况原告有可能举出有关证据，人民法院经调查也有可能获得有关证据。但当被告的工作人员没有作出任何言词性的表述时，仅是内心想给予行政相对人报复，其不会向法庭说出其作出决定时的真实想法，原告也就无法提供出有关被告主观方面的证据。例如，某行政机关的一位负责人让某企业安置其子女的工作，遭到拒绝后，该机关便对该企业进行多次检查，对该企业的轻微违法行为，在法定处罚幅度内，给予最重的处罚。该企业不服起诉到法院，被告不承认其考虑了这一因素，原告提供不出被告有关要报复其的言词等主观方面的证据，人民法院无法认定被告行政机关是否存在“故意”。如果将故意作为滥用职权的要件之一，就会给人民法院认定被诉行政行为是否存在滥用职权的问题造成很大的困难，容易使行政机关利用这一要件采取不提供主观证据的方式逃避法律责任。据此，笔者认为，行政机关违背或者偏离法律、法规的目的、原则，作出不合理的行政行为，不论行政执法人员主观上是故意的，还是过失的，均构成滥用职权。“故意”不是滥用职权必须具备的要件之一。

#### *5.1.1.3* 行政主体的行政行为必须是不合理的

“不合理”是构成滥用职权的实质要件之一。尽管行政机关享有很大的自由裁量权，但并不是说，行政机关在自由裁量权限的范围和幅度内，可以不受任何限制地随意行使行政权力。行政机关在法律、法规规定的范围和幅度内，行使行政职权的行为，还必须是客观的、公正的、合情合理的和适当的，倘若不合理地行使自由裁量权，即构成滥用职权。需要特别指出的，这里所讲的“不合理”，是指行政机关的行政行为在具有一般智力水平和知识的人眼中都认为是违反了社会公认的公平、正义规则。换言之，不合理就是指行政行为的明显不合理。行政处罚中的轻一点重一点，行政确权裁决、行政补偿裁决、民事纠纷处理裁决中的多一点少一点、大一点小一点等均不属于这里所说的“不合理”。“不合理”的主要表现形式有：

（1）显失公正。所谓显失公正，也可称之为明显不当。它是指行政主体在法律、法规规定的范围和幅度内，所作出的行政行为明显不适当。如行政处罚畸轻畸重、裁决赔偿和行政补偿太少或者太多等。有人提出，行政处罚显失公正是一种特殊的违法行政行为，不属于滥用职权的违法行为。也有人认为，行政处罚显失公正不属于行政违法性质，而是属于不合理的性质。这两种观点都是不正确的。法律、法规规定给予违法行为人行政处罚，就行政处罚本身而言，并不是法律所追求的目的。法律规定行政处罚是为了预防新的违法行为的出现，防止、纠正侵犯权利的行为，保障人民权利和社会秩序。要达到法律的目的，必须做到对违法行为人的处罚公正，明显的不合理，显然违背了法律、法规设立行政处罚的目的，该类行为完全具备滥用职权的所有要件。1989 年《行政诉讼法》第 54 条中之所以将行政处罚显失公正单独列为一项，是从人民法院可以作出变更判决这一角度上考虑的。2014 年《行政诉讼法》扩大了判决变更的范围，故在其中，未出现“显失公正”一词，而是由“明显不当”所替代。据此，行政处罚显失公正应当属于滥用职权中的一种特殊形式，而不属于合法而不合理的性质。

（2）违反公平原则。行政机关在处理行政事务时，不论行政相对人的民族、职业、地位、信仰等有何不同，均应做到一视同仁，不偏不倚，而不能根据其好恶，有偏有向或者考虑其他不应当的因素。行政机关作出的行政行为若存在明显不合情合理或者明显偏袒一方的情形，即属于违反公平原则的性质。例如，段某挤公共汽车时，不小心踩了齐某一下，李某便照段某的头部打了两拳，造成段某轻微伤。该案的主要责任方应当是李某。某公安派出所在处理有关赔偿问题时，因段某不愿接受调解，该公安派出所便裁决李某赔偿段某医疗费的 50%。该裁决就属于明显违反了公平原则的性质。

（3）造成行政相对人不必要的损失。行政机关在处理行政事务时，既要考虑国家利益和公共利益，也要考虑行政相对人的利益，尽可能地减少行政相对人的损失。行政机关在处理行政事务过程中，由于自己的疏忽或者故意，造成行政相对人不必要的损失，如行政机关在强制拆除违法建筑时，将完全有条件拆除后可以再使用的材料一概给予损毁等，即属于这类"不合理"的情形。

"不合理"是判断行政行为是否存在滥用职权的客观标准。凡是行政机关不合理行使自由裁量权作出行政行为，都是违背或者偏离法律、法规的目的或者原则的。但是，行政机关出于两个或者更多的目的，其中有的符合法律、法规的目的，有的不符合法律、法规的目的，所作出的行政行为，在客观结果上不存在"不合理"的问题，不能构成滥用职权。例如，某税务局的税收征管员因个体户朱某未给其送礼，多次扬言要整治朱某。后经专门调查，发现朱某未按期办理纳税申报，该税务局于 2004 年 6 月 12 日依照《税收征收管理法》第 39 条"纳税人未在规定的期限办理纳税申报的……由税务机关责令改正，可以处以二千元以下的罚款"的规定，责令朱某在接到处罚决定书后 5 日内办理纳税申报，并处 1000 元罚款。尽管该案的执法人员基于执行税法和报复朱某的双重目的，但因该行政行为不存在不合理的问题，故不能认定为滥用职权。

### 5.1.2 滥用职权与明显不当的区别

1989年《行政诉讼法》第54条第（2）项规定："具体行政行为有下列情形之一的，判决撤销或者部分撤销，并可以判决被告重新作出具体行政行为：1. 主要证据不足的；2. 适用法律、法规错误的；3. 违反法定程序的；4. 超越职权的；5. 滥用职权的。"2014年《行政诉讼法》将可撤销的违法行政行为，在第70条第（6）项中增加了"明显不当"。行政行为明显不当，是指行政行为严重违反行政合理性原则而不合适、不妥当或者不具有合理性。明显不当实际上是滥用职权的一种表现形式。[①]

滥用职权与明显不当的区别主要有以下两点：第一，立法者认为，对行政机关行使自由裁量权过程中极端不合理的情形，应纳入合法性范围进行审查。2014年《行政诉讼法》在滥用职权之外，增加规定明显不当的情形，可以适用撤销判决。其中滥用职权是从主观角度提出的，明显不当是从客观角度提出的。[②] 因此，在绝大多数的情况下，滥用职权是行政机关及其工作人员为了个人利益、小团体利益而作出的，其主观上具有"故意"的性质；明显不当是由于行政机关及其工作人员考虑不周作出的。因此说，两者之间的过错是有一定的区别的。第二，两者之间的不合理的"度"有所不同。滥用职权与明显不当的共同点都是不合理，它们之间的区别仅仅在于不合理的程度不同。前者是具有一般常识的人都认为是违反了社会公认的公平、正义规则；后者是具有一定法律政策水平的人认为被处理事项

---

① 参见江必新、邵长茂：《新行政诉讼法修改条文理解与适用》，中国法制出版社2015年版，第205页。

② 参见全国人大常委会法制工作委员会行政法室编著：《中华人民共和国行政诉讼法解读》，中国法制出版社2014年版，第197页。

偏重或者偏轻。由于行政行为涉及各个行政管理行业和不同的地区，情况相当复杂，难以划分出一个非常明确的标准，因此，就需要人民法院根据不同行业和不同地区的具体情况作出判断。人民法院在审理行政案件中，如果难以判断出究竟是滥用职权，还是明显不当时，笔者主张，以明显不当为由，作出撤销或者变更判决为宜。

## 5.2　滥用职权、明显不当的表现形式

从我国行政审判工作实践中所反映出的问题来看，滥用职权的行政行为主要有以下几种：

### *5.2.1*　目的不良

行政主体明知自己的行为违背或者偏离法律、法规的目的或原则，基于执法者个人利益和小团体利益，假公济私，以权谋私，作出不合理的行政行为，即属于目的不良。它是实践中最常见的一种滥用职权的行为。具体表现形式主要有：（1）偏袒或者优待亲属。例如，某工商管理局核发给个体户李某经营小吃的营业执照，确定李某的经营地点在县农贸市场口。李某一直在农贸市场口的第一摊位经营。由于第一摊位所处位置好，营业额高，致使长期在第二摊位经营小吃的胡某（工商管理所所长的儿子）抢占了第一摊位。工商管理所的所长在处理此事时，在没有合理理由的情况下，将个体工商户李某经营的第一摊位，调整给胡某经营，就属这种滥用职权的行为。（2）偏袒、优待本部门的单位或者与其有一定利益关系的单位。例如，某企业长期租用某行政机关的房屋，当该企业违反有关法律、法规的规定时，该行政机关不给处罚，或者给予很轻的处罚。（3）凭个人好恶偏向优待一些人、压制报复另一些人。例如，

某行政机关对安排其工作人员子女工作的单位的违法行为，应当从重处罚的，却从轻处罚；对曾拒绝安排其工作人员子女工作的单位的违法行为，应当从轻处罚的，却从重处罚。（4）凑数达标。一些单位为夸大领导人的政绩或者完成指标，任意行使行政职权。例如，某市场管理机关为表明其领导人的政绩，在对该市场经营的个体户收取市场管理费时，不分情况一律按最高线收取。又如，某公安机关为完成上级下达的罚款指标，对在月底期间的违反治安管理的行为人一律顶格罚款。

### *5.2.2* 未考虑应当考虑的因素

未考虑应当考虑的因素，是指行政主体在作出行政行为时，没有考虑法定因素或者常理因素，任意作出不合理的行政行为。“未考虑法定因素”，是指没有考虑法律、法规及规章规定的应当考虑的因素。例如，《治安管理处罚法》第 19 条规定：“违反治安管理有下列情形之一的，减轻处罚或者不予处罚：（一）情节特别轻微的；（二）主动消除或者减轻违法后果，并取得被侵害人谅解的；（三）出于他人胁迫或者诱骗的；（四）主动投案，向公安机关如实陈述自己的违法行为的；（五）有立功表现的。”第 20 条规定：“违反治安管理有下列情形之一的，从重处罚：（一）有较严重后果的；（二）教唆、胁迫、诱骗他人违反治安管理的；（三）对报案人、控告人、举报人、证人打击报复的；（四）六个月内曾受过治安管理处罚的。”第 21 条规定：“违反治安管理行为人有下列情形之一，依照本法应当给予行政拘留处罚的，不执行行政拘留处罚：（一）已满十四周岁不满十六周岁的；（二）已满十六周岁不满十八周岁，初次违反治安管理的；（三）七十周岁以上的；（四）怀孕或者哺乳自己不满一周岁婴儿的。”公安机关在给予有上述情形的违法行为人处罚时，未考虑这些法定因素的，就属于未考虑法定因素的情形。

“常理因素”，是指法律、法规及规章中没有明确规定，但人们在日常工作中，通常对处理某类事务从情理和惯例上一般都要予以考虑的情形。例如，某公路管理机关先接到周某申请公路私营客运线路许可证后，又接到张某的申请，两人情况相同，通常一般应当考虑申请在先的因素，如果发证机关未考虑周某先申请的因素，在没有其他合理理由的情况下，给张某核发了许可证，未给周某核发许可证，即属未考虑常理因素的情形。

### *5.2.3*　考虑了不应考虑的因素

考虑了不应考虑的因素，是指行政主体在作出行政行为时，把法律、法规规定了不应当考虑的因素或者常理不应当考虑的因素作为处理问题的依据，作出不合理的行政行为。例如，某村农民王某全家 5 口人，在村东头有住宅 3 间，1995 年 9 月 7 日，王某以“儿子已领结婚证，住房困难”为由，向村委会递交了在原住房东侧的空闲地上再建二间住宅的申请。村委会同意后将王某的建房申请报到乡政府。11 月 11 日，乡政府批准了王某的建房申请，并颁发了准建证。11 月 27 日，县政府干部赵某认为王某新建房屋的地点好，找到乡长，要求将其父亲的宅基地批到王某新建房处。11 月 28 日，乡政府收回王某的准建房证，并重新决定：撤销 11 月 11 日批准王某建房的决定，将原批准王某建房的土地批给赵某的父亲建房，将村西头 0.15 亩空闲地批给王某建房。县政府干部与普通农民虽然在职位上有所不同，但绝没有贵贱之分，在建房使用土地上应当一视同仁，而不应有高于一般公民的法律上没有规定的特殊待遇。乡政府 11 月 28 日的处理决定显然考虑了不应考虑的因素，并给王某生活带来不便，就属于这种滥用职权的行为。

### 5.2.4 反复无常

反复无常，是指行政机关及其工作人员对同种情况的案件在情势未发生变化的情况下，根据自己的情绪无标准地反复变化，使行政相对人无所适从。例如，个体工商户李某取得烟草专卖机关的零售国产香烟许可证后，便向某区工商局申请在其原有的营业执照的营业范围上增加零售国产香烟，区工商局的办理人员答复现在无证，有零售国产香烟许可证的，可以先经营后补发。数日后，区工商局又以超营业范围销售国产香烟为由，给予李某行政处罚。又如，某县公安局对同样情节的违反治安管理秩序的行为，今天给予警告处罚，明天给予拘留处罚。这两种情形均属反复无常。

但是，如果由于行政机关工作人员的工作失误或者由于行政相对人采取欺骗等违法手段，得到行政机关工作人员同意或者默许行使法律、法规规定禁止的行为，事后行政机关发现错误，依法作出纠正错误的行政行为，则不应当认定为滥用职权。例如，1994 年某饲料添加剂厂建成试产动物营养液时，某省经济委员会与畜牧局、化工厅、乡镇企业局等部门组成验收组进行了验收工作，该厂向验收人员均提供了一份动物营养液的产品说明，没有人对该厂生产的动物营养液能否生产提出异议。事后，省经济委员会向该厂颁发了验收许可证和产品批准文号，同时以通知的形式抄报给省畜牧局，省畜牧局未提异议。省畜牧局一年后根据举报对饲料添加剂厂进行调查，发现该厂生产、销售的动物营养液的产品中含有喹乙醇、亚硒酸钠等药物，未办理兽药生产许可证，该产品的使用说明中所述的使用剂量超出了国家规定的标准。据此，省畜牧局依据《兽药管理条例》和《兽药管理条例实施细则》等有关含有药物的饲料添加剂属于兽药和未取得兽药生产、销售许可证及不符合兽药标准的兽药应当停止生产、销售的规定，认定动物营养液属于兽药，并责令饲料添加剂厂停止生产和销售活动，如该厂要求继续生产该动物营养液，必须按照《兽药管理条例》开办兽药生产企业的规定程序报其核发《兽药生产许可证》和兽药产品批准文号。虽然省畜牧局参加饲料添加剂厂验收的人员未对动物营养液提出存在的问题有失误，但省畜牧局从公共利益的角度出发，同时考虑到验收时未提出问题的情节，为纠正错误仅要求停止动物营养液的生产、销售，未给予其他处罚，故不应当认定为滥用职权。

### 5.2.5　违反均衡原则

均衡原则，要求行政主体的自由裁量行为所要达到的行政目的与行政手段之间保持适当的比例，又称比例原则。该原则具体要求有以下三个方面：一是行政主体应当选择造成行政相对人最小损害的方法实现行政目的；二是在多种行政方法中，行政主体应当选择最适当方法；三是行政主体行使自由裁量权所实现的公共利益不能小于对行政相对人造成损害的利益。此类违法行为绝大多数表现为行政主体选择严厉手段解决小问题。例如，某商店这种轻微违反市场监督管理法律规范的行为，如果给予罚款手段足以实现惩治与教育的目的时，行政管理机关如果给予不必要的吊销执照的行政处罚，就属于违反均衡原则。但是，也有个别时候表现为行政主体对违法行为应当选择严厉手段却选择了很轻的手段。例如，某县百货商店职工潘某因多次上班迟到，被商店经理扣了奖金，怀恨在心。事后，当潘某在街上遇到经理的妻子周某时，当众用极其污秽的语言对周某进行了侮辱，在撕破周某的上衣后，被在场群众拉开，并扭送派出所处理。对此类行为，通常情况下应当给予罚款处罚，而不应当给予警告处罚。派出所在没有其他正当理由的情况下仅给予警告处罚，显然不符合比例原则。

前面已提到明显不当与滥用职权的主要区别点是在不合理的“度”上。因此，法官在判断行政行为是否存在明显不当时，无须考虑行政执法者的主观因素，只要是具有一定政策水平的人认为是不合理的，均可以认定为明显不当。

## 5.3 审查判断是否存在滥用职权、明显不当的步骤与方法

### *5.3.1* 审查是否存在滥用职权、明显不当的步骤

根据审判实践中总结出来的经验，审查行政行为是否存在滥用职权、明显不当的问题，应当按照下列步骤进行：

（1）确认被诉行政行为是否属于自由裁量的行政行为。因滥用职权、明显不当只存在自由裁量的行政行为之中，所以，合议庭应当在开庭前，确认被诉行政行为是自由裁量的行政行为，还是羁束的行政行为。如果经审查确认被诉行政行为是自由裁量的行政行为，在有关职权、程序、认定事实的证据和适用法律规范等四个方面经审查后认定有问题时，无须再对被诉行政行为是否存在滥用职权和明显不当的问题进行审查；如果认定均无问题，就应将被诉行政行为是否存在滥用职权和明显不当的问题列为庭审中的一项审查内容，并对有关法律、法规的规定进行学习与研究，掌握法律、法规的目的、原则及应当考虑的因素和被告在同一时期内处理有关同类案件的情况，拟好庭审提纲。如果是羁束的行政行为，在庭审中没有必要对这一问题进行审查。

（2）审查被告的目的和考虑的因素。在开庭审查被诉行政行为的主要证据是否充分、适用法律法规是否正确、行政程序是否合法、是否存在超越职权等问题后，再审查是否存在滥用

职权、明显不当的问题。审查时，首先应由被告向法庭说明作出被诉行政行为的目的和其所考虑的因素。尔后，法庭询问原告或者第三人对被告的说明有无异议。如果原告或者第三人有异议的，应当让原告或者第三人向法庭提供有关证据。合议庭对有关证据进行质证后予以认定。法庭认为被告的说明或者原告、第三人提供的证据有疑点的，应当进行调查取证，只有在排除疑点的情况下，才能认定被告的说明或者认证原告、第三人提供的证据。

（3）查明法律、法规的目的、原则。法庭在查清被告的目的和所考虑的因素后，由被告向法庭阐述被诉行政行为所依据的法律、法规的目的、原则以及应当考虑哪些法定因素和常理因素，可以作出何种方式、种类、程度的处理决定，并宣读有关法律、法规的目的、原则规定的条文。此后，法庭询问原告、第三人有无异议。如果没有异议的，可以进行下一步骤的审查；如果有异议的，原告、第三人可以向法庭宣读该法律、法规有关目的、原则规定的条文，并阐述其对该法条的理解。法庭认为被告、原告、第三人都没有宣读被诉行政行为所依据的法律、法规的目的、原则规定的条文，审判人员可以在法庭上宣读有关法律、法规的条文。

（4）审查处理结果是否存在明显不合理的问题。先由被告向法庭阐述被诉行政行为不存在明显不合理的问题的理由和举出处理类似案件的处理决定。尔后，法庭询问原告、第三人被告阐述的理由是否成立，说明原因，并可以向法庭提供被告对类似案件的处理决定。无论是被告，还是原告、第三人提供的有关被告对类似案件作出的处理决定，经法庭庭审质证，认定是真实的、与该案件相关的，均可以作为定案的根据。

### 5.3.2 判断是否存在滥用职权、明显不当的方法

凡是违背或者偏离法律、法规的目的、原则的自由裁量的行政行为，其处理决定的结果必然是不合理的。也就是说，确认是否存在不合理的问题，是确认行政行为是否存在滥用职权、明显不当的最关键问题。判断行政行为是否存在滥用职权、明显不当的具体方法主要有以下几种：

（1）比较行政相对人得到的权利和承担的义务是否相称。权利义务相一致原则，是制定我国法律、法规的一项基本原则，并体现在每一部法律、法规中。我国的单行法律、法规所规定的应当考虑的因素，均是这一原则的具体体现。由于行政管理事务涉及的方面很广，而且非常复杂多变，也就不能把所有的公平合理处理问题的标准均一一列举出来，因此，常理上应当考虑的因素，也是行政机关在处理具体问题时应当考虑的问题。行政机关所作的行政行为如果未考虑法定因素或者常理因素，将决定行政相对人得到的权利或者承担的义务，就会与其应当得到的权利或者应当承担的义务明显不相称。据此，人民法院在审查行政行为是否存在滥用职权、明显不当的问题时，发现被诉行政行为没有考虑法定因素或常理因素，或者考虑了不应考虑的因素，使行政相对人获得的权利或者应当承担的义务与应当得到的权利或者承担的义务相差甚远的，就应当认定为滥用职权或者明显不当。

（2）比较被告对同等情况的案件的处理结果。我国宪法规定，法律面前人人平等。根据这一原则，每一个公民、法人或者其他组织在同等情况下，应当享有同等的权利，承担同样的义务。如果有多有少，显然就违反了法律面前人人平等的原则。因此，行政机关在同一时期、同一地方，对同等情况的案件作出的处理结果应当是基本相同的，而不应当差距巨大。法庭在

审理过程中，应当将被诉行政行为的处理结果与被告行政机关在同一时期对同等情况的案件所作的处理结果进行比较。如果发现被诉行政行为与同一时期、同等情况的绝大多数案件的处理结果相差甚远的，应当认定为滥用职权或者明显不当。如果与绝大多数案件的处理结果无大的差距，仅与个别案件的处理结果差异较大，则不应当认定为滥用职权或者明显不当。

（3）与同案人进行比较。在一个案件中有数个行政相对人，法庭查清案件的事实后，应当按照每个行政相对人的具体情况确定其应当享有多大的权利、承担多大的义务。如果发现本案中存在以下三种情形的，应当认定为滥用职权：①行政相对人的情况或者责任基本相同的，所得到的利益或者承担的义务差距很大。例如，甲、乙共同殴打他人并致人轻微伤害，两人的主观和客观情节基本相同，公安机关给予甲警告的处罚，乙拘留 10 日的处罚。②应当获得较多利益的人与应当获得较少利益的人相比，所得到的利益相同或者还少。例如，某城市建设管理机关征用甲单位与乙单位共同所有的房屋，虽然给予补偿的总额符合有关法律规定，但对原占有房屋比例较大的甲单位给予补偿的数额少于乙单位。③责任人所承担的义务不成比例。即责任大的人承担与责任较小的人相同或者较小的义务，责任较小的人承担与责任大的人相同或者较大的义务。例如，甲盗窃某厂废铁时乙为其望风。事发后，公安机关仅给予甲罚款 200 元的处罚，却给予乙拘留 5 日和罚款 100 元的处罚。

# 第6章

# 对是否履行法定职责、行政给付义务的审查

## 6.1 法定职责、行政给付义务的概念及特征

### *6.1.1* 法定职责

行政法中的“法定职责”，又称行政职责，是指法律、法规明确规定，行政机关及其工作人员在行政管理活动中，负有处理某类事务的责任。这一责任对行政机关来讲，就是其份内应当做的事情。它具有双重性，既是其权力，又是其责任。换言之，行政机关根据法律、法规的规定对某类事务有处理权，当这类事务发生时，行政机关必须依法处理，如果不处理即构成渎职。

行政法著作中对法定职责的种类有三种划分方法。因划分方法不同，法定职责的种类亦有所不同。

以主动性来划分，法定职责分为两类：一类是依申请的法定职责。即行政机关必须有行政相对人的申请才能实施行政行为。在这类行政行为中，行政相对人的申请是行政机关行政行为的开始，没有行政相对人的申请，行政机关不得主动作出。另一类是依职权的法定职责。即行政机关依据法律、法规规定的职权不需要行政相对人申请即可作出行政行为。在这类行政行为中，法律、法规规定行政机关具有管理某一方面事务的行政管理职权，只要这方面的管辖事实发生时，无论有无申请，行政机关均有责任实施一定的行政行为。若行政机关不实施一定的行政行为，即构成不履行法定职责。

以裁量方式来划分，法定职责可分为羁束的法定职责和自由裁量的法定职责。所谓羁束的法定职责，是指法律、法规规定了在某种条件下，行政机关必须作出某种行政行为，如果没有作出，则构成不履行法定职责。所谓自由裁量的法定职责，

是指法律、法规规定了在某种条件下，行政机关对行政相对人的申请有自由裁量的权力，如果行政机关没有裁量或者因不相关的考虑而不批准或部分批准的，则构成不履行法定职责。

以对行政相对人的影响来划分，法定职责可分为批准或者赋予行政相对人权利的职责和限制或保护行政相对人的职责。所谓批准或者赋予行政相对人权利的职责，是指行政机关根据行政相对人的申请，经审查认为，申请人符合法律、法规的规定，批准或者赋予或者确认其该项权利。如颁发许可证、结婚证、房屋产权证、土地使用证等。所谓限制或者保护行政相对人权利的职责，是指当某违法行为正在发生或者紧急事件发生后，行政机关依职权或者根据行政相对人的申请，制止违法行为的继续侵害并作出处理或者对紧急事件进行处理及救助。如解救被拐骗的妇女儿童、抢险救灾等。

行政机关及其工作人员在行政管理活动中，当发生法律、法规规定对某类事务由其处理的情况，拒绝处理或者拖延处理的，称之为不履行法定职责。它具有以下三个特点：

第一，必须是法律、法规明确规定的职责。根据权力与责任相一致的原则，法律、法规明确授予某一行政机关处理某类事务的权力，这一权力同时也就是该行政机关的法定职责。当这类事务发生时，该行政机关就应当依法予以处理，拒绝或者拖延处理，就属于不履行法定职责。法律、法规未将处理某类事务的权力授予某一行政机关，当这类事务发生时，行政相对人要求该行政机关处理这类事务，其拒绝处理，则不构成不履行法定职责。例如，被拐卖妇女请求公安机关解救，根据《人民警察法》的规定，公安机关具有保护人民生命和财产安全的职责，公安机关若拒绝解救或者不予理睬，就构成不履行法定职责。被拐卖妇女请求卫生行政机关解救时，卫生行政机关即予拒绝，从道义上讲，卫生行政机关应当及时与公安机关联系，帮助解决，简单地拒绝是不合适的，但因法律、法规没有授予卫生行政机关解救被拐卖妇女的权力，故不构成不履行法定职责。

第二，表现为不作为责任或者不正确作为责任。在一些有关行政机关不履行法定职责的文章中，认为不履行法定职责的表现形式为不作为。所谓“不作为”，是指行为人消极地不去实施自己应当实施的行为。从行政机关及其工作人员对其法定职责的态度来看，不履行法定职责有两种形式：一是行政机关及其工作人员明确拒绝履行或者部分拒绝履行法律、法规赋予的其应当履行的责任；二是行政机关及其工作人员对行政相对人要求其履行法定职责的请求，采取不予以答复等消极的方式拖延履行其应当履行的职责。后一种表现形式属于“消极”的性质，属于不作为义务的范畴；前一种表现形式显然不属于“消极”的性质，而是一种“积极”的性质，属于不正确作为责任的范畴。据此，认为不履行法定职责的表现形式为“不作为”是不准确的。准确的表述为，不作为责任和不正确作为责任两种形式。

在司法实践中，有人只将行政机关完全拒绝履行法定职责或者对行政相对人的申请不予答复的，认定为不履行法定职责。这也是一种误解。行政机关对行政相对人要求其履行法定职责的申请，完全拒绝或者不予答复，是不履行法定职责的典型表现形式。但是，如果行政相对人申请行政机关履行法定职责，行政机关受理后，作出的决定只部分满足了申请人的请求，如果未满足的部分也是行政机关应当履行的职责，那么，其就不应排除在行政机关的法定职责之外，亦属于不履行法定职责。

第三，产生不履行法定职责的争议多数是由行政相对人申请引起的。行政诉讼案件一般是由于行政机关主动作出的行政行为而引起的行政争议。但行政机关不履行法定职责的诉讼案件却多数是由于行政相对人请求行政机关履行法定职责，行政机关拒绝或者不予答复而引起的争议。在没有行政相对人申请的情形下，行政机关不履行法定职责的行为，虽然也会给公民、法人或者其他组织的合法权益造成损害，但这种损害一般都是间接的，所以，公民、法人或者其他组织不会申请行政复议或者向人民法院提起诉讼，因此，也就不产生行政争议。

行政机关及其工作人员不履行法定职责，会使公民、法人或者其他组织应当享有的合法权益被剥夺，或使其合法权利得不到有效的保护，将会影响党和人民政府在人民群众中的威信，不利于社会主义经济、文化等方面的事业发展，不利于打击违法犯罪、保护人民，不利于社会秩序的稳定。不履行法定职责是一种不正当行使权力的官僚主义作风，是一种实体上的行政违法行为。《行政诉讼法》将行政机关不履行法定职责规定在行政诉讼的受案范围之中，除了为保护公民、法人和其他组织的合法权益外，同时也是为了让人民群众更有效地监督行政机关，端正其工作态度，促其更好地为人民服务。

### *6.1.2*　行政给付义务

行政相对人基于法律规范的规定或者先前行政行为的决定享有一定的金钱、物质等帮助的权利。行政相对人依法享有的上述权益，相对行政机关而言，就是其应当依法给付兑现的义务。行政机关依法给付兑现的义务，在行政法中称之为“行政给付义务”。

对行政给付义务的划分方式不同，划分后的种类亦有不同。从行政给付义务的来由划分，可以分为以下两大类：一类是基于法律规范的规定而产生的行政给付义务。例如，社会保险机关根据行政相对人领取养老保险的申请，依据《社会保险法》的规定，对该公民的申请进行审查，符合社会保险条件的，就产生对该公民支付养老保险金的义务。又如，根据《城市居民最低生活保障条例》的规定，地方人民政府对公民享受城市居民最低生活保障待遇的申请，经审查符合条件的，亦产生向其发放最低生活保障金的义务。另一类是基于先前行政行为而产生的行政给付义务。例如，行政机关与某公司签订了桥梁建筑合同，该公司履行完合同后，行政机关具有依据合同的约定履行支付工程款的义务。又如，某县人民政府作出征收补偿决定后，就产生了应当向被征收人支付补偿款或安置房屋的义务。

从行政给付义务的性质上划分，行政给付义务又可分为六大类：一是行政给付困难救济的义务。即行政机关对行政相对人因丧失劳动能力、家庭收入过低、发生灾害等原因，造成生活、生产、经营等困难的情况发生，依照有关法律规范的规定，而产生的给付行政相对人一定的金钱、物质或与物质有关的帮助权益的义务。例如，行政机关给付的城市居民最低生活救济金、农村的五保户救济金、因公伤亡的军人及亲属的抚恤金等。又如，行政机关因自然灾害发放的救灾款或救灾物资等。二是行政给付社会保险金的义务。根据社会保障法等法律、法规的规定，行政机关依法支付养老、工伤、医疗、失业等社会保障金。三是行政允诺、协议等行政行为所产生的给付义务。例如，公安机关兑现悬赏奖金；房屋征收部门根据行政补偿协议支付补偿款或兑现安置房屋。四是政府基于公用机构的设立和运行所需履行的支付行政补贴款等义务。这些机构主要履行面向社会的普遍和持续的公共服务职能。例如，政府举办的学校、医院、养老院、图书馆、博物馆、广播电台、垃圾处理机构等。五是退税义务。为了推动对外贸易或者鼓励外国人购买中国境内产品，促进国内经发展，税务机关根据法律、行政法规的规定，对已经交完税款的行为，履行退税义务。六是政府信息公开的义务。根据《政府信息公开条例》的规定，制定或者保存政府信息的行政机关除涉及国家秘密、商业秘密、个人隐私的政府信息，当事人申请公开的，有公开政府信息的义务。这里的行政给付义务与其他行政给付义务有明显的不同，这里给付的是当事人申请公开的信息，而不是金钱或者物质。

行政给付义务与履行法定职责均是以行政主体“履行”为前提的，因此，在表现形式上均为不作为义务或者不正确作为义务；争议的引起多数由行政相对人的申请而产生。但它们之间主要有以下三点不同：第一，所履行的内容不同。行政给付义务要求行政主体须向行政权益人履行给付金钱、物质等义务；履行法定职责是要求行政主体实施一定的行为，而不是给付金钱、物质。第二，履行的原因有所不同。行政给付义务的原因是法律规范或者其他行政行为赋予行政相对人某种权利，行政主体作为义务予以实现；行政机关履行法定职责是法律规范规定其责任，当属于其职责的事情发生后，必须处理，否则就构成渎职。第三，审理的方式有所不同。不履行法定职责是审查被诉“不履行”行为是否合法，不涉及其他行政行为。基于先前行政行为而产生的行政给付义务，因先前行政行为与行政给付义务的合法性具有关联关系，如果对先前行政行为一并提起诉讼的，应当合并审理；如果未提起诉讼的，因先前行政行为对行政给付义务来说，是其依据，尽管未起诉，亦应按照有无重大明显违法的标准对先前行政行为的合法性进行审查，若先前行政行为存在重大明显违法情形的，不能作为行政给付义务行为的依据。

## 6.2 对不履行法定职责案件的审理

### *6.2.1* 举证责任的承担

不履行法定职责的案件，一般是申请人申请行政机关颁发许可证、婚姻证书、权属证书，或者请求确认权属关系，或者请求行政机关依职权保护其人身权、财产权等。也就是说，申请人或请求人是向行政机关主张权利或者寻求保护。正因如此，有人提出，尽管《行政诉讼法》规定，由被告行政机关负举证责任，但是不履行法定职责案件与其他行政诉讼案件不同，需要审查的并不是行政机关主动作出的行政行为，而是被动地未满足申请人申请或请求人的请求的行为。根据我国有关法律、法规及规章的规定，申请人在申请时，一般须向接受申请的行政机关提交有关证明材料，接受申请的行政机关根据申请人提供的证明材料作出处理或者不处理的决定。请求人的请求必须经查实请求的事实存在后，才能采取一定的行为。因此，原告完全有能力向法庭提供其是否具备许可条件的证据或者请求事实存在的证据，而且也便于人民法院及时、正确地作出判决。故这类特殊行政诉讼案件，不应适用《行政诉讼法》规定的由被告负举证责任这一原则，而应由原告负举证责任。笔者认为，上述意见是不正确的。理由如下：

第一，根据2014年《行政诉讼法》第6条“人民法院审理行政案件，对行政行为是否合法进行审查”的规定，被告行政机关拒绝或不答复申请人申请或请求人请求的行为被诉至人民法院，人民法院就应审查被诉行政行为是否合法，而不是审查申请人的申请是否具备许可条件或请求人请求保护的事实是否存在。因此，被告行政机关应向法庭提供其拒绝或者不答复申请或请求所依据的证据和法律规范，才能证明其行为的合法性。反之，在没有任何证据或者法律依据的情况下，作出拒绝申请的决定，显然是违法的。

第二，尽管申请人或请求人申请许可或请求保护是向行政机关主张权利、寻求保护的一种行为，但是，各种不同的许可和请求保护，要求申请人或请求人提供的证明材料和标准不尽相同，法律、法规对批准条件的规定也不一样，非经一定时间专门学习是难以掌握的，而且有些还需要借助仪器、科学检测等手段才能做到。也就是说，申请人很难知道其所提供的材料是否齐全，是否符合法律、法规规定的条件。而且，申请人已将有关证明材料提交给了接受申请的行政机关，再让其提供有关材料，也是强为所难。如果让原告负举证责任显然是不公平的，也不利于原告通过行政诉讼来保护其合法权益。

第三，在讨论 1989 年《行政诉讼法（草案）》时，对这类案件应由谁来负举证责任的问题上，有两种意见：一种意见认为应由原告负举证责任；另一种意见认为应由被告负举证责任。最后定稿时，采纳了后一种意见。该法第 32 条规定："被告对作出的具体行政行为负有举证责任……" 2014 年《行政诉讼法》第 34 条有关举证责任问题仍采用了原规定，即没有对这类案件的举证责任作例外规定。也就是说，立法原意否定了这类案件的举证责任应由原告承担，即仍由被告承担。

第四，不作为行为是行政行为中的一种，它仅仅与其他行政行为在表现形式上有所不同，因此，法院审理诉不作为行为案件的对象只能是不作为行为的合法性问题，而不能是原告申请行为是否合法的问题。如果原告负有证明其申请行为合法的举证责任，以此推理，法院审理这类案件的对象不是被诉的不作为行为，而是原告的申请行为，或两者同时是审理的对象，这显然有悖于《行政诉讼法》规定的人民法院对被诉行政行为合法性审查的原则。

第五，按照证据理论，可以将行政诉讼的举证责任分为初步责任和说服责任。所谓初步责任，是当事人提供证据证明其主张构成法律争端，从而值得或者应当由法院进行审理的举证责任，即利用证据推进诉讼进行的责任。其表现为，当事人向法院提出初步证据，从而启动诉讼程序。所谓说服责任，是当事人对自己行为的合法性承担说服的义务，否则会遭受不利的裁判。这种义务是一种不能分配的义务，只能由一方当事人承担。负有说服责任的当事人必须向法庭提供足以证明其行为合法的证据，否则就要承担败诉的法律后果。2000 年《解释》第 27 条中规定，在起诉被告不作为的案件中，原告承担证明其提出申请事实的举证责任。《最高人民法院关于行政诉讼证据若干问题的规定》第 4 条第 2 款规定："在起诉被告不作为的案件中，原告应当提供其在行政程序中曾经提出申请的证据材料。但有下列情形的除外：（一）被告应当依职权主动履行法定职责的；（二）原告因被告受理申请的登记制度不完备等正当事由不能提供相关证据材料并能够作出合理说明的。"这两条规定的法律依据，均源于 1989 年《行政诉讼法》第 41 条中原告提起诉讼应当"有具体的诉讼请求和事实根据"的规定。也就是说，该条规定的原告的举证责任属于初步责任，不属于说服责任。其本意是原告向法院提供不作为行为存在的事实，启动行政诉讼，而不是原告负有证明其申请行为合法的责任。2014 年《行政诉讼法》基本吸收了《最高人民法院关于行政诉讼证据若干问题的规定》第 4 条第 2 款的规定，该法第 38 条第 1 款规定："在起诉被告不履行法定职责的案件中，原告应当提供其向被告提出申请的证据。但有下列情形之一的除外：（一）被告应当依职权主动履行法定职责的；（二）原告因正当理由不能提供证据的。"行政机关不作为或是依行政相对人请求而产生或是依职责而产生，行政相对人未向行政机关申请，行政机关一般不能主动作为。只有行政相对人申请后，行政机关不作为，才适用该条的规定，这种举证责任仅仅是启动行政诉讼的责任，而不是原告承担证明申请行为合法的举证责任。

综上，不履行法定职责案件的被诉行政行为合法性的举证责任，只能由被告行政机关承担，而不能由原告承担，原告具有向人民法院提供证据的权利。

### *6.2.2*　举证的内容

虽然不履行法定职责案件的举证责任由被告行政机关承担，但是正因为这类案件具有申请人或请求人向行政机关主张权利、寻求保护这一特点，所以这类案件的举证内容与其他行政诉讼案件有所不同。这类案件从接受申请或请求的行政机关的态度来划分，可分为两类：一类是明示不履行法定职责案件，即行政机关接到申请人或者请求人的申请或者请求后，明确作出书面决定或者口头告知申请人或者请求人，拒绝申请或者请求。另一类是默示不履行法定职责案件，即行政机关接到申请人或者请求人的申请或者请求后，在法定期限内不作出决定。这两类案件在举证内容上也有一定的差别。

#### *6.2.2.1*　明示不履行法定职责案件应向法庭提供的材料

行政机关明示不履行法定职责案件，总的原则是被告行政机关应向法庭提供拒绝申请或者请求理由的证据和法律、法规依据。因否定的理由不同，具体应向法庭提供的证据亦有所不同。从拒绝的理由来看，大致可分为以下四种：

（1）以不具有职责为由拒绝申请或请求的案件。接受申请或被请求的行政机关以其不具有申请或请求事项的职责为由，拒绝申请或者请求的案件，关键是在接受申请或者被请求的行政机关自身是否具有申请或请求事项的职权。《行政诉讼法》规定，被告举证包括两个方面内容：一是行政行为所认定事实依据的证据；二是所依据的规范性文件。这种案件因行政机关没有对申请人或者请求人的申请或请求的实体问题进行审查和认定，仅仅否定自身具有申请或请求事项的职权，所以不存在向法庭提供有关申请或请求实体方面的证据问题，而是要法庭证明其确实不具有这一方面职责的理由成立。因此，被告行政机关应向法庭提供其不具有这方面职权的法律文件。被告行政机关所提供的法律文件符合下列条件之一的，即证明了其不具有法定职责的理由成立：一是被告所提供的法律、法规中的有关条款明确规定申请人申请或请求人请求的事项由其他行政机关行使职权。这里所讲的“其他行政机关”，包括上级行政机关、下级行政机关、其他部门的行政机关等。二是法律、法规对申请或请求的事项的职责未作明确规定，被告提供的合法规章中明确规定该职权由其他行政机关行使。三是被告提供的法律、法规中规定被告不具有申请或请求事项的职责。但如果原告或第三人提交的有关法律文件中规定被告具有这一职责，被告又拿不出否定原告证据有效的法律文件的，就属于未完成证明其不具有法定职责的理由成立。凡是符合上述三种情形之一的，即完成了证明其不具有法定职责的理由成立，反之则其答辩的理由不成立。

（2）以申请人未提交法定证明材料为由，拒绝许可、颁发证书的案件。我国不少现行法律、法规及规章中都规定了申请人申请许可时，须向接受申请的行政机关提交有关证明材料。也就是说，申请人有义务向接受申请的行政机关提交有关证明材料，如果不提供或者不能提供所要求提交的证明材料中的任何一份，接受申请的行政机关就有权视为申请人不具有许可的条件，可以拒绝许可事项。正因这一特点，对这种案件不能要求被告向法庭提供原告不具备许可条件的证据，而应要求其提供下列两个方面内容的证明材料：一是申请人应向被告提交证明材料的有关法律、法规及规章的条款，以示证明被告要求申请人提供的证明材料是合法的，申请人未完成法律、法规规定的义务。二是向法庭提供申请人没有向被告提交哪些证明材料的证据，以示证明被告认定申请人未完成法律、法规为申请人设定的义务的事实存在。具体来讲，被告行政机关应向法庭提供申请人提交证明材料的登记表，登记表上写明没有提交的某一项或几项法定证明材料的内容，并且该登记表上应有申请人的签字（或盖章）及年月日。没有申请人签字的登记表，在无其他证据印证的情况下，不能作为人民法院的定案证据。没有登记表的，被告提供申请人没有提交法定证明材料的其他证据材料，经法庭审查属实的，可以认定被告完成了事实方面的举证责任。据此，如果被告行政机关提供上述两个方面的材料，就完成了举证责任，缺少其中任何一个方面材料的，都属未完成举证责任。

（3）以申请人不符合某一个或者几个法定条件为由，拒绝许可的案件。根据我国现行法律、法规的规定，申请人申请许可，往往有若干条件，只要申请人不具备其中任何一项条件的，接受申请的行政机关就有权拒绝许可。因此，这种案件不须被告举出原告是否符合其他条件的证据，只要举出认定申请人不符合法定许可条件的证据材料即可。具体来讲，也是两个方面的材料：一是举出法律依据的材料。即规定法定条件的法律、法规及规章。如果被告认定申请人不符合的条件属于法定条件的范围，即完成了举出法律依据的举证责任；如果不属于法定条件的范围，则未完成举证责任。二是举出认定事实的证据。被告应向法庭提供申请人不符合法定条件的事实证据。如认定申请人提供的证据是伪造、变造或者以其他非法手段取得的，应向法庭提交伪造、变造的原件证明材料及鉴定报告，提供非法手段取得证明材料的原件以及其他证据。如果认定不符合某项技术指标，应提供检测报告、鉴定报告、论证书等证据。被告行政机关提供了上述两方面的材料，并且充分的，也就完成了举证责任。反之，则属于未完成举证责任。为了减少原告的诉累，提高审判效率，法庭经审理查明被告未完成举证责任，但根据被告举出的证据不能判断原告是否完全具备颁发许可证或证书的其他条件的，可以要求原告举证。如果原告举出证据证明其具备颁发许可证或证书的全部条件的，应当判决被告颁发许可证或证书；若不能证明符合颁发许可证或证书的条件的，应判决被告重新审查并在一定期限内作出颁发或者不颁发许可证或证书的决定。

这里需要注意的是不服颁发行政许可或证书等行为的案件。涉及许可、核发证书的案件，除诉拒绝许可或者未完全许可外，有可能涉及公平竞争的问题，因此，还存在诉准许许可、核发证书的案件。准许许可、核发证书的案件与拒绝许可或不完全许可、颁发证书不完整的案件有所不同。根据合法性审查的原则，一般对涉及合法性的问题均需要进行审查，不受诉讼请求的限制，故须对许可、核发证书的每个条件都进行审查，不能遗漏，只有所有必须具备的条件均符合法律规范要求的，才可准许许可或核发证书，反之则不能。

（4）以请求保护的情形不存在为由，拒绝采取保护措施的案件。请求人的人身权、财产权正在或已经受到侵犯，或者具有受到侵害现实可能性的情形下，具有保护公民、法人和其他组织人身权、财产权职责的行政机关才有必要采取一定的保护措施。反之，则没有必要采取一定的保护措施。对于行政机关以请求人请求保护的情形不存在为由，拒绝采取保护措施的，被告提供了“不存在”的证据，或者请求人请求保护的事项不成立的推理符合情理，即完成举证责任。反之，则属未完成举证责任。例如，某企业请求某市市场监督管理局查处某百货公司侵犯其商标的行为，被告某市市场监督管理局以百货公司不存在侵犯其商标的行为为由，拒绝对某百货公司进行处罚。某企业不服起诉到法院，被告只要举出某百货公司不存在侵犯原告商标的证据即完成举证责任。倘若举不出证据，即属于未完成保护企业商标权的法定职责，其应当继续查处。

行政机关以两个或者两个以上理由拒绝申请人申请或者请求人请求的，只要几个理由中的任何一个理由依法可以成立的，也就意味被告拒绝是正确的，但拒绝理由存在问题。据此，法院判决确认被诉行政行为违法，保留拒绝行为的效力。此外，在判决中应指出被诉拒绝决定所存在的问题，避免被告行政主体再犯类似的错误。

#### *6.2.2.2*　默示不履行法定职责案件应向法庭提供的材料

行政机关在接到申请人的申请时，有以下四种情形的，不作出决定不属于违法：

（1）申请人向行政机关申请许可，接受申请的行政机关经审查，发现缺少某项材料，通知申请人补交，申请人在规定的期限内未补交，行政机关可以不作决定。对被告以此种理由不作决定的，人民法院经审查被告通知申请人补交的证明材料属于法定应提交的证明材料，申请人确实未提交的，应视为申请人放弃申请的行为，被告不答复的行为不属于拖延履行法定职责的行为。如果被告通知申请人补交的证明材料不属于法定应提交的证明材料，或虽然法律、法规规定申请人应提交，但不能证明申请人未提交，则属于拖延履行法定职责。据此，凡是属于此种情况的案件，被告除了应向法庭提供有关法律、法规及规章的规定和申请人没有向被告提交应提供的证明材料外，还应向法庭提供通知申请人补交某项证明材料的有关证据材料。如通知书、口头通知笔录、送达回执、邮寄存根、证人证言等，以示证明被告已通知申请人补交材料的事实存在，进一步证明已履行了法定职责，申请人放弃了申请。如果被告提供了上述三个方面的材料，经法庭审查属实，被告就完成了举证责任，不存在不履行法定职责的问题，人民法院应判决其胜诉；如果不提供或者提供不出上述三个方面中的任何一个方面的材料，即未完成举证责任。

（2）行政机关接到申请人的申请后，经审查不属于其法定职权管辖的范围，法律、法规没有要求其应当给予答复，可以不答复。对此种情形的案件，被告应当向法庭提交其不具有法定职责的法律依据，如果成立即完成举证责任，若提供不出，则应认定未完成举证责任。

（3）行政机关未收到申请人的申请，未予答复的，不属于违法。对被告以此种理由未答复的案件，被告不会向法庭提供其收到原告申请的证据，法庭可以要求被告提供原告诉称向被告提出申请期间的有关申请登记，或者法庭可以到邮局查询有关送达邮寄信件登记簿。如果原告向法庭提供有关凭证，被告提供不出否定原告提供的凭证的证据，就应认定被告未完成举证责任。

（4）行政机关办理申请期限未届满，未作答复不属违法。对被告以此种理由未作答复的案件，被告提供收到申请人申请的时间和办理申请期限的法律依据，经审查确实未到期限的，即应认定被告完成举证责任。反之，则应认定未完成举证责任。这里需要特别说明，法律、法规及规章未规定期限的，被告应当向法庭提供办理这类申请通常所需的时间，没有特殊情形的，超出通常办理时间较长的，应当认定为违法。

### 6.2.3　庭审调查

不履行法定职责是被告行政机关被动的行为，因而不履行法定职责案件的庭审调查的内容与一般行政机关主动作出行政行为所产生的案件的审查不尽相同。根据合法性审查原则，人民法院审理这类案件，应当围绕被告拒绝或者不予答复原告申请或者请求的行为是否合法进行审查，从而判断被告的行为属于不履行法定职责的性质。具体来讲，审查以下几项内容：

（1）审查被告的职权范围。由被告向法庭说明其职权范围，并提供有关该机关法定职责的法律规范。这里所讲的法律规范包括，法律、法规及规章中关于该机关的职权范围的规定，有权机关制定的该机关的三定方案等规范性文件等。原告可以向法庭提供否定被告所提供的文件效力的规范性文件。被告以其不具备法定职责为由拒绝原告的申请或未予答复的，经审查确认被告不具有申请事项的法定职责的，该案审理就应当结束。

（2）审查申请的情况。默示不履行法定职责的案件，应询问原告何时向行政机关提出申请、申请的事项，而后询问被告是否收到原告的申请及收到申请的时间，未作答复的原因，如被告未收到原告的申请，或被告通知过原告补充有关材料，原告未补充，等等。被告举出有关证据，原告可以提供反证，以便下一步确定被告未答复是否合法。明示不履行法定职责的案件可以对此问题不进行审查。

（3）审查法定期限。默示不履行法定职责的案件，应由被告向法庭举出有关原告申请事项办理期限的法律依据。法庭应根据被告收到原告申请的时间，来确定被告是否拖延履行法定职责。如果被告在法定办理期限内，没有正当理由未予答复，即应确认被告的行为违法，判决其在一定期限内履行法定职责。

（4）审查法定条件和法定标准。明示不履行法定职责的案件，应由被告向法庭举出原告申请事项应当批准的条件和作出各种决定的标准的法律、法规、规章的规定，并举出原告不符合哪条规定的证据。原告可以提出自己的意见，并举出有关法律、法规及规章的规定和有关证据。如果确认被告拒绝原告申请的理由成立的，则应认定被告拒绝行为合法，没有必要再进行审查。如果确认被告拒绝的理由不能成立，法庭对申请颁发许可证或执照的案件，可以进一步审查被告和原告提供的证据，原告完全符合申请条件的，可以判决被告颁发许可证或执照，如果法庭上难以确认的，应判决被告重新审查后再作决定。

## 6.3　对行政给付义务案件的审理

行政给付义务产生的来由不同，因此，诉基于法律规范的行政给付义务行为与诉基于先前行政行为的行政给付义务行为的案件，审理方式有所不同。

### *6.3.1*　对诉不履行基于法律规范的行政给付义务行为的审理

这类行政给付义务是基于法律规范的规定，赋予特定的行政相对人享有某种权利，行政机关根据法律规范的规定，通过对行政相对人的申请进行审查后，确认完全符合法律规范所规定的条件的，才能依据法律规范规定的标准向行政相对人给付金钱、物质或者公开政府信息等。此类行政给付义务一般属依申请的行政行为。但它与依申请的法定职责行为有所不同。后者一般直接向具有法定职责的行政机关申请；前者申请的形式多种多样，行政相对人可以先向基层政府组织申请，也可以委托社会组织代为申请，而后才能进入具有给付职责的行政机关或者行政机构进行全面审查阶段，最终作出是否给付的决定。例如，《社会救助暂行办法》第 11 条规定：“申请最低生活保障，按照下列程序办理：（一）由共同生活的家庭成员向户籍所在地的乡镇人民政府、街道办事处提出书面申请；家庭成员申请有困难的，可以委托村民委员会、居民委员会代为提出申请。（二）乡镇人民政府、街道办事处应当通过入户调查、邻里访问、信函索证、群众评议、信息核查等方式，对申请人的家庭收入状况、财产状况进行调查核实，提出初审意见，在申请人所在村、社区公示后报县级人民政府民政部门审批。（三）县级人民政府民政部门经审查，对符合条件的申请予以批准，并在申请人所在村、社区公布；对不符合条件的申请不予批准，并书面向申请人说明理由。”

凡是属于此类的基于法律规范的规定的行政给付义务，在立案阶段应当先审查原告是否向基层组织申请过，若申请过，基层组织是否已报送给具有给付职责的行政机关或者行政机构。只有完成这两步，才可以决定受理此案，否则不能受理。这里需要注意两个问题：一是基层组织的初步审查在通常情况下，属于行政程序中的过程性行为，不最终确定行政相对人的权利义务，因此，对外不发生法律效力，故不具有可诉性。但是，如果基层组织初步审查认为不符合条件，未将有关材料报送最终审查行政机关或者行政机构的，因行政相对人的申请无法继续进行，也就意味着其失去了受益的权利，故可以对基层组织的不报送行为提起行政诉讼。二是对基层组织不报送行为是审查不报送行为的合法性问题，不确定是否应当履行行政给付义务。此类行为属履行法定职责的性质，故不能对行政给付义务作出判决。

行政相对人申请行政给付，行政主体拒绝给付或者给付的数额低于申请人的预期，对这类行政给付义务不服而提起诉讼的案件，应当首先审查申请人是否符合法律规范规定的应当给予行政给付的条件，如发放抚恤金、社会保险金、最低生活保障费等条件。经审查申请人符合法定的给付条件，而后再对确定发放的标准与法律规范规定的标准是否一致进行审查。虽符合行政给付的条件，但不同情况的行政相对人应当对其行政给付的标准亦有所不同。因此，诉不履行行政给付义务的案件，被告应当向法庭提供行政给付的条件及标准的法律、法规依据，提供原告不符合条件的证据或者符合哪一标准的证据，被告提供出上述证据即完成举证责任。反之，则应认定被告未完成举证责任。例如，某县民政局从 1996 年 7 月 1 日起每月给烈士家属王某发放 60 元抚恤金，王某认为县民政局每月少发了 10 元钱，多次找县民政局请求补发每月少发的 10 元钱。县民政局根据民政部和财政部 1996 年 11 月 15 日联合发布的《“三属”定期抚恤金标准表》的规定，答复王某，该局每月给其发放的 60 元抚恤金符合国家标准，不存在少发的问题。王某不服起诉到法院。在审理中，被告县民政局向法庭提交了《“三属”定期抚恤金标准表》，该表中规定，烈士家属在农村居住的每月抚恤金的标准为 55～60 元。该局并提交了王某在农村居住的有关材料。据此，法院根据当时有效的《行政诉讼法》的规定，判决维持县民政局拒绝每月给予王某补发 10 元钱抚恤金的答复。又如，余穗珠诉海南省三亚市国土环境资源局政府信息公开一案中，余穗珠在紧临三亚金冕混凝土有限公司海棠湾混凝土搅拌站旁种有 30 亩龙眼果树。为掌握搅拌站产生的烟尘对周围龙眼树开花结果的环境影响情况，于 2013 年 6 月 8 日请求三亚市国土环境资源局（以下简称三亚国土局）公开搅拌站相关环境资料，包括：三土环资察函〔2011〕50 号《关于建设项目环评审批文件执法监察查验情况的函》、三土环资察函〔2011〕23 号《关于行政许可事项执法监察查验情况的函》、三土环资监〔2011〕422 号《关于三亚金冕混凝土有限公司海棠湾混凝土搅拌站项目环评影响报告表的批复》和《三亚金冕混凝土有限公司海棠湾混凝土搅拌站项目环评影响报告表》。7 月 4 日，三亚国土局作出《政府信息部分公开告知书》，同意公开 422 号文，但认为 23 号、50 号文系该局内部事务形成的信息，不宜公开；项目环评影响报告表是企业文件资料，不属政府信息，也不予公开。原告提起行政诉讼，请求判令三亚国土局全部予以公开。此案法院首先应审查原告申请公开的信息是否属于政府信息。根据 2007 年《政府信息公开条例》第 2 条“本条例所称政府信息，是指行政机关在履行职责过程中制作或者获取的，以一定形式记录、保存的信息”的规定，政府信息不仅包括行政机关制作的信息，同样包括行政机关从公民、法人或者其他组织获取的信息。因此，本案中行政机关在履行职责过程中获取的企业环境信息同样属于政府信息。本案行政机关决定不予公开的 23 号函和 50 号函，虽然文件形式表现为内部报告，但实质仍是行政管理职能的延伸，不属于内部管理信息。而后，法院应当审查申请公开的政府信息是否属于应当公开的范围。政府信息以公开为原则，不公开为例外。凡属于政府信息，如不存在法定不予公开的事由，均应予以公开。被告未能证明申请公开的信息存在法定不予公开的情形，简单以政府内部信息和企业环境信息为由答复不予公开，属于适用法律错误。2007 年《政府信息公开条例》第 14 条第 4 款规定：“行政机关不得公开涉及国家秘密、商业秘密、个人隐私的政府信息。但是，经权利人同意公开或者行政机关认为不公开可能对公共利益造成重大影响的涉及商业秘密、个人隐私的政府信息，可以予以公开。”经审查，若原告申请公开的 23 号函和 50 号函不涉及国家秘密、商业秘密、个人隐私，即属于应当公开政府信息的范围，被告不予公开属于适用法律错误。据此，法院判决撤销被告《政府信息部分公开告知书》中关于不予公开部分的第二项答复内容，限其依法予以公开。

### 6.3.2 对诉不履行基于先前行政行为的行政给付义务案件的审理

审理诉不履行基于先前行政行为的行政给付义务的案件，在实践中可能遇见两种情形：一是只起诉不履行行政给付义务的行为，未起诉先前行政行为；二是对先前行政行为与不履行行政给付义务的行为一并提起诉讼。由于起诉的对象有所不同，审理的方式亦有所不同。

对前一种情形的案件，因法院采取的是“不告不理的原则”，因此，法院对先前行政行为不能作出裁判，但它是行政给付义务的依据，对其合法性仍须进行审查。审查的标准是，按照非诉行政行为合法性的标准进行审查，即审查是否存在“重大明显违法”的问题。2018 年《解释》第 99 条规定：“有下列情形之一的，属于行政诉讼法第七十五条规定的‘重大且明显违法’：（一）行政行为实施主体不具有行政主体资格；（二）减损权利或者增加义务的行政行为没有法律规范依据；（三）行政行为的内容客观上不可能实施；（四）其他重大且明显违法的情形。”先前行政行为经审查，若存在“重大且明显违法”的问题，不能作为行政给付义务的依据，原告请求被告履行行政给付义务，法院不能予以支持。如果不存在“重大且明显违法”的问题，再审查被告行政机关不履行先前行政行为确定的给付义务是否已经完全履行。如果被告提供的证据足以证明其已经完全履行，即可认定原告所要求被告履行行政给付义务的诉讼请求不能成立，应当予以驳回。例如，原告认为被告作出的有关房屋补偿决定中，安置其两居室（80 平方米）一直没有兑现，起诉到法院，请求兑现安置住房。法院经审理认定先前作出的房屋征收补偿决定不存在“重大且明显违法”的问题，被告已安置其两居室，因原告认为房屋存在质量问题，要求换房，被告拒绝。被告所提供的证据证明被告给予原告安置的两居室房屋不存在质量问题。也就是说，被告已完全履行了房屋征收补偿决定所确定的行政给付义务，法院应当驳回原告诉讼请求。如果原告的理由成立，被告则未完成房屋征收补偿决定的义务，应当判决被告履行安置原告符合质量标准的两居室的义务。

对后一种情形的案件，因原告对先前行政行为与不履行行政给付义务的行为一并提起了行政诉讼，实际上是对两个诉的合并审理。先前行政行为是被告应否履行行政给付义务的前提条件，所以，法庭应当先审查先前行政行为的合法性，而后才能审查被告是否应当履行行政给付义务和履行行政给付义务是否到位。法庭对先前行政行为的合法性是全面审查，并且还要对先前行政行为的合法性作出裁判。审查的强度高于前一种情形对是否存在“重大且明显违法”问题的审查。正因为需要对先前行政行为的合法性进行审查并作出评判，因先前行政行为违法的情况不同，导致对被告是否应当履行行政给付义务亦有不同的影响。如果经审查，先前行政行为合法，也就意味着先前行政行为所确定的义务应当全面履行。此种情形，后一步只需审查被告是否履行行政给付义务，与前一种情形的审理方式完全相同。如果经审查，认定先前行政行为违法，需要进一步判断，先前行政行为违法的性质以及程度，是否影响到行政给付义务的成立。倘若先前行政行为因超越职权、主要证据不足、适用定性的法律错误等情形被撤销，则意味着行政给付义务的前提条件不成立，法庭应当驳回原告要求被告行政给付义务的请求。如果经审查后，认定先前行政行为程序轻微违法，但对原告权利不产生实际影响，判决确认先前行政行为违法，实际上保留了先前行政行为所确定的行政给付义务的效力。据此，下一步需要对被告是否履行了先前行政行为所确定的行政给付义务进行审查。如果经审查，发现改变了先前行政行为所确定的行政给付义务的内容的，下一步应当以法院所确定的行政给付义务的内容，来判断被告是否履行了行政给付义务，与法院所确定的行政给付义务的内容有多大差距，一般应当采取多退少补的原则。

### *6.3.3* 审理行政给付义务案件需要注意的问题

人民法院在审理行政给付义务案件时，应当需要注意以下几个问题：

#### *6.3.3.1* 判决采取补救措施的问题

法院经审查，先前行政行为依法应当撤销，但撤销会给国家利益、社会公共利益造成重大损害的，根据2014年《行政诉讼法》第74条第1款第（1）项和第76条的规定，应当判决确认违法，但不撤销行政行为，可以同时判决责令被告采取补救措施；给原告造成损失的，依法判决被告承担赔偿责任。例如，某县人民政府作出对某几个村的集体土地的征收决定，同时对某农民的宅基地上的房屋作出征收补偿决定。该农民对县政府作出的征收决定和补偿决定均不服，依法起诉至法院。请求撤销县政府作出的征收决定和补偿决定，赔偿由此造成的损失。法院经审查，某县人民政府在没有省级人民政府作出征用集体土地的批文的情况下，就作出征收集体土地的决定，超越了《土地管理法》规定的法定职权，征收决定和补偿决定均属于违法，依法应当予以撤销。但由于被征收人绝大部分都已搬迁并领取了相关的补偿款，相关工程已经开工建设，如果两个决定均被撤销，不利于当地的社会稳定，对国家将会造成巨大的经济损失。对此，法院应当根据2014年《行政诉讼法》第74条第1款第（1）项和第76条的规定判决确认违法，责令被告采取补救措施。此时，原告的合法权益涉及两块内容：一块是对其被征用的住宅的补偿问题；另一块是对其他合法财产造成损害的赔偿问题。虽然原告在诉讼请求中，没有提出要求被告履行行政给付义务的请求，为了彻底解决纠纷，避免循环诉讼，法院应当将补偿与赔偿一并算清，在确认违法的前提下，判决中应当写明被告有关补偿和赔偿的数额以及履行支付补偿和赔偿款的期限的内容。

#### *6. 3. 3. 2*　行政给付对象错误的问题

法院在审理涉及行政给付义务的案件中，发现先前行政行为确定的行政给付的对象正确，但行政给付行为的对象错误。对此问题，在审判中存在两种不同认识：有人认为，法院应当驳回原告起诉，告知其通过民事诉讼起诉得利者，请求得利者返还不当得利。也有人认为，法院应当通知得利者作为第三人参加诉讼。倘若行政给付行为对象错误，法院应当判决确定行政给付行为违法，判令第三人返还行政给付的金钱、物品等。笔者同意后一种观点。理由是，行政给付通常是先前行政行为确定对象后，行政机关将一定数量的金钱、物质等，给付给行政相对人。行政给付行为本身未确定行政相对人的权利义务关系，只是行政机关给付时将给付对象弄错，因此，不存在撤销的问题。确认行政给付对象错误，应按照先前行政行为所确定的行政给付对象执行。为了减少诉累，彻底解决行政纠纷，法院应直接判令第三人将行政给付的款物返还给原告。

#### *6. 3. 3. 3*　默示不履行行政给付义务的案件审理的问题

对于诉对申请人的申请不予答复（含未给予实质性答复）的案件，因其与不履行法定职责案件的性质基本相同，仅仅一个是履行给付义务，另一个是履行法定职责，因此，在审理的方式和举证责任等方面基本相同。可参照默示的不履行法定职责的案件进行审理。

## 6.4 对行政协议案件的审理

2014 年《行政诉讼法》第 12 条规定，人民法院受理公民、法人或者其他组织认为行政机关不依法履行、未按照约定履行或者违法变更、解除政府特许经营协议、土地房屋征收补偿协议等协议提起的诉讼。也就是说，行政机关作出的有关行政协议的行为，属于行政诉讼的受案范围。行政协议又称行政合同、行政契约，是指行政机关为实现公共利益或者行政管理目标，与相对人经过协商一致订立的具有行政法上权利义务内容的协议。行政机关作出的行政协议行为中涉及行政给付义务的较多，但也存在不涉及此类行政行为的行为。因行政协议是从民事合同演变而来，不少法官仍习惯用审理民事合同争议的思维审理行政协议行为，时常偏离了审理行政案件的方向，故在此专门设一节重点谈谈审理行政协议案件与审理民事合同案件的区别。

### *6.4.1* 行政协议与民事合同的辨别

两者之间主要有两点不同：一是行政协议双方的当事人处于不完全平等的法律地位。签订合同的行政机关一方，在行政协议中享有行政优益权。所谓“行政优益权”，是指行政协议履行过程中，为了实现公共利益需要，行政机关一方享有对协议履行的监督权、指挥权、单方变更权和解除权。因此说，在行政协议中行政机关处于主导地位，公民、法人或者其他组织处于相对的从属地位。而签订民事合同的双方当事人的法律地位是完全平等的，一方不得将自己的意志强加给另一方。二是签订协议的目的不同。行政协议是为了实现公共利益或者行政管理目标；而民事合同是自然人、法人或者其他组织之间设立、变更、终止民事权利义务关系的协议。辨别行政协议与民事合同，也正是从这两点不同上进行判断。行政机关所签订的协议从目的上可以分为两类：一类属于行政协议。即行政机关处于主导地位，基于实现公共利益或者行政管理目标，与公民、法人或者其他组织签订的协议。行政相对人及其利害关系人对此类协议所引起的行政机关作出的行为不服而提起诉讼的，属于行政诉讼的受案范围。另一类属于民事合同。即行政机关与公民、法人或者其他组织完全处于平等主体的地位，不是基于实现公共利益或者行政管理目标，而是他们之间设立、变更、终止民事权利义务关系的协议。由此而产生的纠纷，则不属于行政诉讼的受案范围，合同任何一方都可以向法院提起民事诉讼。例如，行政机关与物业公司签订的物业管理合同就属于民事合同，由此发生的纠纷，行政机关或者物业公司均可以提起民事诉讼。

### *6.4.2*　审理行政协议的对象和范围

人民法院审理民事合同纠纷案件，是查清合同当事人之间所发生的设立、变更、终止民事权利义务关系的争议事实。当事人诉讼请求中未提到的问题，人民法院不予以审查。在查清事实的基础上，依据民事法律规范作出判决。在行政协议中，行政机关享有行政优益权，处于主导地位，可以单方面签订、变更、撤销行政协议或者拒绝履行协议。正因为行政相对人及其利害关系人处于相对从属地位，为充分保护他们的合法权益，《行政诉讼法》规定，他们对行政机关签订协议、不履行协议、变更或者解除协议等行为不服，可以依法提起行政诉讼。因此，在审查对象和范围方面与民事合同有明显的不同。对于行政协议案件，人民法院审查的对象是行政机关签订协议、不履行协议、变更或者解除协议等行为。需要对行政机关是否具有签订、变更、撤销、终止等行政协议行为的主体资格，作出的程序是否符合法定程序，适用法律规范是否正确，有无滥用职权、明显不当等问题进行审查。对涉及不履行法定职责或义务问题的案件，还要审查是否履行了法律职责或义务。人民法院对被诉行政行为的合法性是全面审查，不受诉讼请求的限制，被诉行政协议及其行为的合法性的举证责任仍由被告行政机关承担。这一点也是与审理民事合同案件的一大差别。

一般情况下，被诉的签订协议、不履行协议、变更或者解除协议等行为的依据是行政协议，因此，人民法院在审理此类案件时，要审查被诉行政行为与行政协议之间的关系，即行为是依据行政协议的约定作出，还是依据相关法律规范作出。如果是依据行政协议作出的，要审查被诉行政行为是否符合协议的约定；同时也要审查行政协议是否符合相关法律规范的规定。如果不是依据行政协议作出的，审查被诉行政行为是否符合相关法律规范的规定。换言之，法院审查的对象是被诉的签订、变更、解除或者不履行协议等行为，判断其是否合法同时亦须审查协议本身的合法性。如果依据协议约定的条款违法，依据协议约定条款作出的行为就属于违法；如果依据协议约定的条款合法，被诉行为不符合约定条款，则被诉行为亦属于违法。

### *6.4.3* 行政协议与民事合同有效的条件并不完全相同

合同的各方当事人通过协商一致所签订的民事协议，只要不违反法律禁止性规定或者特别规定要求的，就具有法律效力。行政协议各方当事人协商后达成一致，是该协议具有法律效力的前提条件。但是，作为行政机关一方，尽管在协商中与对方当事人达成一致，但还须符合法律、法规及规章的授权，如果超出了法律、法规及规章的授权，按照行政法中的越权无效的理论，其签订的行政协议仍不具有法律效力。

对此种观点，有人提出异议。理由是，行政机关应当遵守诚实信用原则，因此，行政机关对与公民、法人或者其他组织协商一致签订的协议必须遵守，否则，行政机关就违背了诚实信用原则。

笔者认为，行政机关必须遵守诚实信用原则。但行政协议与民事合同在此问题上有两点不同：一是民事合同的各方当事人对其财产均具有自由处分的权利；行政机关一方签订行政协议涉及的钱或物是国家的，其只是受国家委托以出资人的身份与公民、法人或者其他组织签订行政协议，其法律地位为受委托人。因此，行政机关一方超出法律、法规及规章的授权所签订的行政协议，按照行政法中的越权无效理论，属于无效协议。二是民事合同是各方独立的民事主体之间所签订的协议，该协议仅在合同的各方当事人之间具有约束力，不会影响到其他人的合法权益。行政协议表面上是行政机关与单个的公民、法人或者其他组织签订的协议，只对协议各方当事人具有法律效力，似乎与其他人无关。实际上，行政机关为了实现公共利益、行政管理目标往往分别与若干个公民、法人或者其他组织签订大量的相类似的行政协议。因此，涉及较多人的合法权益。

行政机关超出法律、法规及规章的授权签订的行政协议有两种情形：一种是行政机关的工作人员与行政相对人恶意串通，骗取国家的钱财或者某种利益。对此种情形，不承认行政协议的效力，无论是民法学界，还是行政法学界均无异议。例如，某公司在征收前两年，从法院拍卖中以每平方米 680 元的价格购得 10000 多平方米的建筑。行政征收过程中，该公司与征收部门在未进行评估的情况下，以每平方米 10000 元的标准，签订了征收补偿协议。协议生效后，行政机关迟迟不履行。行政相对人诉至法院。在此类诉讼中，行政机关工作人员与行政相对人有恶意串通，但为了掩盖真相，达到骗取国家财产的目的，往往行政相对人提起诉讼，在诉讼中，法院调解再次达成协议就将黑钱洗白。人民法院在审理此类案件中，各方当事人均不会向法院提供恶意串通的证据。有些法院为了结案，只要双方达成协议，不经审查，就确认再次达成的协议有效，裁定准许撤诉。倘若法院没有认真审查，就有可能为行政机关工作人员与行政相对人之间的违法犯罪行为背书。因此，人民法院在审查行政协议时，发现大幅度超过法定标准的，就不应承认其法律效力。另一种是因达不成协议，行政管理将会进入困境，为了解决个别人的问题，行政机关超出了法律、法规及规章的授权，以大幅度高过国家规定的标准与个别人达成协议。例如，拆迁工作进入尾声，个别钉子户拒绝搬迁，为完成任务，行政机关按照钉子户提出的高出国家补偿标准 10 倍的补偿数额与拆迁户签订了搬迁补偿协议。如果法院承认该协议的法律效力，则满足了钉子户的贪欲，但是，对其他早先按照国家补助标准签订征收补偿协议的人来说，是极不公平的，也是对更多的人的一种失信。解决了一个案件，有可能引发更多的已签订了房屋征收补偿协议的人起诉或者上访，使问题更加复杂化。这种处理方式与公平正义相悖，有违行政机关的诚实信用原则，同时更不利于社会的稳定。因此，此类案件诉到法院，法院不能承认此类协议的法律效力。

### 6.4.4 行政协议与民事合同适用法律的区别

民事合同是平等主体之间就民事问题签订的协议，因此，法院在审理有关民事合同争议的案件时，适用《合同法》等相关的民事法律规范。行政协议虽是从民事合同中演变而来，但是签订的目的是为了公共利益或者行政管理目标。仅仅是行政机关通过协议的方式来实现行政管理。因此，我国法律、法规及规章中一般对有关实现公共利益或者行政管理目标方面的问题作出规定。例如，国务院颁布的《城镇国有土地使用权出让和转让暂行条例》《国有土地上房屋征收与补偿条例》等，对有关签订国有土地使用权出让和转让、房屋征收补偿等的协议作出了具体的规定。正因为行政协议是行政管理的一种方式，我国的法律、法规及规章中多有这方面的具体规定。因此，法院审理诉行政协议行为的案件，原则上应当适用行政法律规范，只有在行政法律规范没有明确规定的情况下，才参照民事法律规范。例如，芜湖市人民政府在招标采购中发现中铁上海工程局集团有限公司弄虚作假，违反招投标诚信制度，依据《投标诚信保证合同》的约定，决定不予返还中铁上海工程局集团有限公司诚信保证金600万元。《招标投标法》第54条规定："投标人以他人名义投标或者以其他方式弄虚作假，骗取中标的，中标无效，给招标人造成损失的，依法承担赔偿责任；构成犯罪的，依法追究刑事责任。依法必须进行招标的项目的投标人有前款所列行为尚未构成犯罪的，处中标项目金额千分之五以上千分之十以下的罚款，对单位直接负责的主管人员和其他直接责任人员处单位罚款数额百分之五以上百分之十以下的罚款；有违法所得的，并处没收违法所得；情节严重的，取消其一年至三年内参加依法必须进行招标的项目的投标资格并予以公告，直至由工商行政管理机关吊销营业执照。"此案争议的行为属于行政协议行为，根据该条的规定，芜湖市人民政府对在招标采购中弄虚作假，尚不构成犯罪的行为，应当给予投标人中铁上海工程局集团有限公司、该单位直接负责的主管人员和其他直接责任人员罚款处罚等行政处罚。芜湖市人民政府与中铁上海工程局集团有限公司签订的《投标诚信保证合同》中约定，若发现投标人弄虚作假的，芜湖市人民政府不返还600万元投标诚信保证金。该约定的此项内容，违反了《招标投标法》第54条的规定。据此，法院判决撤销芜湖市人民政府作出的不予返还中铁上海工程局集团有限公司600万元投标诚信保证金行为，并责令芜湖市人民政府依法重新处理。

### 6.4.5 行政优益权的适用条件

行政优益权在行政协议中主要表现为行政机关享有单方面变更、撤销、解除、终止行政协议的权力。但行政优益权的适用必须具有以下条件：

第一，法律、法规明确规定，发生某种情况，行政机关签约后发现行政协议不符合或者部分不符合法定条件的，可以对行政协议行使行政优益权。例如，某市国土资源局认定，某公司超过土地使用权出让合同约定的动工日期满2年未动工开发，根据《城市房地产管理法》第26条[①]的规定，决定无偿收回土地使用权。法院在审查此类行政行为的合法性时要注意以下问题：一是要确认行政机关享有行政优益权的法律规范规定的条文及具体条件。二是审查行政机关认定的事实是否达到证明标准。若未达到证明标准，应以主要证据不足予以撤销；若达到证明标准，可以继续进行下一步的审理。三是审查行政机关认定的事实与相关法律规范规定的条件是否相符。四是审查有无其他客观原因影响行政相对人达不到法定条件的因素存在。综合上述情况，才能确定行政机关行使行政优益权是否合法。此外，行政机关签约后发现行政协议不符合或者部分不符合法定条件的，可以单方面变更、撤销、解除、终止行政协议。对此类被诉行政行为的审查，可以参照上述方式进行。

第二，行政相对人采取欺诈、恶意串通等违法手段签订行政

① 《城市房地产管理法》第26条规定："以出让方式取得土地使用权进行房地产开发的，必须按照土地使用权出让合同约定的土地用途、动工开发期限开发土地。超过出让合同约定的动工开发日期满一年未动工开发的，可以征收相当于土地使用权出让金百分之二十以下的土地闲置费；满二年未动工开发的，可以无偿收回土地使用权；但是，因不可抗力或者政府、政府有关部门的行为或者动工开发必需的前期工作造成动工开发迟延的除外。"

协议后被发现，行政机关有权对行政协议行使行政优益权。《合同法》第52条规定："有下列情形之一的，合同无效：（一）一方以欺诈、胁迫的手段订立合同，损害国家利益；（二）恶意串通，损害国家、集体或者第三人利益；（三）以合法形式掩盖非法目的；（四）损害社会公共利益；（五）违反法律、行政法规的强制性规定。"如果相关的行政法律中对该条中规定的上述情况没有作出具体规定的，法院在审理此类案件中，可以参照该条的规定，判断行政机关单方面作出的变更、撤销、解除、终止行政协议的行为是否合法。

第三，因情势变更，为了公共利益，行政机关对行政协议行使行政优益权。法院在审理这类被诉行政协议行为时，首先，应当确认情势变更是否客观存在。如果客观不存在情势变更，该被诉行政协议行为使用行政优益权的条件就不存在，该行为必然是错误的，即可认定为违法。如果存在，才有必要进入下一步的审理。所谓"情势"，是指作为行政协议行为基础或环境的一切客观事实。它包括政治、经济、法律及商业上的种种客观状况，如国家政策、行政措施、现行法律规范的规定、物价、币值、国内和国际市场运行状况等。所谓"变更"，乃指这种情势在客观上发生异常变动。这种变更可以是法律规范的修改、国家政策的变动、通货膨胀、币值贬值等；也可以是非经济因素的变动，如战争所导致的封锁、禁运等。该事实是否构成情势变更，应以是否导致行政协议成立的基础丧失，是否导致当事人目的不能实现，以及是否造成对价关系障碍为判断标准。而后，应当审查是否为了公共利益时。在判断是否为了公共利益时，必须要进行利益衡量。一般从以下几个方面进行利益衡量：一是行使行政优益权是否是维护公共利益所必需。行使行政优益权是维护公共利益所必需的措施，是其合法的前提条件，缺少这一前提条件则属于违法。二是行政机关为公共利益行使行政优益权所采取的措施，无其他更好的方式可替代。如果有更好的方式替代，其合法性就会发生动摇。三是采取行政优益权的措施带来的公共利益应大于给相对方当事人的利益所造成的损害，反之则属于违法。四是是否变更了与公共利益无关的条款。行政协议中所约定的条款很多，有些条款因情势变更，影响到公共利益，有些对公共利益没有任何影响。行政机关只能变更影响到公共利益的条款，对公共利益没有影响的条款不得变更。五是行政机关行使行政优益权给对方当事人造成的经济损失应给予适当的补偿，但此补偿不应超过契约继续存在情况下相对方预期可获得的利益。

这里需要说明三个问题：（1）由于行政机关行使行政优益权，由此使行政协议变更、撤销、解除、终止等，产生相对方的公民、法人或者其他组织诉行政机关不履行行政协议义务的诉讼。如果公民、法人或者其他组织同时诉行政机关行使行政优益权和不履行行政协议义务两个行为的，应当对这两个行政行为的合法性均进行全面审查；如果只诉不履行行政协议义务行为的，应对行政机关行使行政优益权行为有无重大明显违法进行审查，对不履行行政协议义务行为的合法性全面审查。（2）行政机关行使行政优益权的行为违法，应当撤销的，因协议而产生的义务，并不一定必须给付，还应审查行政协议所确定的义务是否合法。如果合法的，应当判决行政给付义务；如果不合法，还应根据具体情况予以判决。（3）法院的民事判决方式有驳回诉讼请求，判决无效、部分无效或判决履行民事合同约定的义务。对于行政协议的签订、变更、撤销、终止等行为，认定为合法的，虽也判决驳回诉讼请求，但不是针对行政协议，而是针对签订等行为。认定这些行为违法的，一般撤销这些行为或宣告无效。不宜撤销的，应判决确认违法，让被告采取补救措施。

# 第 7 章

# 对行政行为的判决

人民法院审查被诉行政行为后，应当对被诉行政行为的合法性作出确认。因合法与违法行政行为不同，应作出不同的判决。行政行为的违法程度不同，法律后果不同，行政判决方式亦有不同。下面分别就不同行政行为应适用何种判决形式作出论证。

## 7.1 驳回诉讼请求判决的适用

### *7.1.1* 驳回诉讼请求判决

1989 年《行政诉讼法》第 54 条第（1）项规定："具体行政行为证据确凿，适用法律、法规正确，符合法定程序的，判决维持。"对维持判决学术界和实务界均有不同意见，主要有以下两种观点：

一是主张废除维持判决，以驳回原告诉讼请求判决代替维持判决。主要理由是：第一，维持判决是中国特色的判决形式，比照域外亦属仅见。第二，维持判决并不能起到支持行政机关依法行政的作用。因为根据行政法的一般原理，有效的行政行为一经作出，在被有权机关撤销或者变更之前，应当一直视为有效而有约束力。法院判决维持一个有效的具有约束力的行政行为实属没有必要。第三，从行政法理论上讲，维持判决的实质效果基本上相同于驳回诉讼请求判决，唯一不同的是，经法院判决维持的行政行为，行政机关不能轻易变更。这不是维持判决的优点，而是其缺点。第四，维持判决限制了行政机关根据条件的变化和行政管理的需要作出应变的主动性，使法院和行政机关处于尴尬的境地，容易导致法院裁判反复无常。第五，维持判决与驳回原告诉讼请求判决针对的对象不一致，维持判决针对行政行为的合法性，驳回原告诉讼请求的判决针对原告的诉讼请求和理由，两者有本质的区别。[①] 有观点认为，正是由于维持判决存在不合理性，所以，大陆法系国家都没有设定维持判决。[②]

二是主张保留维持判决。主要理由是：第一，维持判决与行政诉讼法基本原则相适应，而驳回诉讼请求判决不符合行政诉讼法基本原则。第二，维持判决与“被告承担举证责任”密切相关，驳回原告诉讼请求判决有悖这一举证规则，由此导致实践中发生适用上的变形。第三，驳回原告诉讼请求判决在实践中也并不需要。是否驳回原告诉讼请求是合法性审查的隐含内容，人民法院判决维持被诉行政行为已经隐含着判决驳回原告诉讼请求的内容。[③]

2014 年《行政诉讼法》原则上采纳了第一种观点。该法第 69 条规定：“行政行为证据确凿，适用法律、法规正确，符合法定程序的，或者原告申请被告履行法定职责或者给付义务理由不成立的，人民法院判决驳回原告的诉讼请求。”

### *7.1.2*　适用驳回诉讼请求判决需要注意的问题

需要注意的是，2014 年《行政诉讼法》第 69 条与 1989 年《行政诉讼法》第 54 条第（1）项规定的驳回诉讼请求与维持的

---

① 参见甘雯：《行政诉讼法司法解释之评论》，中国法制出版社 2000 年版，第 159~160 页。当然，也有一些学者不同意两者的区分，认为维持判决就是“肯定原行政决定的合法，也是驳回原告的诉讼请求，故可称为‘驳回判决’”。参见陈新民：《中国行政法学原理》，中国政法大学出版社 2002 年版，第 324 页。

② 参见马怀德主编：《行政诉讼原理》，法律出版社 2003 年版，第 431 页。

③ 参见梁凤云：《新行政诉讼法讲义》，人民法院出版社 2015 年版，第 414~415 页。

条件基本相同。2000 年《解释》第 56 条规定："有下列情形之一的，人民法院应当判决驳回原告的诉讼请求：（一）起诉被告不作为理由不能成立的；（二）被诉具体行政行为合法但存在合理性问题的；（三）被诉具体行政行为合法，但因法律、政策变化需要变更或者废止的；（四）其他应当判决驳回诉讼请求的情形。"除该条第（1）项规定的"起诉被告不作为理由不能成立的"可以驳回诉讼请求，与 2014 年《行政诉讼法》第 69 条规定的"原告申请被告履行法定职责或者给付义务理由不成立的"，判决驳回原告的诉讼请求基本相同外，其他三项与第 69 条的规定不尽相同。因此，有以下三个问题需要说明：第一，2014 年《行政诉讼法》第 70 条第（6）项规定，行政行为"明显不当的"，也可判决撤销。也就是说，2000 年《解释》第 56 条第（2）项规定可以驳回诉讼请求的条件与 2014 年《行政诉讼法》第 70 条第（6）项规定可以判决撤销的条件基本相同，故遇到存在不合理问题的，应当适用 2014 年《行政诉讼法》第 70 条第（6）项的规定。第二，符合 2014 年《行政诉讼法》第 69 条规定驳回诉讼请求的条件，故应适用第 69 条驳回诉讼请求的判决形式。但在执行上，应根据具体情况酌情对待。如果由于法律的变化，原认定违法的，新法不认为违法的，也就是说，此种行为不具有社会危害性，原则上不再执行。第三，2000 年《解释》第 56 条第（4）项的规定，在我国现行法律、法规中未出现过相关规定，故无必要列出。总之，在司法实践中，要严格依照 2014 年《行政诉讼法》第 69 条的规定适用驳回诉讼请求判决。

## 7.2　撤销、确认违法、变更判决的适用

### *7.2.1*　撤销判决的适用

1989 年《行政诉讼法》第 54 条第（2）项规定："（二）具体行政行为有下列情形之一的，判决撤销或者部分撤销，并可以判决被告重新作出具体行政行为：1. 主要证据不足的；2. 适用法律、法规错误的；3. 违反法定程序的；4. 超越职权的；5. 滥用职权的。" 2014 年《行政诉讼法》第 70 条有关撤销判决的规定与前者基本相同，只是增加了一项内容"明显不当的"，也可判决撤销。①

需要注意的是，根据 2014 年《行政诉讼法》第 71 条的规定，人民法院判决被告重新作出行政行为的，被告不得以同一的事实和理由作出与原行政行为基本相同的行政行为。人民法院判决被告重新作出行政行为，被告重新作出的行政行为与原行政行为的结果相同，但主要事实或者主要理由有改变的，不属于《行政诉讼法》第 71 条规定的情形。人民法院以违反法定程序为由，判决撤销被诉行政行为的，行政机关重新作出行政行为不受 2014 年《行政诉讼法》第 71 条规定的限制。

### *7.2.2*　确认违法判决的适用

1989 年《行政诉讼法》中没有确认违法或无效的判决方式，但在审判实践中存在被诉行政行为违法，但不宜撤销的情形。为解决这一问题，2000 年《解释》第 50 条第 3 款规定：

---

① 对于滥用职权与明显不当的区别以及对两者如何区分的方法在本书第 5 章有详细的论述，在此不再赘述。

"被告改变原具体行政行为，原告不撤诉，人民法院经审查认为原具体行政行为违法的，应当作出确认其违法的判决；认为原具体行政行为合法的，应当判决驳回原告的诉讼请求。"第57条第2款规定："有下列情形之一的，人民法院应当作出确认被诉具体行政行为违法或者无效的判决：（一）被告不履行法定职责，但判决责令其履行法定职责已无实际意义的；（二）被诉具体行政行为违法，但不具有可撤销内容的；（三）被诉具体行政行为依法不成立或者无效的。"第58条规定："被诉具体行政行为违法，但撤销该具体行政行为将会给国家利益或者公共利益造成重大损失的，人民法院应当作出确认被诉具体行政行为违法的判决，并责令被诉行政机关采取相应的补救措施；造成损害的，依法判决承担赔偿责任。"第59条规定："根据行政诉讼法第五十四条第（二）项规定判决撤销违法的被诉具体行政行为，将会给国家利益、公共利益或者他人合法权益造成损失的，人民法院在判决撤销的同时，可以分别采取以下方式处理：（一）判决被告重新作出具体行政行为；（二）责令被诉行政机关采取相应的补救措施；（三）向被告和有关机关提出司法建议；（四）发现违法犯罪行为的，建议有权机关依法处理。"

2014年《行政诉讼法》基本上吸收了上述司法解释的相关规定，其第74条规定："行政行为有下列情形之一的，人民法院判决确认违法，但不撤销行政行为：（一）行政行为依法应当撤销，但撤销会给国家利益、社会公共利益造成重大损害的；（二）行政行为程序轻微违法，但对原告权利不产生实际影响的。行政行为有下列情形之一，不需要撤销或者判决履行的，人民法院判决确认违法：（一）行政行为违法，但不具有可撤销内容的；（二）被告改变原违法行政行为，原告仍要求确认原行政行为违法的；（三）被告不履行或者拖延履行法定职责，判决履行没有意义的。"第76条规定："人民法院判决确认违法或者无效的，可以同时判决责令被告采取补救措施；给原告造成损失的，依法判决被告承担赔偿责任。”

这里需要注意以下三个问题：

（1）《最高人民法院关于审理政府信息公开行政案件若干问题的规定》(法释〔2011〕17号）第12条第（2）项规定，“申请公开的政府信息已经向公众公开，被告已经告知申请人获取该政府信息的方式和途径的”，人民法院应当判决驳回原告的诉讼请求。此项有两种情形：一种是在诉讼前，被告已向公众公开或已告知原告，此种情形可以判决驳回诉讼请求；另一种是被告在诉讼中向公众公开或告知原告的，此种情形应当适用确认违法判决，而不能适用驳回诉讼请求判决。因此，上述司法解释第12条第（2）项只能理解为前一种情形。

（2）《最高人民法院关于审理工伤保险行政案件若干问题的规定》(法释〔2014〕9号）第9条第2款规定：“工伤认定依法更正后，原告不申请撤诉，社会保险行政部门在作出原工伤认定时有过错的，人民法院应当判决确认违法；社会保险行政部门无过错的，人民法院可以驳回原告诉讼请求。”该条中“社会保险行政部门无过错的，人民法院可以驳回原告诉讼请求”存在以下问题：一是原行政行为合法，不应当改变被诉行政行为，此种情况可以驳回诉讼请求，但是，法院不应允许原告撤诉；二是在行政处理阶段，原告、第三人及行政机关均未取得相关证据，在行政诉讼中，原告或第三人取得了新证据，从而被告改变原行政行为，从主观上看，被告无过错，但从客观上看，被告所作的行政行为认定事实错误，导致结果错误，故还应确认违法。综上，建议对以上规定予以修改。

（3）2014年《行政诉讼法》第74条第1款第（2）项中“程序轻微违法”是指行政机关违反法定程序不会对原告依法享有的听证、陈述、申辩等重要程序性权利产生实质损害。其表现形式有：处理期限轻微违法，通知、送达等程序轻微违法，其他程序轻微违法的情形。如果对原告依法享有的听证、陈述、申辩等重要程序性权利产生实质损害的，就不能认定为程序轻微违法，一般不适用确认违法判决，而应适用撤销判决。

### *7.2.3* 变更判决的适用

制定1989年《行政诉讼法》时，关于法院有无判决变更权的问题争论较大。一种意见认为，法院不应有变更权。理由如下：法院审理行政案件主要是对行政机关的行政行为是否合法进行审查。行政机关在法律、法规规定范围内作出的行政行为是否适当，应由行政复议机关处理，法院不能代替行政机关作出决定。另一种意见认为，法院应当有变更权。理由如下：第一，法院享有变更权，能够及时纠正行政机关的错误，有利于保护公民、法人或者其他组织的合法权益；第二，可以减少当事人的诉累，提高审判效率和行政效率；第三，节约审判和行政开支。1989年《行政诉讼法》采取了折中方案，其第54条第（4）项规定："行政处罚显失公正的，可以判决变更。"根据该条的规定，变更判决必须同时具备以下条件：一是判决对象必须是行政处罚；二是存在显失公正的问题。为了完善有限变更权的规定，2000年《解释》第55条规定："人民法院审理行政案件不得加重对原告的处罚，但利害关系人同为原告的除外。人民法院审理行政案件不得对行政机关未予处罚的人直接给予行政处罚。"

在2014年《行政诉讼法》起草过程中，要求扩大法院变更权的呼声较高，2014年《行政诉讼法》适当地扩大了司法变更权，吸收了司法解释中的相关规定，其第77条规定："行政处罚明显不当，或者其他行政行为涉及对款额的确定、认定确有错误的，人民法院可以判决变更。人民法院判决变更，不得加重原告的义务或者减损原告的权益。但利害关系人同为原告，且诉讼请求相反的除外。”

适用该条需要注意以下问题：

一是司法变更权虽然扩大，但仅仅是有限扩大，并不是对所有的行政行为都可以变更，仅限于行政处罚明显不当和其他行政行为涉及对款额的确定、认定确有错误的情形。

二是增加了“不得加重原告的义务或者减损原告的权益”的条件。2000 年《解释》规定利害关系人同为原告的，可以加重；新法规定需要同时具备利害关系人同为原告，且诉讼请求相反两个条件的，才能加重处罚或增加义务。

### *7.2.4*　关于适用撤销、确认违法、变更判决的问题

#### *7.2.4.1*　超越职权的撤销或确认违法判决的适用

2014 年《行政诉讼法》第 70 条第（4）项规定，被诉行政行为超越职权的，人民法院判决撤销或者部分撤销，并可以判决被告重新作出行政行为。因此，在一般情况下，法院经审理认定被诉行政行为超越职权的，应当判决撤销。如果发现被诉行政行为中部分超越职权，部分未超越职权，未超越职权部分是合法的，人民法院可以部分撤销，驳回原告的部分诉讼请求。由于被告超越职权，即无权作出被诉行政行为，故不存在撤销后，判决被告重新作出行政行为的情形。但需要注意以下几个问题：

（1）须注意 2014 年《行政诉讼法》第 76 条的规定。为了避免因行政行为违法给国家利益、社会公共利益造成重大损害，2014 年《行政诉讼法》第 74 条第 1 款第（1）项规定，行政行为依法应当撤销，但撤销会给国家利益、社会公共利益造成重大损害的，人民法院判决确认违法，但不撤销行政行为。第 76

条接着又规定："人民法院判决确认违法或者无效的，可以同时判决责令被告采取补救措施；给原告造成损失的，依法判决被告承担赔偿责任。"因此，法官在审理行政案件中，认定被诉行政行为超越职权，虽然可以判决撤销或者部分撤销，但是需要进行利益衡量，也就是看，撤销被诉行政行为，是否会给国家利益、社会公共利益造成重大损失。如果可能造成重大损失，应当判决确认违法，可以同时判决被告采取补救措施，若给原告合法权益造成损失的，应当判决被告赔偿。这里的"重大损失"，不仅仅包括经济损失，还包括政治、社会稳定等方面的损失。此问题一般发生在重大工程中的土地、房屋征收案件中。例如，国务院或省级人民政府未批准征收集体土地的情况下，市、县人民政府作出征收集体土地的决定。少数被征收人不服起诉到人民法院，法院在作出行政判决书前，征收范围内的绝大部分被征收人已搬迁补偿完毕，如果撤销该征收决定，无法回复原状，同时有可能引起已搬迁被征收人大规模的起诉、上访，影响社会的稳定。对此种情形，应当判决确认违法，并判决被告采取措施补齐相关征地手续，如果存在补偿不到位的，同时对对补偿裁决或者补偿协议提起诉讼的被征收人，判决被告补齐应当补偿被征收人的款额。

（2）须注意 2014 年《行政诉讼法》第 75 条的规定。2014 年《行政诉讼法》第 75 条规定："行政行为有实施主体不具有行政主体资格或者没有依据等重大且明显违法情形，原告申请确认行政行为无效的，人民法院判决确认无效。"该条中的"实施主体不具有行政主体资格"，是指法律、法规及规章没有授权的行政机关内部机构、派出机构或者其他组织以自己的名义作出行政行为。此类行政行为亦属超越职权的一种，法院应当判决确认无效，不宜判决撤销。该条中的"行政行为没有依据"，是指行政主体作出行政行为时，没有法律、法规、规章等规范性文件的依据。主要分为两种情况：①行政行为无任何依据，即行政机关作出行政行为时，已达到恣意妄为的程度。在涉及超越职权问题中主要是无任何职权管辖的依据。②行政行为虽有规章以下的规范性文件的依据，但是该规范性文件与上位法直接、明显抵触，亦应视为无依据。在涉及超越职权问题中的主要表现形式是，行政行为所依据的规章以下的规范性文件所授予该行政主体的职权，法律、法规及规章明确授予了其他行政主体，排除了该行政主体的管辖权。法院认定行政主体作出的行政行为，无任何职权管辖依据或者所依据的规章以下的规范性文件与上位法直接、明显抵触的，亦应判决确认无效。

（3）须注意 2014 年《行政诉讼法》第 74 条第 2 款第（1）项的规定。2014 年《行政诉讼法》第 74 条第 2 款第（1）项规定，行政行为违法，但不具有可撤销内容的，不需要撤销或者判决履行的，人民法院判决确认违法。法院在审理行政案件中，认定被诉行政行为超越职权有两种情形要适用该条的规定：一是没有行政管辖职权的行政机关作出的行政行为未确定行政相对人的权利义务关系，且给其合法权益造成损害。例如，行政机关未作出行政决定，强行将原告的房屋拆毁。因该行为未确定原告的权利义务关系，故不存在撤销的条件，对此种情形，应当判决确认违法或者无效。二是法院在审理诉颁发结婚登记案件时，认定登记机关超越地域管辖权为原告与第三人颁发结婚证，且原告与第三人结婚符合结婚的实质要件。登记机关的登记是婚姻确认行为，其确认的婚姻登记是申请人的真实意思表示，符合结婚条件，故不宜撤销，判决确认违法为宜。

（4）不确定权利义务的行政行为的判决方式适用。被诉行政强制措施、不作为行为、事实行为等不确定行政相对人权利义务的行政行为，经审查确认违法的，因其没有确认行政相对人的权利义务关系，不具有可撤销的内容，应当根据 2014 年

《行政诉讼法》第 74 条第 2 款第（1）项的规定，判决确认违法。

（5）已执行完毕的行政处罚的判决方式适用。被处罚人起诉行政处罚决定或者具有处罚性质的行政强制措施，如收容教养、收容教育、强制戒毒等，依法应当判决撤销的，不能以已经执行为由，不予判决撤销而判决确认违法。因判决确认违法，客观上是保留行政处罚、具有处罚性质的行政强制措施的法律效力，不能彻底还被处罚人的清白。已经执行的，也是可以撤销的，被撤销的行政行为自始无效，只有这样才可以使其名誉得到彻底恢复。已经执行的，可通过行政赔偿予以解决。

（6）行政补偿协议不能作为履行协议的依据，但存在补偿问题的判决方式适用。因依据的行政补偿协议违反了相关法律规定，不能作为履行协议行为的依据，但仍存在补偿问题的，如何处理？如果有关征收补偿具体数额未完全查清，仍须对行政补偿协议作出处理后，履行相关补偿给付义务，故应当撤销拒绝履行补偿协议行为，判决被告就有关补偿事项重新作出处理后，依法履行补偿给付义务。如果有关征收补偿具体数额，通过审理已查清楚的，为减少诉讼当事人的诉累，判决撤销拒绝履行补偿协议行为，同时判决被告依据审理查清应当补偿的具体数额履行补偿给付义务。

#### *7.2.4.2* 违反法定程序的撤销或者确认违法判决的适用

1989 年《行政诉讼法》第 54 条第（2）项第 3 目规定，具体行政行为违反法定程序的，判决撤销或者部分撤销，并可以判决被告重新作出具体行政行为。当时的立法目的强调的是提高行政机关的程序意识，通过撤销一两个违反法定程序的行政行为，避免行政机关再犯类似的错误，从而树立起程序意识。但是，通过 20 多年的行政审判实践，发现行政主体作出的轻微违反法定程序的问题较多，一律撤销重作，浪费了行政和司法资源，同时很难作当事人服判息诉工作，不利于行政纠纷的彻底解决。因此，在树立程序意识的同时，为避免浪费行政和司法资源，及时解决行政纠纷，2014年《行政诉讼法》第70条的规定仍与1989年《行政诉讼法法》第54条第（2）项第3目的规定相同，但2014年《行政诉讼法》第74条第1款第（2）项增加规定，行政行为程序轻微违法，但对原告权利不产生实际影响的，人民法院判决确认违法，但不撤销行政行为。也就是说，行政行为存在轻微违法的，确认该行为违法，仍保留其效力。据此，在2014年《行政诉讼法》施行之后，法官在审查作出的被诉行政行为违反法定行政程序问题时，要对违反法定程序的严重性程度进行判断。凡是有可能影响到案件事实的认定和处理结果的情形，一般应当判决撤销或者部分撤销，并可以判决被告重新作出行政行为。作出的行政行为行政程序违法，对原告权利不产生实际影响的，则应判决确认违法，保留其法律效力。此外，法院经审查，行政主体作出被诉行政行为的程序严重违法，如果撤销已无实际意义的，应适用2014年《行政诉讼法》第74条第2款第（1）项，即行政行为违法，但不具有可撤销内容，不需要撤销或者判决履行的，人民法院应判决确认违法。例如，行政机关强制拆除建筑物的行为程序严重违法，但应强制拆除建筑物的行为，并未确定行政相对人的权利义务关系，不具有可撤销内容，亦不需要撤销或者判决履行，故应判决确认违法。无论作出被诉行政行为是轻微违法，还是严重违法，只要造成公民、法人或者其他组织合法权益损害的，被告行政主体均应承担相应的赔偿责任。

此外，对于违反法定程序的被诉行政行为，在审判中还须注意以下两个问题：（1）法院认定被告作出的被诉行政行为严重违反法定程序判决撤销并令其重新作出行政行为的，应当判决被告重新作出行政行为的期限。所确定的期限应当根据重新作出行政行为所需时间来确定，但不能长于法律、法规及规章规定处理此类问题的期限。（2）因行政程序是保障行政主体作出的行政行为实体问题的正确，原行政行为认定的事实和适用的法律及处理结果可能错误，但也存在可能正确的问题，所以，行政机关仅因程序违法被撤销后，重新作出的行政行为，不受2014年《行政诉讼法》第71条“人民法院判决被告重新作出行政行为的，被告不得以同一的事实和理由作出与原行政行为基本相同的行政行为”的规定的限制。

#### *7.2.4.3* 以主要证据不足判决撤销的能否重作

1989年《行政诉讼法》第54条第（2）项第1目和2014年《行政诉讼法》第70条第（1）项均规定，行政行为主要证据不足的，人民法院判决撤销或者部分撤销，并可以判决被告重新作出行政行为。因此，法院经审查认定被诉行政行为主要证据不足的，应当判决撤销。但有以下两个问题需要注意：

（1）撤销后，应否判决被告重作。行政行为主要证据不足，说明被告作出时未查清相关事实，不具备作出条件，是否需要重新作出难以判断，据此，以主要证据不足判决撤销被诉行政行为的，一般不宜判决被告重新作出行政行为。但涉及依申请的裁决或者拒绝履行法定职责的行政行为，因主要证据不足被撤销后，行政相对人申请裁决或许可的事项或者其职责是否需要履行未确定，因此，在这两类行政行为被撤销时，应当判决被告在一定期限内重新作出行政行为。

（2）判决撤销未判重作的，被告可否重新作出行政行为。法院判决撤销被诉行政行为，未判决被告重新作出行政行为，行政机关如果未取得新的证据，不得重新作出行政行为；如果取得新的证据，查清事实后，根据法律的规定需要作出行政行为的，可以重新作出行政行为。

#### *7.2.4.4*　适用法律、法规错误的撤销判决的适用

2014 年《行政诉讼法》第 70 条第（2）项规定，行政行为适用法律、法规错误的，人民法院判决撤销或者部分撤销，并可以判决被告重新作出行政行为。但以下两种情形不宜适用撤销判决：

（1）定性错误，但处理结果适当的，从提高诉讼效率，减少当事人诉累，彻底解决纠纷的角度考虑，可以判决确认违法，保留处理结果的效力。

（2）适用定性条款正确，但适用处理条款错误，或适用条款正确，但未适用必须适用的部分，这两类适用法律错误的行为，一般都是导致处理轻重或者权利义务多少、大小的问题，若是行政处罚明显不当或其他行政行为涉及对款额的确定、认定违法，可以考虑适用变更判决。除此之外，应当判决予以撤销。

#### *7.2.4.5*　滥用职权、明显不当的撤销判决的适用

2014 年《行政诉讼法》第 70 条第（5）项、第（6）项规定，行政行为滥用职权、明显不当的，人民法院判决撤销或者部分撤销，并可以判决被告重新作出行政行为。但如果滥用职权、明显不当属行政处罚明显不当或其他行政行为涉及对款额的确定、认定确有错误的，亦可以考虑适用变更判决。

## 7.3 履行职责、给付、无效等其他判决的适用

### *7.3.1* 履行职责、给付判决的适用

1989年《行政诉讼法》第54条第（3）项规定："被告不履行或者拖延履行法定职责的，判决其在一定期限内履行。"该条只规定了履行判决，未规定给付判决。在审判实践中，大量存在着行政机关也应当履行给付义务，而不履行的问题。2014年《行政诉讼法》第72条仅对上述规定作了文字修改，其内容未发生变化，该条规定："人民法院经过审理，查明被告不履行法定职责的，判决被告在一定期限内履行。"2018年《解释》第91条规定："原告请求被告履行法定职责的理由成立，被告违法拒绝履行或者无正当理由逾期不予答复的，人民法院可以根据行政诉讼法第七十二条的规定，判决被告在一定期限内依法履行原告请求的法定职责；尚需被告调查或者裁量的，应当判决被告针对原告的请求重新作出处理。"《最高人民法院关于审理政府信息公开行政案件若干问题的规定》(法释〔2011〕17号）第9条亦有类似规定。

同时2014年《行政诉讼法》增加了给付判决的内容，其第73条规定："人民法院经过审理，查明被告依法负有给付义务的，判决被告履行给付义务。"2018年《解释》第92条规定："原告申请被告依法履行支付抚恤金、最低生活保障待遇或者社会保险待遇等给付义务的理由成立，被告依法负有给付义务而拒绝或者拖延履行义务的，人民法院可以根据行政诉讼法第七十三条的规定，判决被告在一定期限内履行相应的给付义务。"

所谓给付判决，是指法院根据原告的请求，作出的被告为一定给付（包括行为或不行为）的判决，包括课予义务和一般

给付两种情形。前者是针对行政不作为的诉讼所作出的，后者是针对以财产给付或非财产给付为内容的诉讼所作出的。这里的给付不仅仅包括金钱，还包括行为，如判决颁发执照、许可证，判决颁发房产证、土地证、学位证、毕业证等。

给付判决应设定履行给付期限。期限设定多长，应由法院根据案件的实际情况确定。一般来讲，有法定标准的，应按照法定标准确定；没有明确法定标准的，可以参照类似行政行为的期限标准和实践中行政机关作出此种行政行为的一般情况确定。还要注意一点，在确定合理期间时既要考虑国家利益、社会公共利益和相对人要求的迫切性，同时也要考虑行政机关的履行能力和一般的效率水平，避免主观臆断。

这里需要注意以下四个问题：（1）根据 2018 年《解释》第 93 条第 2 款的规定，人民法院经审理认为原告所请求履行的法定职责或者给付义务明显不属于行政机关权限范围的，可以裁定驳回起诉。（2）被告对原告的履行申请应当依法予以作出答复的，未履行答复义务，但由于原告请求履行给付义务不成立，判决履行答复义务已无实际意义的，可以根据 2014 年《行政诉讼法》第 74 条第 2 款第（3）项的规定，判决确认不答复行为违法，并驳回其他诉讼请求。（3）被告不履行给付义务，作出答复的结果正确，但程序违法的，应当根据根据 2014 年《行政诉讼法》第 74 条第 1 款的规定，判决确认违法，保留其法律效力。（4）2014 年《行政诉讼法》第 78 条规定：“被告不依法履行、未按照约定履行或者违法变更、解除本法第十二条第一款第十一项规定的协议的，人民法院判决被告承担继续履行、采取补救措施或者赔偿损失等责任。被告变更、解除本法第十二条第一款第十一项规定的协议合法，但未依法给予补偿的，人民法院判决给予补偿。”2018 年《解释》第 95 条规定：“人民法院经审理认为被诉行政行为违法或者无效，可能给原告造成损失，经释明，原告请求一并解决行政赔偿争议的，人民法院可以就赔偿事项进行调解；调解不成的，应当一并判决。人民法院也可以告知其就赔偿事项另行提起诉讼。这里所讲的被告“不依法履行、未按照约定履行”的情形主要有：（1）协议履行期限届满前，明确表示或者以自己的行为表明将不履行约定义务的；（2）在协议履行期限届满后，不履行约定义务的；（3）履行协议行为不当的；（4）其他违法或者违反约定义务的情形。

### *7.3.2* 无效判决的适用

因行政合同存在有效无效的问题，还有一些行政行为存在重大且明显违法情形，如行政决定上未加盖公章，领导人口头作出确权决定等，撤销、确认违法等判决形式都无法解决这些问题。据此，2000 年《解释》第 57 条第 2 款第（3）项规定，被诉具体行政行为依法不成立或者无效的，可以判决无效。

2014 年《行政诉讼法》第 75 条规定：“行政行为有实施主体不具有行政主体资格或者没有依据等重大且明显违法情形，原告申请确认行政行为无效的，人民法院判决确认无效。”该条中规定的“重大且明显违法”，是指以上两种违法之外的重大且明显违法情形。主要包括以下几种：（1）行政行为实施主体不具有行政主体资格。一般是指行政机关的内部机构、派出机构、临时机构在没有法律、法规的特别授权的情况下，以自己名义作出行政行为。（2）减损权利或者增加义务的行政行为没有法律规范依据。（3）行政行为的内容客观上不可能实施，包括因相对人的自身原因，无法做到行政主体要求实施的行为。（4）其他重大且明显违法的情形。如以书面形式作出，但未注明作出的机关；应颁发证书，但未遵守形式规定；明显违背有关地域管辖的规定；要求相对人实施的行为构成犯罪等。

2018 年《解释》第 94 条第 1 款规定："公民、法人或者其他组织起诉请求撤销行政行为，人民法院经审查认为行政行为无效的，应当作出确认无效的判决。"

在西方国家的行政法理论中，无效行政行为具有两个特征：一是自始无效，行政相对人可以对抗；二是不受起诉期限的限制。2014 年《行政诉讼法》对上述两个问题未作明确规定。我国法学界和实务界均认为法院判决被诉行政行为无效的，即属于自始无效，行政相对人可以对抗。但对是否受起诉期限限制的问题，则存在争论。为了保持社会的稳定，按照法不溯及既往的理论，只有在法律或者司法解释明确诉无效行政行为可以不受起诉期限的限制后，作出的无效行政行为，才能不受起诉期限的限制。2018 年《解释》第 94 条第 2 款规定："公民、法人或者其他组织起诉请求确认行政行为无效，人民法院审查认为行政行为不属于无效情形，经释明，原告请求撤销行政行为的，应当继续审理并依法作出相应判决；原告请求撤销行政行为但超过法定起诉期限的，裁定驳回起诉；原告拒绝变更诉讼请求的，判决驳回其诉讼请求。"该款中虽未明确规定，诉行政行为无效的，不受起诉期限的限制，但因行政行为不属于无效的，受起诉期限的限制，也就暗含着诉无效行政行为不受起诉期限的限制。因此，2018 年《解释》施行后诉行政机关作出的行政行为无效的，可以不受起诉期限的限制，但诉施行之前行政机关作出的行政行为仍须受起诉期限的限制。

### *7.3.3*　复议维持案件的审理及判决对象

2014 年《行政诉讼法》第 79 条规定："复议机关与作出原行政行为的行政机关为共同被告的案件，人民法院应当对复议决定和原行政行为一并作出裁判。"根据该条的规定，法院审理复议维持案件的对象应当是原行政行为和复议决定，因此，须对这两个行政行为的合法性问题，均作出判决。一般情况下，两者有关实体问题的合法性是相同的，即实体方面前者违法，后者也违法。因此法院应重点审查原行政行为，对于行政复议决定属于附带性审查。在认定原行政行为合法的情况下，一般审查作出复议决定的程序是否合法。如果复议程序合法，在判决驳回原告对原行政行为的诉讼请求时，一并驳回原告对复议决定的诉讼请求；撤销原行政行为的，同时撤销复议决定。但有以下几种情况例外：一是原行政行为合法，复议程序违法时，应判决驳回原告对原行政行为的诉讼请求，确认复议决定违法。二是若原行政行为明显不当的，可以判决变更原行政行为，撤销复议决定。三是被告未履行法定职责的，可以判决被告履行职责，撤销复议决定。四是被告未履行给付义务的，判决被告履行给付义务，同时撤销复议决定。五是复议决定改变了原行政行为认定的事实、依据的主要证据，或改变了原行政行为有关定性的法律条文，复议决定正确的，应当驳回请求撤销复议决定的请求，确认原行政行为违法；复议决定改变原行政行为有关定性的法律条文错误，原行政行为适用法律正确的，应判决确认复议决定违法，驳回对原行政行为的诉讼请求。

复议机关维持原行政行为，在诉讼中，原行政行为被撤销的，作出原行政行为的行政机关应对该行为造成的实际损失，承担赔偿责任；因复议机关维持，对原行政行为造成的损失扩大部分，应当由复议机关承担赔偿责任。

# 第 *8* 章

# 对行政侵权赔偿责任的审查

1994 年《国家赔偿法》、2012 年《国家赔偿法》和 1989 年《行政诉讼法》、2014 年《行政诉讼法》中均规定，公民、法人或者其他组织的合法权益受到行政机关及其工作人员行使行政职权的行为侵犯造成损害的，有权请求赔偿。因此，人民法院在审理行政案件中，如果原告提出行政赔偿诉讼的，不仅应当审查被诉行政行为的合法性，而且还应当审查有关行政赔偿的问题。以下着重分析人民法院应如何审查与确认行政机关及其工作人员违法行使职权行为的赔偿责任问题。

## 8.1 行政赔偿范围

行政赔偿范围，是指行政机关及其工作人员在行政管理活动中，行使哪些行政职权的行为，给公民、法人和其他组织的哪些合法权益造成损害的，应由行政机关承担赔偿责任。

### *8.1.1* 国家承担涉及人身行政赔偿责任的行为

根据 2012 年《国家赔偿法》第 3 条的规定，行政机关及其工作人员在行使行政职权时，有下列侵犯人身权行为之一的，受害人有取得行政赔偿的权利：

#### *8.1.1.1* 违法拘留或者违法采取限制公民人身自由的行政强制措施

（1）违法行政拘留。行政拘留，是指公安机关、安全机关对违反治安、安全行政法律规范，但不构成刑事犯罪的行为人，在短期内限制其人身自由的一种行政制裁。行政拘留与刑事拘留虽然都是由公安机关执行，但二者在性质上不同。前者是公安机关、安全机关根据治安、安全行政管理法律规范，给予公民的一种行政处罚；后者则是公安机关、安全机关、检察机关和人民法院根据《刑事诉讼法》的规定，对刑事犯罪活动现行犯和重大嫌疑分子，在紧急情况下适用的一种强制措施。据此，违法行政拘留引起的赔偿属于行政赔偿调整的范围，而违法刑事拘留引起的赔偿属于刑事赔偿调整的范围。

根据《治安管理处罚法》《出境入境管理法》《国家安全法》等有关治安、安全行政管理法律、法规的规定，行政机关作出的合法行政拘留决定，必须同时具备以下五个条件：第一，作出行政拘留决定的机关必须是县级以上公安机关或安全机关；第二，行政拘留决定适用法律、法规正确；第三，给予行政拘留的期限必须在 15 日以内；第四，作出行政拘留决定的程序符合法定程序的要求；第五，不存在显失公正的问题。凡违背上述任何一个条件的，即属违法行政拘留。

（2）违法采取限制公民人身自由的行政强制措施。限制公民人身自由的强制措施，是指行政机关及其工作人员为实现行政管理目的，依职权采取强制手段限制特定的公民人身自由权利的行为。这里所讲的“限制人身自由”包括身体强制和行为强制两个方面的内容。限制公民人身自由的行政强制措施的主要形式有：

①收容教养。即人民政府对已满 14 周岁不满 16 周岁的人，在犯罪又不需要追究刑事责任，责令其家长管教达不到挽救效果时，所实施的一种强制性教育行政措施。

根据我国《刑法》第 17 条的规定，行政机关合法实施收容教养措施，必须同时具备下列五个条件：第一，实施收容教养的机关必须是人民政府；第二，收容教养人必须是已满 14 周岁不满 16 周岁的少年；第三，收容教养人的行为已构成犯罪，依法不需要追究刑事责任；第四，责令家长管教达不到挽救犯罪少年的效果；第五，必要时，由人民政府实施收容审查的措施。这里所讲的“必要时”，是指责令家长管教无效，犯罪少年的犯罪行为比较严重，不收容教养可能继续危害社会的情形。以上五个条件缺一不可，缺少其中任何一个则属违法收容教养。

②扣留走私犯罪嫌疑人。即海关依法对走私犯罪嫌疑人限制其人身自由，移送司法机关处理的一种行政强制措施。

根据《海关法》第 6 条第（4）项的规定，行政机关合法扣留走私犯罪嫌疑人必须同时具备以下四个条件：第一，扣留机关必须是海关，不能是其他行政机关；第二，被扣留人必须是走私犯罪嫌疑人；第三，采取扣留措施必须经关长批准，可以扣留移送司法机关；第四，扣留时间不超过 24 小时，在特殊情况下，可以延长至 48 小时。如果不具备上述条件中的任何一个条件的，即属违法扣留。

③强制隔离治疗。即医疗机构对传染病者和病原携带者采取强制隔离治疗的一种行政强制措施。

根据《传染病防治法》第 39 条的规定，行政主体采取隔离治疗措施必须符合下列规定：第一，采取隔离治疗措施的主体必须是医疗机构。医疗机构包括：医院、卫生院（所）、门诊部（所）、疗养院（所）、妇幼保健院（站）及与上述机构业务活动相同的单位。第二，被采取隔离治疗的人必须是甲类传染病人（即鼠疫、霍乱病人）和病原携带者。第三，隔离期限应根据医学检查结果确定。此外，传染病人或病原携带者，拒绝隔离治疗或者隔离期未满擅自脱离隔离治疗的，可以由公安机关协助治疗单位采取强制隔离治疗措施。行政主体违反上述规定的条件对公民采取隔离治疗措施的，属违法采取隔离治疗措施行为。

除上述限制公民人身自由行政强制措施外，还有强制戒毒、强制搜身、强行带离现场、强制传唤、遣送出境等。行政机关及其工作人员采取强制公民人身自由行政强制措施，必须符合有关法律、法规与规章规定的条件，凡是违反有关法律、法规及规章的规定，均属违法行使行政职权的行为，行政机关应承担由此给公民人身权造成损害的行政赔偿责任。

### *8.1.1.2*　非法拘禁或者以其他方法剥夺公民人身自由

非法拘禁，是指行政机关及其工作人员在行政管理活动中，采取非法手段剥夺特定的公民的人身自由权利。

构成非法拘禁行为应具备以下五个要件：第一，采取拘禁的主体必须是行政机关及其工作人员，非行政机关及其工作人员所采取的拘禁行为，不属这里所讲的“非法拘禁行为”。第二，必须是在行政管理活动中行使行政职权的行为。行政机关工作人员在行政管理活动之外所采取的拘禁行为，并不是这里所讲的“非法拘禁行为”。第三，被拘禁的对象是自然人。具体来讲包括：既可以是成年人或未成年人，健康人或残疾人，也可以是品行良好的守法公民或品行一般的人或有一般违法行为的人，还可以是品行较差的犯罪嫌疑人或品行极坏的犯罪分子。第四，在没有法律、法规依据的情况下，实施了禁闭、强行关押、隔离审查、绑架等行为，使特定的公民在一定时间内失去行动自由。第五，在主观上是故意。即行为人明知自己实施的拘禁行为非法，希望或放任这种结果的发生。

以其他方式非法剥夺公民人身自由的行为，是指行政机关及其工作人员在行政管理活动中，以非法拘禁以外的强制方法限制公民自由活动的行为。构成这一违法行使职权行为应具备以下五个要件：第一，实施的主体是行政机关及其工作人员。第二，必须是在行政管理活动中行使行政职权的行为。第三，侵害的对象是自然人。第四，在一定程度下非法限制特定公民的行动自由，如不准参加某些社会活动，不准离开一定地区，外出必须经过批准，等等。第五，主观上是直接故意，即明知非法而故意限制特定公民行动自由。

上述两种非法剥夺公民人身自由的行为造成公民人身自由受到损害的，行政机关应承担行政赔偿责任。

#### *8.1.1.3* 以殴打、虐待等行为或者唆使、放纵他人以殴打、虐待等行为造成公民身体伤害或者死亡

1994年《国家赔偿法》第3条第（3）项规定，以殴打等暴力行为或者唆使他人以殴打等暴力行为造成公民身体伤害或者死亡的，受害人有取得赔偿的权利。有些全国人大常委会委员、地方人大代表和专家提出，上述规定没有包括虐待以及监管人员放纵他人实施殴打、虐待的情形，建议予以明确。立法机关根据上述意见将该项修改为，以殴打、虐待等行为或者唆使、放纵他人以殴打、虐待等行为造成公民身体伤害或者死亡的，受害人有取得赔偿的权利。

所谓以殴打、虐待等行为，是指行政机关工作人员在行政管理过程中故意对某公民实施殴打、虐待等行为。这里所讲的“以殴打、虐待等行为”，具有以下几个特征：第一，实施者必须是行政机关的工作人员。第二，在执行职务时，实施了殴打、虐待等行为。但须注意，行政机关的工作人员在执行行政职务中，为防止公共利益、本人或他人的人身或其他权利遭受正在进行的不法侵害，而对实施不法侵害人的必要的正当防卫行为，不在此列。第三，主观方面属于故意。

所谓唆使、放纵他人实施殴打、虐待等行为，是指行政机关工作人员在行政管理过程中，以授意、劝说、引诱、放任纵容或者其他方法唆使、放纵他人对某公民实施殴打、虐待等行为。构成唆使、放纵他人实施殴打、虐待等行为必须具备以下

三个要件：第一，在客观上必须有引起他人实施殴打、虐待等行为意图的行为。被唆使人实施殴打、虐待等行为是由唆使人的行为引起的。没有唆使人的唆使行为，被唆使人就不会实施殴打、虐待等行为。唆使的方法有：授意、劝说、请求、挑拨、威胁等。第二，实施的唆使行为，必须是行政机关工作人员在执行行政职权时所实施的行为。第三，在主观上必须是故意，过失行为不能构成唆使他人实施殴打、虐待等行为。

行政机关工作人员在行政管理活动中，实施暴力、虐待等行为或者唆使、放纵他人实施殴打、虐待等行为，并不一定行政机关都要承担赔偿责任，同时还要造成公民身体伤害或者死亡的后果，行政机关才能承担赔偿责任。这里所讲的身体伤害是指以下三种情况：（1）重伤害。即使人肢体残废或者毁人容貌的，使人丧失听觉、视觉或者其他器官机能的，以及其他对于人身健康重大伤害的。（2）轻伤害。即指没有达到重伤害的程度，但给人的身体造成损害的。（3）轻微伤害。即还未达到上述损害他人身体健康的程度，只是造成了人皮肉上在一段时间内有一定的痛苦。短暂的皮肉痛苦，不构成轻微伤害。

### *8.1.1.4*　违法使用武器、警械造成公民身体伤害或者死亡

行政机关工作人员合法使用武器、警械必须符合下列要求：

第一，使用武器、警械的人，必须是法律、法规规定允许使用武器、警械的行政机关工作人员。根据《人民警察法》《海关法》《军事设施保护法》等法律、法规的规定，有权使用武器、警械的行政机关工作人员有：人民警察、海关工作人员和军事设施管理单位的值勤人员。其他行政机关工作人员无权使用武器或警械。

第二，必须是法律、法规规定，所遇到的情形，按规定的要求使用警械、武器。这里所称的警械，是指人民警察按照规

定装备的警棍、催泪弹、高压水枪、特种防暴枪、手铐、脚镣、警绳等警用器械；所称的武器，是指人民警察按照规定装备的枪支、弹药等致命性警用武器。

根据《人民警察使用警械和武器条例》第 7 条的规定，人民警察依法执行任务时，遇有下列情形之一，经警告无效的，可以使用警棍、催泪弹、高压水枪、特种防暴枪等驱逐性、制服性警械：(1) 结伙斗殴、殴打他人、寻衅滋事、侮辱妇女或者进行其他流氓活动的；(2) 聚众扰乱车站、码头、民用航空站、运动场等公共场所秩序的；(3) 非法举行集会、游行、示威的；(4) 强行冲越人民警察为履行职责设置的警戒线的；(5) 以暴力方法抗拒或者阻碍人民警察依法履行职责的；(6) 袭击人民警察的；(7) 危害公共安全、社会秩序和公民人身安全的其他行为，需要当场制止的；(8) 法律、行政法规规定可以使用警械的其他情形。人民警察依照有关规定使用警械，应当以制止违法犯罪行为为限度；当违法犯罪行为得到制止时，应当立即停止使用。

根据《人民警察使用警械和武器条例》第 8 条的规定，人民警察依法执行下列任务，遇有违法犯罪分子可能脱逃、行凶、自杀、自伤或者有其他危险行为的，可以使用手铐、脚镣、警绳等约束性警械：(1) 抓获违法犯罪分子或者犯罪重大嫌疑人的；(2) 执行逮捕、拘留、看押、押解、审讯、拘传、强制传唤的；(3) 法律、行政法规规定可以使用警械的其他情形。人民警察依照有关规定使用警械，不得故意造成人身伤害。

根据《人民警察使用警械和武器条例》第 9 条的规定，人民警察判明有下列暴力犯罪行为的紧急情形之一，经警告无效的，可以使用武器：(1) 放火、决水、爆炸等严重危害公共安全的；(2) 劫持航空器、船舰、火车、机动车或者驾驶车、船等机动交通工具，故意危害公共安全的；(3) 抢夺、抢劫枪支弹药、爆炸、剧毒等危险物品，严重危害公共安全的；（4）使用枪支、爆炸、剧毒等危险物品实施犯罪或者以使用枪支、爆炸、剧毒等危险物品相威胁实施犯罪的；（5）破坏军事、通讯、交通、能源、防险等重要设施，足以对公共安全造成严重、紧迫危险的；（6）实施凶杀、劫持人质等暴力行为，危及公民生命安全的；（7）国家规定的警卫、守卫、警戒的对象和目标受到暴力袭击、破坏或者有受到暴力袭击、破坏的紧迫危险的；（8）结伙抢劫或者持械抢劫公私财物的；（9）聚众械斗、暴乱等严重破坏社会治安秩序，用其他方法不能制止的；（10）以暴力方法抗拒或者阻碍人民警察依法履行职责或者暴力袭击人民警察，危及人民警察生命安全的；（11）在押人犯、罪犯聚众骚乱、暴乱、行凶或者脱逃的；（12）劫夺在押人犯、罪犯的；（13）实施放火、决水、爆炸、凶杀、抢劫或者其他严重暴力犯罪行为后拒捕、逃跑的；（14）犯罪分子携带枪支、爆炸、剧毒等危险物品拒捕、逃跑的；（15）法律、行政法规规定可以使用武器的其他情形。人民警察依照有关规定使用武器，来不及警告或者警告后可能导致更为严重危害后果的，可以直接使用武器。

根据《人民警察使用警械和武器条例》第 10 条的规定，人民警察遇有下列情形之一的，不得使用武器：（1）发现实施犯罪的人为怀孕妇女、儿童的，但是使用枪支、爆炸、剧毒等危险物品实施暴力犯罪的除外；（2）犯罪分子处于群众聚集的场所或者存放大量易燃、易爆、剧毒、放射性等危险物品的场所的，但是不使用武器予以制止，将发生更为严重危害后果的除外。

根据《人民警察使用警械和武器条例》第 11 条的规定，人民警察遇有下列情形之一的，应当立即停止使用武器：（1）犯罪分子停止实施犯罪，服从人民警察命令的；（2）犯罪分子失去继续实施犯罪能力的。

根据《海关工作人员使用武器和警械的规定》第 4 条、第 5 条的规定，海关工作人员执行缉私任务时，遇有下列情形之一的，可以开枪射击：(1) 追缉逃跑的走私团伙或者遭遇武装掩护走私，非开枪不足以制服时；(2) 走私分子或者嫌疑人以暴力抗拒检查，抢夺武器或者警械，威胁海关工作人员生命安全，非开枪不能自卫时；(3) 走私分子或者走私嫌疑人以暴力劫夺查扣的走私货物、物品和其他证据，非开枪不能制止时。海关工作人员执行缉私任务时，遇有下列情形之一时，可以使用警械：(1) 走私分子或者走私嫌疑人以暴力抗拒检查或者逃跑时；(2) 走私分子或者走私嫌疑人以暴力抗拒查扣走私货物、物品和其他证据时；(3) 执行缉私任务受到袭击需要自卫时；(4) 遇有其他需要使用警械的情形时。

根据《军事设施保护法》第 42 条的规定，军事设施管理单位的值勤人员在执行保卫军事设施安全任务时，遇到危及军事设施安全或者值勤人员生命安全等紧急情况下可以使用武器。

这里需要特别指出的，根据上述有关规定，行政机关工作人员依法对违法犯罪分子开枪时，除遇到特定紧迫的情况外，应当先进行口头警告或鸣枪警告，违法犯罪分子一有畏服表示，应当立即停止射击。在使用警棍制止违法犯罪时，应当以制服对方为限度。当对方的违法犯罪行为得到制止时，应即停止使用。

行政机关工作人员在执行行政管理公务时，在没有法律、法规规定的根据，或违反法律、法规有关使用武器、警械的规定的情形下，使用武器、警械，并造成公民人身伤害或者死亡的结果的，行政机关应承担行政赔偿责任。

### 8.1.1.5　造成公民身体伤害或者死亡的其他违法行为

造成公民身体伤害或者死亡的其他违法行为，是指除上述四类违法行使行政职权的行为以外，行政机关及其工作人员在行政管理活动中，造成公民身体伤害或者死亡结果发生的违法行使行政职权的行为。

对公安机关不履行法定保护公民人身权的行为，公安机关是否应当承担行政赔偿责任，在法学界和司法界都存在两种不同意见：一种意见认为，公安机关对被行政拘留、强制戒毒、收容教育等人员不应当承担行政赔偿责任。其理由是，根据《国家赔偿法》的规定，由行政机关违法行使职权的行为造成公民、法人或者其他组织合法权益受到损害的，国家才承担行政赔偿责任。这类案件，直接造成公民、法人或者其他组织合法权益受到损害的行为不是公安机关行使职权的行为，而是违法犯罪分子的行为或者其自身病因造成的，故行政机关不应当承担行政赔偿责任。另一种意见认为，公安机关应当承担行政赔偿责任。理由如下：公安机关对被行政拘留、强制戒毒、收容教育等人员负有保护其生命健康的责任，正因为公安机关负有此项职责，公安机关没有尽到其应当尽到的责任，导致被行政拘留、强制戒毒、收容教育等人员的生命健康权受到不法行为的侵害或者由于负有职责的机关没有尽到救治的责任，导致公民死亡或者病情加重，这些不履行法定职责的行为均属于违法行为。《国家赔偿法》第 3 条、第 4 条中规定，行政机关及其工作人员在行使行政职权时有造成公民身体伤害或者死亡的违法行为，受害人则取得赔偿的权利。根据该条的规定，公安机关不履行法定职责，导致公民伤害或者死亡的，应当承担行政赔偿责任。最高人民法院原则上同意后一种意见，据此，先后作出〔1998〕行他字第 19 号批复、〔1999〕行他字第 11 号批复、法释字〔2001〕23 号批复。这三个批复中均明确指出，由于公安机关不履行法定职责（含未尽监管职责），致使公民、法人和其他组织的合法权益遭到损害的，应当承担行政赔偿责任。在确定赔偿的数额时，应当考虑该不履行法定职责的行为在损害发生过程和结果中所起的作用等因素。

### *8.1.2* 国家承担涉及财产行政赔偿责任的行为

根据 2012 年《国家赔偿法》第 4 条的规定，行政机关及其工作人员在行使行政职权时，有下列侵犯财产权情形之一的，受害人有取得赔偿的权利：

#### *8.1.2.1* 违法实施有关财产权方面的行政处罚

行政处罚，是指行政主体对违反行政管理法律规范的公民、法人或者其他组织，所给予的一种行政制裁。行政处罚与行政处分都属于行政制裁，都是行政违法者所承担的行政法律责任，但二者在一些方面仍有明显的不同：第一，对象不同。前者的对象是被行政机关管理的公民、法人或其他组织；后者的对象是行政机关的工作人员。第二，形式不同。前者的形式包括罚款、没收财物、吊销许可证和执照、责令停产停业等；后者的形式包括警告、记过、记大过、降级、撤职、开除等。第三，运用法律不同。前者运用“外部行政法律规范”，即规范行政主体与行政相对人之间的权利义务的法律规范；后者运用“内部行政法律规范”，即规范行政机关与行政机关工作人员之间的特别权利义务关系的法律规范。第四，救济方式不同。对行政处罚不服的，可以申请复议或依法提起行政诉讼；对行政处分不服的，只能向行政机关提出申诉，而不能提起行政诉讼。因此，不能将行政处罚与行政处分混为一谈。

有关财产方面的行政处罚可以分为以下三大类：

（1）财产罚。其主要表现形式为罚款。所谓罚款，是指行政主体强迫违法者交纳一定数额现金的一种行政制裁。罚款与罚金性质不同，罚金是刑罚附加刑中的一种，只能由人民法院判处，据此，因违法实施罚款所引起的赔偿属于行政赔偿调整的范围；因无罪错误判决罚金处罚所引起的赔偿则属于刑事赔偿调整的范围。

（2）能力罚。即限制违法者特定的行为能力的处罚。其主要形式有：吊销许可证和执照、暂停被许可的活动、取消某种优待、对许可证和执照附加限制性条件等。吊销许可证和执照，是指行政主体收回其许可相对人从事某种活动的许可证和执照，以限制或剥夺其从事某种活动的权利能力。暂停被许可的活动，是指行政主体在一定期限内限制或者禁止行政相对人从事某种活动，如责令停业整顿、扣押驾驶执照等。取消某种优待，是指行政主体对行政相对人已获得从事某种活动的特别优惠的待遇或可获得一定发展的条件予以停止，如停止贷款、停止供应原材料等。对许可证和执照附加限制性条件，是指行政主体对已许可的行为附加限制性条件的行政行为，如限定被许可从事某种行为人，只能在有限范围内活动等。

（3）救济罚。即行政主体为恢复被侵害的权利义务或使侵害不再继续，而对违法者进行的一种行政制裁。其主要形式有：没收财物、责令行为人为一定行为或不为一定行为。没收财物，是指行政主体对实施违法生产、经营的行为人，将其财物强制无偿收归国有或者予以销毁的一种制裁。没收财物有三种表现形式：没收违禁品、没收违法所得或者销货款和没收违法工具。责令行为人为一定行为的具体表现形式有限期整顿、限期治理等。责令行为人不为一定行为的具体表现形式有停止侵害、禁止人员或货物入境等。

2012 年《国家赔偿法》第 4 条第（1）项对违法实施行政

处罚仅列举了“罚款、吊销许可证和执照、责令停产停业、没收财物”等项，未对有关财产权方面的行政处罚事项作完全列举，这并不是说，公民、法人或者其他组织对未列举的违法实施有关财产权的行政处罚侵害其合法权益的没有取得赔偿的权利。因该项中“等”字是不完全列举，所以，公民、法人或者其他组织对未列举的有关财产权方面的行政处罚侵害其合法财产权的，同样具有取得赔偿的权利。

行政主体作出合法的行政处罚的决定，必须同时具备下列要件：第一，行政主体必须具有行政处罚的职权。具体来讲，就是行政机关及行政机关委托的组织和法律、法规授权的组织根据法律、法规规定的行政处罚职权作出行政处罚决定。凡法律、法规没有授权其作出该项行政处罚决定，或超出法律、法规授予的行政处罚权限作出行政处罚决定，均属超越职权违法实施行政处罚的行为。第二，行政处罚决定认定被处罚人违反行政管理法律规范行为的事实清楚，证据确实、充分。第三，行政处罚决定适用法律、法规正确。适用法律、法规包括适用实体法和程序法。行政处罚决定正确适用法律、法规包括三个方面的内容：一是适用有关定性的法律、法规条款正确；二是适用有关处罚方面的条款正确；三是适用有关程序方面的条款正确。第四，不存在处罚显失公正的问题。所谓“显失公正”，是指行政主体在法律、法规规定的处罚范围和幅度内，给予违法行为人的行政处罚与其过错极不相称或者极不公平。一般行政处罚重一点或轻一点的，不属显失公正。第五，作出行政处罚决定的程序必须符合法定程序。所谓“法定程序”，是指行政主体实施行政行为的方式、形式、手续、步骤、时限等行政程序。法律、法规对有关行政程序问题未作明确规定，有权制定规章的行政机关依据法律和行政法规制定的有关行政程序，只要与法律、行政法规不相抵触的，亦应视为法定程序，行政主体作出行政处罚决定时不得违反。上述五个条件缺一不可，缺少其中任何一个要件的，即构成违法行为。

行政主体违法实施行政处罚，给公民、法人或者其他组织的合法财产造成损害的，应承担行政赔偿责任。

#### *8.1.2.2*　违法对财产采取行政强制措施

限制财产权的行政强制措施，是指行政主体为实现行政管理目的，依行政职权限制公民、法人或者其他组织对其财产权的行使，或要求其履行有关财产方面的义务的措施。限制财产权的行政强制措施主要有：（1）查封。即行政主体对财产所有人的动产或者不动产就地封存，任何人不得擅自移转或处理。（2）扣押。即行政主体为了取证或防止财产转移以及防止危害社会结果的出现，对财产所有人的财物就地扣留。（3）冻结。即银行或其他金融机构根据行政机关的请求，对行政相对人的存款、股票等有价证券暂停支付，未经许可不准其提取或转让。（4）划拨。即行政机关依照法律、法规的规定，通知银行或者其他金融机构从行政相对人的存款中或者其他款项中强制拨付其拒不缴纳的某种款项。（5）扣缴。即行政机关通知行政相对人所在单位从其工资收入或者其他收入中扣出其拒绝缴纳的款项。（6）抵缴。即行政主体对拒不履行金钱给付义务的行政相对人，强制征收或变卖、拍卖其财产用于抵偿。

行政主体合法实施限制财产权行政强制措施，必须符合下列条件：

第一，实施限制财产权行政强制措施的主体必须具有法律、法规明确授予其实施该项措施的行政职权，没有该项行政职权的行政主体不得实施该项措施。根据我国现行法律、法规的规定，具有实施限制财产权行政强制措施的行政主体包括：人民政府、税务机关、海关、市场监督管理机关、公安机关、审计机关、外汇管理机关等。具有实施限制财产权行政强制措施行政职权的行政主体还应在法律、法规授权的范围内行使限制财产权行政强制措施的行政职权，超出法律、法规授权的范围行使的，即属超越职权违法实施限制财产权行政强制措施的行为。这里须指出，法律、法规授权某一行政主体可以行使限制财产权行政强制措施的行政职权，但未授予其内部机构或派出机构的，其内部机构或派出机构行使该项限制财产权行政强制措施的行政职权，就属超越职权违法实施限制财产权行政强制措施的行为。

第二，发生了需要采取限制财产权行政强制措施的情况。法律、法规授权行政主体采取限制财产权行政强制措施是为了实现行政管理目的。但同时也应看到不正当行使或者滥用，将会给公民、法人或者其他组织的合法权益造成损害。基于这两个方面的原因，法律、法规在授权行政主体实施限制财产权行政强制措施的行政职权的同时，又明确规定出现哪些情况才可以实施。例如，《税收征收管理法》第38条规定，税务机关认为从事生产、经营的纳税人有逃避纳税义务行为的，可以在规定的纳税期之前，责令限期缴纳应纳税款；在限期内发现纳税人有明显的转移、隐匿其应纳税的商品、货物以及其他财产或者应纳税的收入的迹象的，税务机关可以责成纳税人提供纳税担保。如果纳税人不能提供纳税担保，经县以上税务局（分局）局长批准，税务机关可以采取冻结、扣押、查封等强制措施。

第三，不得超过法律、法规规定的可以采取限制财产权行政强制措施的对象范围。因对行政相对人财物采取强制措施，将使其暂时不能对这部分财物行使权利，如果采取强制措施错误，将会造成行政相对人合法财产的损害。为防止行政主体不当行使或滥用行政强制措施，我国法律、法规在赋予行政主体采取限制财产权行政强制措施的职权的同时，对其可以采取限制财产权行政强制措施的对象范围亦作了规定。

第四，必须符合实施限制财产权行政强制措施的法定程序。法定程序是行政机关正确、及时作出行政行为的必要保证，是防止行政机关及其工作人员不当行使职权和滥用职权，保护公民、法人或者其他组织合法权益的有效措施。行政机关实施直接关系公民、法人或者其他组织财产权益的限制财产权行政强制措施行为，更应严格按照法定程序办事，不得违反。根据我国现行法律、法规及规章的规定，实施限制财产权行政强制措施的程序包括：（1）采取限制财产权行政强制措施时，须由县级以上行政机关的行政首长批准。（2）扣押、查封商品、货物或其他财物时，应当开具扣押单据或查封清单，并交给当事人一份副本。（3）对扣押的财物，应当妥善保管，严禁动用、调换或损毁。对容易腐烂变质的物品，在及时征得当事人同意后，可以先行处理；无法找到当事人的，经县级以上行政机关的行政首长批准，也可以先行处理。除上述两种情况外，不得先行处理。（4）被扣押、查封的财物和被冻结的存款，经查明确实与违法行为或与案件无关的，应当迅速退还原主或解封、解冻，不得继续扣押、查封，冻结。（5）被扣押、查封、冻结财物的人向采取行政强制措施的行政机关缴纳罚款、税金等后，行政机关必须立即解除强制措施。（6）冻结期限不得超过三个月，超过三个月的，须另办延长手续。（7）法律、法规及规章有关限制财产权行政强制措施程序方面的其他规定。

行政主体违法实施了限制财产权行政强制措施，给公民、法人或者其他组织的合法财产权益造成损害的，受害人有取得赔偿的权利。

#### *8.1.2.3*　违法征收、征用财产

1994 年《国家赔偿法》第 4 条第（3）项规定，违法征收

财物、摊派费用的，受害人有取得赔偿的权利。因征收财产包括摊派费用，但又不含有征用财产，故 2012 年《国家赔偿法》将该项修改为，违法征收、征用财产的，受害人有取得赔偿的权利。

（1）违法征收财产。征收财产，是指行政主体依照法律、法规的规定，向公民、法人或者其他组织收取金钱，或将其财物收归国有的一种行政行为。行政征收的特征有三个：一是行政征收是行政主体针对公民、法人或者其他组织实施的一种单方行政行为；二是行政征收的实质在于行政主体以强制方式取得相对方的财产所有权；三是行政征收的实施必须以相对方负有行政法上的缴纳义务为前提。征收财产主要有以下三种形式：①征收税款。即税务机关和其他行政机关依据我国有关税收法律、法规的规定，向纳税义务人征收税金。行政机关合法征收税务，必须符合下列条件：第一，征收税款的主体必须是具有征税职权的行政机关。根据，《税收征收管理法》和《海关法》及有关耕地占用税、契税等法规的规定，除法律、法规另有规定外，征税职权均由税务机关行使。税务机关具体是指各级税务局、税务分局和税务所。征收关税的职权由海关行使。征收牧业税、耕地使用税、契税等的职权由财政机关行使。具有征税职权的行政机关必须在法律、法规授权的范围内行使征税职权，不得超出法律、法规授权的范围。这里须特别指出，这些行政机关的内部机构无权以自己名义对外行使征收职权，否则，则属越权行为。第二，征收的对象必须是纳税义务人或扣缴义务人。向没有纳税义务的人或扣缴义务的人征收税款，则属违法行为。第三，征收税款的数额必须严格按照法律、法规规定的标准征收，不得随意减免税款或增加税款。凡不符合上述三个条件之一的，即属违法征收税款的行为。②征收规费。即行政主体依法向公民、法人或者其他组织收取法律、法规规定其应缴纳的行政管理费用。行政主体合法征收规费，必须具备以下条件：第一，征收的项目必须是法律、法规明确规定应当征收的项目。法律、法规没有规定的项目，行政主体不得收取。第二，征收的行政主体必须有法律、法规明确的授权。第三，征收的数额必须符合法律、法规规定的标准。行政主体不得擅自提高征收规费的标准。凡违反上述三个条件中任何一个的，即属违法征收规费的行为。③征收土地。即行政机关依法将集体所有制的土地或使用国有土地的单位的土地有偿收归国有。行政主体合法征用土地，必须具备以下条件：第一，征收土地的目的，必须是国家进行经济、文化、国防建设及兴办社会公共事业。第二，列入国家固定投资计划或者建设的国家项目。第三，审批手续合法完备。凡不符合上述三个条件之一的，即属违法征收土地的行为。

（2）违法征用财产。征用财产，是指行政机关为了公共利益的需要，按照法律、法规的规定，以强制的方式取得公民、法人或者其他组织财产使用权或劳务，并给予适当经济补偿的一种行政行为。

征收财产与征用财产的区别主要在于：一是法律后果不同。征收财产的结果是财产所有权从相对方转归国家；而征用财产的后果则是行政主体暂时取得了被征用方财产的使用权，不发生财产所有权的转移。二是补偿不同。征收财产一般是按照征收的财产本身的价值用金钱予以补偿；而征用财产一般按照使用费用以金钱的方式予以补偿，如果财产损坏的，能够恢复原状的，恢复原状，不能恢复原状的，按照损害程度给付相应的赔偿金。

行政机关合法征用财产，必须具备以下条件：第一，必须是在国家处于紧急状态或者紧急需要的情况下。所谓紧急状态，一般是指战争、暴乱等。所谓紧急需要，是指抢险救灾、控制传染病暴发或漫延等。第二，征用行政机关必须是法律、法规或国务院及省级人民政府命令授权的行政机关。例如，《防洪法》第45条规定，在紧急防汛期，防汛指挥机构根据防汛抗洪的需要，有权在其管辖范围内调用物资、设备、交通运输工具和人力，决定采取取土占地、砍伐林木、清除阻水障碍物和其他必要的紧急措施；必要时，公安、交通等有关部门按照防汛指挥机构的决定，依法实施陆地和水面交通管制。第三，所征用的物品必须是法律，法规及命令规定可以调用的物品，这些调用的物品必须用于国家紧急需要。

根据我国宪法和法律的规定，行政机关及其工作人员在一定范围内，可以依法要求公民、法人或者其他组织履行行政法上所确定的义务。但是，行政机关及其工作人员要求公民、法人或者其他组织履行某项义务，必须有法律、法规依据，按照法定程序进行。在没有法律、法规依据的情况下，要求公民、法人或者其他组织履行义务，实质上是对他们合法财产权的一种侵犯。所以，行政机关及其工作人员违法征收、征用财产的行为，造成公民、法人或者其他组织的合法财产权损害的，应承担赔偿责任。

#### *8.1.2.4* 造成财产损害的其他违法行为

造成损害的其他违法行为，是指行政机关及其工作人员在行政管理活动中，除以上三种违法行使行政职权的行为以外，造成公民、法人或者其他组织合法财产权受到损害的其他违法行使行政职权的行为。具体包括强制企业合并、联营，违法撤销企业厂长（经理），违法干涉承包人经营权，非法强迫公民、法人或者其他组织转让商标权、著作权，违法确认资源所有权或使用权归属等情形。凡是行政机关及其工作人员在行政管理活动中违法行使行政职权的行为，造成公民、法人或者其他组织合法财产权受到损害的，受害人都有取得赔偿的权利。

### 8.1.3　国家不承担行政赔偿责任的情形

根据 2012 年《国家赔偿法》第 5 条的规定，属于下列情形之一的，国家不承担赔偿责任：

#### 8.1.3.1　行政机关工作人员与行使职权无关的个人行为

行政机关工作人员行使职权的行为应具备五个要件：第一，行为的主体必须是行政机关工作人员及行政机关委托行使行政职权的公民或者委托的组织的工作人员和法律、法规授权的组织的工作人员。第二，实施的行为必须是以行政机关或者法律、法规授权的组织的名义实施的。第三，实施的行为一般要符合法律、法规赋予其的权限。最根本的要看该行为与该工作人员职责的履行具有必要性或有助于职责的履行，而且致害行为与该工作人员的职务具有内在的联系或外观上具有履行职务的外形以至于一般人都认为其是在行使职权，则认为是一种职权行为。也就是说，行政机关的工作人员只要职务权限为一般常识和社会观念认同的，应当认定为执行职务的行为。此外，对于受委托人超出委托权限致人损害的，也应认定为委托机关的致害行为。[①] 第四，一般是在其工作时间内进行的。行政机关工作人员实施行政紧急处置职权，不受工作时间限制。根据《人民警察法》和《治安管理处罚法》等法律、法规的规定，人民警察在紧急情况下，行使的紧急处置职权有：紧急救护权，紧急疏散权、指挥权，紧急征用权，紧急排险权，紧急隔离封闭权，紧急停止权，紧急交通管制权，紧急戒严权，紧急搜查权，紧

① 参见江必新、梁凤云、梁清：《国家赔偿法理论与实务》，中国社会科学出版社 2010 年版，第 309 页。

急开抢射击权等。第五，实施的行为产生一定的法律后果。如行政机关工作人员所为的行为确定了特定对象的某项权利或义务，剥夺、限制了其某种权利，拒绝或拖延履行行政主体的某项法定职责等。

行政机关工作人员的行为如果不具备上述五个要件，一般就不属于行使职权的行为。对于行政机关工作人员与行使职权无关的个人行为，国家不承担赔偿责任。受害人可以通过民事诉讼程序来解决这一损害赔偿问题。

#### *8.1.3.2* 因公民、法人和其他组织自己的行为致使损害发生的

因受害人过错而免责的原则早已被各国民法所接受，成为分担责任的一项原则，被称为“过失相抵”。我国《侵权责任法》第26条规定：“被侵权人对损害的发生也有过错的，可以减轻侵权人的责任。”在外国的国家赔偿法中，也适用这一原则。但一般不直接规定这项原则，而是规定适用民法的规定。我国《国家赔偿法》结合我国国情和立法传统明确规定，因公民、法人和其他组织自己的行为致使损害发生的，国家不承担赔偿责任。也就是说，行政机关及其工作人员在行政管理活动中，行使行政职权的行为违法，并给公民、法人或者其他组织的合法权益造成危害，但是这一违法行为是由该公民、法人或者其他组织自己过错所致，行政机关不承担赔偿责任。例如，行政相对人伪造证据骗取建设许可证后建筑房屋，规划部门发现后撤销了该建设许可证，并拆除了该房屋。因受害人隐瞒重要证据而致使行政机关作出错误的行政行为，受害人应对隐瞒重要证据的行为承担责任，因过错是行政相对人造成的，故国家不承担赔偿责任。适用“因受害人自己的行为致使损害，国家不承担赔偿责任的原则”，在实践中，应注意以下几个问题：

（1）因被处罚人违反行政管理法律规范，理应受到行政处

罚，而行政机关的行政处罚畸重，致使其合法权益受到损害的，因加重处罚部分的损害完全是由行政机关造成的，被处罚人的过错只是违反法律规范的过错，加重处罚部分的过错不在被处罚人，所以，如果发生这类情形并符合行政赔偿范围的规定的，国家应承担赔偿责任。

（2）混合过错。行政机关及其工作人员因违法行使行政职权的行为造成损害，而受害人对该项损害也有过错的，应适当减轻或免除国家的赔偿责任。例如，申请人建房隐瞒了相关材料，行政机关没有对相关资料进行认真审查，批准了申请人不符合建房条件的建房申请，申请人负有隐瞒相关材料的责任，行政机关应对没有认真查清事实承担责任。换言之，双方均有过错，故应按照双方各自的过错大小分担责任。

（3）行政机关及其工作人员因违法行使行政职权的行为，给行政相对人合法权益造成损害，虽然行政相对人没有过错，但在损害发生后，行政相对人故意或者过失怠于依法律规定的方式进行补救或寻求救济，由此而造成的损害，国家不负赔偿责任。具体来讲有两种情形：①行政相对人因行政机关及其工作人员违法行使行政职权的行为而受到损害的，应当及时采取措施防止损失的扩大，而没有采取措施致使损失扩大的，无权就扩大损害部分要求赔偿。例如，某市场监督管理机关违法扣押当地某公司运输的一汽车水果，在扣押第三天就通知了该公司赶快取走该车水果（当时该车水果未发生腐烂），该公司拖至一个月后才来取，取时水果已全部腐烂。市场监督管理机关对该车水果腐烂不应承担赔偿责任。②受害人在法律规定的请求赔偿时效内未提出赔偿请求，从而丧失了请求赔偿权。根据 2012 年《国家赔偿法》第 39 条的规定，赔偿请求人请求国家赔偿的时效为 2 年，自其知道或者应当知道国家机关及其工作人员行使职权时的行为侵犯其人身权、财产权之日起计算，但被羁押等限制人身自由期间不计算在内。在申请行政复议或者提起行政诉讼时一并提出赔偿请求的，适用《行政复议法》《行政诉讼法》有关起诉期限的规定。

这里需要注意两个问题：一是第39条中所讲的“知道或者应当知道之日”，一般是指行政机关及其工作人员行使职权时的行为被依法确认为违法之日。二是赔偿请求人在赔偿请求时效的最后6个月内，因不可抗力或者其他障碍不能行使请求权的，时效中止，从中止时效的原因消除之日起，赔偿请求时效时间继续计算。

（4）因第三人的过错而造成损害的，国家不应承担赔偿责任。例如，公安机关违法作出有关公民之间损害赔偿问题的裁决，致使受到不法行为侵害的公民得不到赔偿。虽然公安机关有责任，但实际导致受侵害的，是不法行为侵害人的行为。因此，受侵害公民所受到的损害应由不法行为侵害人来承担赔偿责任，国家不应承担赔偿责任。

#### *8.1.3.3* 法律规定的其他情形

法律规定的其他情形，是指除以上两种情形以外，我国法律明确规定的其他国家不承担赔偿责任的情形。这里所讲的“法律”应作狭义理解，是指全国人民代表大会及其常务委员会依照立法程序制定、通过和颁布的具有普遍约束力的规范性文件。它不包括行政法规和地方性法规。也就是说，行政法规、地方性法规不能规定其他国家不承担赔偿责任的情形。

## 8.2　行政赔偿请求人和行政赔偿义务机关

### 8.2.1　行政赔偿请求人的资格

行政赔偿请求人，是指行政机关及其工作人员违法行使行政职权的行为侵害了合法权益，依据法律规定具有向行政机关请求赔偿的权利的公民、法人和其他组织。

根据 2012 年《国家赔偿法》第 6 条的规定，行政赔偿请求人应具备以下三个条件：

（1）请求人的合法权益受到行政机关及其工作人员违法行使职权的行为的侵害并造成实际损害后果。受到行政机关及其工作人员在行政管理活动中违法行使行政职权的行为侵害并造成实际损害后果的，是作为请求行政赔偿的先决条件。因此，没有受到违法行使行政职权的行为侵害并造成实际损害后果的公民、法人或者其他组织，也就不具备请求行政赔偿的资格。需要注意的是，行政机关及其工作人员行使行政职权的行为被确定违法，受到侵害的公民、法人或者其他组织请求行政赔偿，这时仅是请求人的单方面的认识，侵害其合法权益的行为是否存在及实际损害后果究竟到什么程度，需要等待有关机关对行政赔偿纠纷审查后才能作出最后的确定，并不能以请求人提出的请求为依据。

（2）以自己的名义提出行政赔偿请求。向有关机关请求行政赔偿的公民、法人或者其他组织只能以自己的名义提出，以其他人的名义提起行政赔偿请求的人，不是行政赔偿请求人，而是行政赔偿请求人的委托代理人。

（3）受行政赔偿义务机关或者人民法院就行政赔偿问题所作出的裁决、判决的约束。行政赔偿义务机关或者人民法院对行政赔偿问题的行政裁决、行政判决是为解决行政机关与请求人之间的行政赔偿争议而作出的，对他们具有约束力。不受行政裁决或者行政判决约束而以自己名义参加有关行政赔偿争议行政处理活动或者行政赔偿诉讼活动的人，如证人、鉴定人、翻译人员等，不是行政赔偿请求人。

根据2012年《国家赔偿法》第6条第1款的规定，在一般情况下，行政赔偿请求人，是指受到违法行使行政职权行为侵害并造成实际损害后果的公民、法人和其他组织。公民，是指具有中华人民共和国国籍的自然人。法人，是指具有民事权利能力和民事行为能力，依法独立享有民事权利和承担民事义务的组织。法人包括两类：一类是企业法人，如全民所有制企业、集体企业、中外合作经营企业、中外合资经营企业和外资企业等；另一类是非企业法人，如国家机关法人、事业单位法人和社团法人。其他组织，是指不具备法人条件，没有取得法人资格的社会组织或者经济组织。根据该法第40条的规定，外国人、外国企业和外国组织在我国受到我国行政机关及其工作人员违法行使行政职权的行为侵害并造成实际损害后果的，在一般情况下，具有提出行政赔偿请求的权利。但是，外国人、外国企业和外国组织的所属国对我国公民、法人和其他组织要求该国国家赔偿的权利不予保护或者限制的，我国对该国的公民、企业和组织采取对等原则，要求我国国家赔偿的权利不予保护或者给予同等的限制。

根据2012年《国家赔偿法》第6条第2款、第3款的规定，特殊情况下的行政赔偿请求人是指以下两种人：

（1）受害的公民死亡，其继承人和其他有抚养关系的亲属以及死者生前抚养的无劳动能力的人具有行政赔偿请求人的资格。

继承人，是指在财产继承中，依照法律的规定享有继承权，可以接受遗产继承的人。继承人分为两种，一种是法定继承人，另一种是遗嘱继承人。法定继承，是指按照法律直接规定的继承人的范围、顺序和遗产分配等原则进行财产继承的一种制度。法定继承人的范围是由法律直接加以确定的，是以血缘关系和婚姻关系为基础，以抚养关系为补充。根据我国《继承法》的规定，法定继承人的范围是：被继承人的配偶（与被继承人死亡时存在合法婚姻关系的人）、子女（包括婚生子女、非婚生子女、养子女和有抚养关系的继子女）、父母（包括生父母、养父母和有抚养关系的继父母）、兄弟姐妹（包括同父母、同父异母或同母异父的兄弟姐妹，养兄弟姐妹，有抚养关系的继兄弟姐妹）、祖父母、外祖父母。继承人的子女的晚辈直系血亲应当说也是法定继承人，适用代位继承。我国《继承法》规定，法定继承有两个顺序：第一继承顺序为配偶、子女、父母；第二继承顺序为兄弟姐妹、祖父母、外祖父母。继承开始后，由第一顺序继承人继承，第二顺序继承人不继承。没有第一顺序继承人继承的，第二顺序继承人继承。从国家赔偿的角度讲，凡是如果有第一顺序继承人存在的情况下，只有第一顺序继承人具有行政赔偿请求人的资格，第二继承顺序的继承人不具有行政赔偿请求人的资格。

遗嘱继承，是指公民生前依照法律规定的方式，待自己死后遗嘱发生法律效力，使遗产由遗嘱指定的继承人继承的法律制度。公民可以立遗嘱将个人财产指定由法定继承人的一个或者数人继承。如果死亡公民生前立下遗嘱，在法定继承人范围内确定遗嘱继承人，可以不受第一顺序的限制。也就是说，其即使属于第二继承顺序的继承人，在有第一顺序继承人的情况下亦具有行政赔偿请求人的资格。在此种意义上，遗嘱剥夺了继承权的法定继承人行政赔偿请求人的资格。

《国家赔偿法》中的“有抚养关系的近亲属”包括有抚养

关系的配偶、父母、子女、兄弟姐妹、祖父母、外祖父母、孙子女、外孙子女；叔叔、伯父、姑姑、舅舅、姨妈等。根据《国家赔偿法》的规定，如果受害的公民死亡，他们也具有行政赔偿请求人的资格。

受害的公民死亡，其继承人和有抚养关系的人提起行政赔偿诉讼的，应当提供该公民死亡的证明及赔偿请求人与死亡公民之间的关系证明。

（2）受害的法人或者其他组织终止，承受其权利的法人或者其他组织具有行政赔偿请求人的资格。

这里所讲的“终止”，是指法人或者其他组织被依法撤销、解散、宣告破产、合并、分立、注销等。被终止的法人或者其他组织受到行政机关及其工作人员违法行使行政职权的行为侵害，承受其权利的法人或者其他组织承受权利的内容中包括接受被终止的法人或者其他组织请求行政赔偿的权利，因此，理所当然地应当具有行政赔偿请求人的资格。企业法人或者其他组织被行政机关撤销、变更、兼并、注销，认为经营自主权受到侵害，依法提起行政赔偿诉讼，原企业法人或者其他组织也具有原告资格。

只有具有行政赔偿请求人资格的人，才有权作为原告提出行政赔偿诉讼，反之则不能作为原告提出行政赔偿诉讼。人民法院经审理发现原告不具有赔偿请求人资格的，应当驳回其行政赔偿诉讼的请求。

此外，法院除审查行政赔偿请求人资格外，还要审查行政赔偿请求人是否超过法定提起行政赔偿的期限。根据《国家赔偿法》的规定来看，提出行政赔偿的期限为两种：一是向行政赔偿义务机关请求赔偿的期限，简称请求期限；另一种是向人民法院提起行政诉讼的期限，简称诉讼期限。根据《国家赔偿法》和《行政诉讼法》的规定，行政赔偿请求人向行政赔偿义务机关请求赔偿的时效为 2 年，自行政机关及其工作人员行使职权时的行为被依法确认为违法之日起计算，但被羁押期间不计算在内。赔偿请求人在赔偿请求时效的最后 6 个月内，因不可抗力或者其他障碍不能行使请求权的，时效中止，从中止时效的原因消除之日起，赔偿请求时效期间继续计算。行政赔偿请求人向行政赔偿义务机关提出行政赔偿请求，被请求机关逾期不予以赔偿或者行政赔偿请求人对赔偿数额有异议的，行政赔偿请求人在期间届满后向人民法院提起行政赔偿诉讼的期限为 3 个月，自行政赔偿请求人向行政赔偿义务机关递交赔偿申请后 2 个月届满之日起计算。行政赔偿义务机关作出赔偿决定时，未告知赔偿请求人的诉权或者起诉期限，致使赔偿请求人逾期向人民法院起诉的，其起诉期限从赔偿请求人实际知道诉权或者起诉期限时计算，但逾期的期间自赔偿请求人收到赔偿决定之日起不得超过 1 年。在提起行政诉讼的同时一并提出行政赔偿请求的，其起诉期限按照行政诉讼起诉的规定执行。行政案件的原告可以在提起行政诉讼时和人民法院一审庭审结束前，提出行政赔偿请求。

人民法院如果在立案审查时，发现原告超过法定赔偿期限提起行政赔偿诉讼的，应当裁定不予受理行政赔偿的起诉；如果在受理后发现的，应当裁定驳回行政赔偿的起诉。

### *8.2.2*　被告是否是适格的赔偿义务机关

在国家赔偿法中，赔偿主体是指国家，即由国家承担赔偿责任。国家是一个抽象的实体，为行使管理国家事务的公共权力，需要设立有关各类、各级国家机关代替其行使各类公共权力。这些国家机关在行使公共权力的过程中发生侵犯公民、法人和其他组织合法权益的违法行为，原则上由国家承担赔偿责任。然而，正由于国家是一个抽象的实体，其赔偿责任就应有一个具体的国家机关代替其承担。因此，赔偿义务机关实际上是代国家承担具体赔偿责任的机关。行政机关及其工作人员违法行使行政职权的行为并造成实际损害结果的，应由谁来作为行政赔偿义务机关呢?

2012年《国家赔偿法》第7条、第8条明确规定了六种不同情况下的行政赔偿义务机关。其中前一种为在一般情况下的行政赔偿义务机关，后五种为在特殊情况下的行政赔偿义务机关。

### *8.2.2.1* 在一般情况下的行政赔偿义务机关

2012年《国家赔偿法》第7条第1款规定："行政机关及其工作人员行使行政职权侵犯公民、法人和其他组织的合法权益造成损害的，该行政机关为赔偿义务机关。"根据该款的规定，在一般情况下，行政机关及其工作人员在行政管理活动中，违法行使行政职权的行为造成公民、法人或者其他组织合法权益损害结果的，由该行政机关作为赔偿义务机关。例如，某县卫生局违法将某企业的产品予以扣押，并造成损害的，由此产生的行政赔偿责任应由该县卫生局承担行政赔偿责任。也就是说，该县卫生局是其违法行政行为的赔偿义务机关。这里需要特别指出，行政机关工作人员违法行使行政职权的行为造成公民、法人或者其他组织合法权益损害的，不是由该工作人员自己承担赔偿责任，而应该是由授予该工作人员行使行政职权行为的行政机关承担行政赔偿责任。例如，某市公安局的交通警察在维护交通秩序过程中，将违反交通规则的公民打伤，由此产生的行政赔偿责任，应由市公安局承担。

这里应当指出，人民法院对行政机关依据1989年《行政诉讼法》第66条、2014年《行政诉讼法》第97条的规定，申请人民法院强制执行的案件，只对申请执行的行政行为形式要件进行审查，不对其的合法性进行全面审查，这类案件的行政行为由于据以执行的根据错误而发生行政赔偿的，造成侵害结果发生的责任在申请执行的行政机关，而不是人民法院，所以行政赔偿义务机关应当是申请强制执行的行政机关，而不应是人民法院。

### *8.2.2.2*　在特殊情况下的行政赔偿义务机关

行政机关及其工作人员在特殊情况下，违法行使行政职权的行为造成公民、法人或者其他组织合法权益损害结果的，法律规定这一承担赔偿责任的行政机关，被称之为特殊行政赔偿义务机关。具体有以下五种：

（1）致害行为是两个以上行政机关共同所为的行政赔偿义务机关。根据 2012 年《国家赔偿法》第 7 条第 2 款的规定，两个以上行政机关共同行使行政职权时，侵犯公民、法人和其他组织的合法权益造成损害的，共同行使行政职权的行政机关为共同赔偿义务机关。例如，某县卫生局与县市场监督管理局共同对某商店进行了违法查封，造成该商店直接损失 2000 元，该侵权行为的行政赔偿义务机关应当是县卫生局和县市场监督管理局。这样确定行政赔偿义务机关有利于分清各行政机关的责任，减少扯皮，提高行政执法水平。但需要注意的是，这里所说的两个以上的行政机关是指两个以上具有独立法人资格的行政机关，不包括同一行政机关的两个以上内部机构。例如，市卫生局的两个处室共同违法行使行政职权的行为造成损害的，赔偿义务机关是市卫生局，而不能是这两个处室。

（2）致害主体为法律、法规授权的非行政机关的组织的赔偿义务机关。根据 2012 年《国家赔偿法》第 7 条第 3 款的规定，法律、法规授权的组织在行使授予的行政权力时侵犯公民、法人和其他组织的合法权益造成损害的，被授权的组织为赔偿义务机关。这里所讲的“授权”，是专指法律、法规明确将某项行政职权直接授予某类组织行使。例如，《公共场所卫生管理条例》第10条规定：“各级卫生防疫机构，负责管辖范围内的公共场所卫生监督工作。”卫生防疫机构就属于法律、法规授权的组织。法律、法规间接授权的组织，它们之间属于委托关系，故不属于这里所讲的授权组织。例如，《森林法实施细则》[①] 第24条规定，对违反森林法行为的行政处罚，由县级以上林业主管部门或其授权的单位决定。该条中的授权应不是直接授予某类组织，而是由县级以上林业主管部门授予某一个单位。这类授权就属间接授权。间接授权的单位不属法律、法规授权的组织，而是属于行政机关委托行使行政权力的组织。因此，该组织不能成为赔偿义务机关。法律、法规直接授权的组织违法行使法律、法规授予其的行政职权的行为，并造成公民、法人和其他组织合法权益损害结果的，该组织才能成为行政赔偿义务机关。如果该组织实施的侵权行为与法律、法规的授权无关，国家不承担该侵权行为的赔偿责任，受害人应当向该组织请求民事赔偿。

（3）致害主体为行政机关委托的组织或者个人的赔偿义务机关。根据2012年《国家赔偿法》第7条第4款的规定，受行政机关委托的组织或者个人在行使受委托的行政权力时侵犯公民、法人和其他组织的合法权益造成损害的，委托的行政机关为赔偿义务机关。之所以这样规定，是因为受托人的行为是根据委托人的要求并以委托的行政机关的名义作出的，该行为所产生的法律后果亦应由委托的行政机关承担。因此，委托的行政机关应当是该类侵权行为的赔偿义务机关。例如，某县林业局委托某企业行使林业行政管理职权，该企业实施委托其的林

① 已被《森林法实施条例》废止。该条内容仅作举例使用。

业行政管理职权时，造成某公民合法权益损害，该公民应以县林业局为赔偿义务机关向其请求赔偿。这里需要注意两个问题：一是不管行政机关的委托是否合法，都应以委托的行政机关为赔偿义务机关；二是受委托的组织或个人实施的侵害行为与委托的职权无关，国家不承担赔偿责任，由此引起的赔偿责任应当由该组织或个人承担。

（4）赔偿义务机关被撤销的情况下的赔偿义务机关。根据 2012 年《国家赔偿法》第 7 条第 5 款的规定，赔偿义务机关被撤销的，继续行使其职权的行政机关为赔偿义务机关；没有继续行使其职权的行政机关的，撤销该赔偿义务机关的行政机关为赔偿义务机关。例如，甲区卫生局被撤销后并入乙区卫生局，甲区卫生局违法行使行政职权的行为造成公民合法权益损害的，该公民应向乙区卫生局请求赔偿。

（5）经过复议的行政侵权行为的赔偿义务机关。根据 2012 年《国家赔偿法》第 8 条的规定，经过复议机关复议的，最初造成侵权行为的行政机关为赔偿义务机关，但复议机关的复议决定加重损害的，复议机关对加重的部分履行行政赔偿义务。如果原告只对最初造成侵权行为的行政机关提起行政赔偿诉讼，没有对复议机关提起赔偿诉讼，可以免除复议机关的赔偿责任。如果只对复议机关提出行政赔偿，没有对最初行政机关提出行政赔偿，可以免除最初行政机关的赔偿责任。

只有具备赔偿义务机关资格的，才能作为行政赔偿诉讼的被告。反之，则不能成为行政赔偿诉讼的被告。人民法院经审理发现原告提起行政赔偿诉讼的被告错误，可以征得原告的同意后变更被告，原告拒绝变更的，应当驳回其赔偿诉讼请求。

## 8.3 行政赔偿程序

### 8.3.1 行政赔偿诉讼的提出程序

人民法院审理行政赔偿案件的内容应当包括原告是否具有行政赔偿请求人的资格、是否超过赔偿时效，被告是否是适格的赔偿义务机关，请求赔偿的行为是否属于行政赔偿的范围等问题。在查清这些事实后，根据《国家赔偿法》的规定确定是否赔偿和赔偿的方式及其数额。

按照提出行政赔偿请求的方式来划分，提出行政赔偿诉讼的方式可分为一并提出和单独提出两种方式。

#### 8.3.1.1 一并提出的方式

所谓一并提出的方式，是指行政相对人在请求人民法院撤销或者变更行政行为，或者确认行政行为违法、无效，或者要求被告履行法定职责及给付义务的同时，要求行政机关对其所造成的损害进行赔偿。行政相对人一并提出的，有关行政赔偿请求可以在提出行政诉讼时一并提出；也可以在行政诉讼过程中提出。要求行政赔偿的损害，可以是由行政行为所造成；也可以是由行政机关在行政管理过程中违法行使职权的行为所造成。

对一并提出的，人民法院应当分别立案。“分别立案”，是指对一并提起两个诉讼请求的案件，应当按照年度、审级、一案一号的原则单独立案，并形成独立卷宗。如果法院经审查，认为可以合并审理的案件，应当将已经单独立案的两个案件退回立案登记处销案，并对需要合并审理的两个案件作为一案重新立案编号。法院根据具体情况可以合并审理，也可以单独审理。无论是合并审理的，还是单独审理的，人民法院均应当先审查被诉行政行为的合法性问题，在基本上查清有关行政行为合法性后或者作出判决后，再审查有关行政赔偿的问题。

### *8.3.1.2*　单独提出的方式

所谓单独提出的方式，是指在行政机关及其工作人员行使职权的行为已被确认为违法的情况下，行政相对人仅就赔偿问题向人民法院提出诉讼请求的案件。

1994 年《国家赔偿法》第 9 条规定，赔偿义务机关对依法确认有该法第 3 条、第 4 条规定的情形之一的，应当给予赔偿。赔偿请求人要求赔偿，应当先向赔偿义务机关提出，也可以在申请行政复议或者提起行政诉讼时一并提出。根据该条的规定，单独提出行政赔偿请求的前置前提条件有两个：一是行政行为被确认违法；二是应经过赔偿义务机关先行处理后，才可以向人民法院提起行政赔偿诉讼。2012 年《国家赔偿法》第 9 条的规定已删掉“依法确认”四个字。对此，在司法实践中，就 2012 年《国家赔偿法》施行后，对单独提出行政赔偿请求继而单独提起行政赔偿诉讼的，是否须以行政行为被确认违法为前置条件和先经行政处理才能提起诉讼，都存在不同意见。

（1）关于确认违法是否属于单独提起行政赔偿的前置条件问题。实践中对确认违法是否属于单独提起行政赔偿的前置条件问题存在两种不同意见：

第一种意见认为，2012 年《国家赔偿法》第 9 条第 1 款虽然取消“依法确认”四个字，但对单独提出行政赔偿请求、单独提起行政赔偿诉讼要求以行政行为被确认违法为前提没有实质影响。理由如下：第一，1994 年《国家赔偿法》规定，赔偿请求人要求刑事赔偿应当先向赔偿义务机关提出，由赔偿义务机关进行确认。实践中有一些赔偿义务机关以各种理由不予确认或对确认申请拖延不办，申请人向其上一级机关申诉又往往行不通，致使当事人无法进入赔偿程序。为改变刑事赔偿中的弊端，畅通赔偿请求渠道，2012 年《国家赔偿法》第 22 条取消“依法确认”四个字。因此，该修正主要针对司法赔偿，行政赔偿仍应按照《行政诉讼法》的规定办理。且 2012 年《国家赔偿法》第 9 条第 1 款所援引的第 3 条、第 4 条规定仍是违法归责原则，包含有公民等的合法权益受到违法行政行为侵犯造成损害的才有权请求赔偿的内容，即隐含了行政行为的违法性被确认仍是单独提出行政赔偿请求、单独提起行政赔偿诉讼的前置条件。第二，如果单独提出行政赔偿请求继而单独提起行政赔偿诉讼不以行政行为被确认违法为前提，行政诉讼的起诉期限将被国家赔偿请求时效所代替，如当事人超过法定起诉期限依法不能提起行政诉讼，却可以在两年内通过直接提起行政赔偿诉讼实现对行政行为的合法性审查，行政诉讼的起诉期限制度将被虚置，将给《行政诉讼法》的贯彻执行带来混乱。第三，如果赔偿请求人单独提出行政赔偿请求以及单独提起行政赔偿诉讼不以行政行为被确认违法为前置条件，那么赔偿请求人经先行处理程序后，依照 2012 年《国家赔偿法》第 14 条的规定向人民法院单独提起行政赔偿诉讼，人民法院就要在判决中既对行政行为是否违法予以确认，又对是否赔偿作出判决，这与“一案一判”行政审判实务做法不一致。综上，从 2012 年《国家赔偿法》的修正目的、行政赔偿违法归责原则、现有实务做法、起诉期限理论等角度分析，单独提出行政赔偿请求、单独提起行政赔偿诉讼仍应以行政行为被确认违法为前置条件，2012 年《国家赔偿法》第 9 条对行政赔偿诉讼没有实质影响。

第二种意见认为，2012 年《国家赔偿法》第 9 条第 1 款已取消“依法确认”四个字，表明单独提出行政赔偿请求继而单独提起行政赔偿诉讼无须以行政行为被确认违法为前提。理由如下：第一，2012 年《国家赔偿法》第 9 条取消“依法确认”四个字，说明原法条在实际执行中存在问题，一是确认程序与赔偿决定程序分设不合理，确认前置造成了司法资源的浪费；二是确认前置一定程度阻碍了受害人及时得到赔偿，如确认权被滥用或是拒不确认致当事人无法进入赔偿程序。故立法机关取消了国家赔偿程序中单独存在的确认违法前置程序。第二，《国家赔偿法》作为一部保障公民合法权益的重要法律，需要普通老百姓能清晰明了知晓，从 2012 年《国家赔偿法》第 9 条规定的条文直观来看，就是表明单独提出行政赔偿请求继而单独提起行政赔偿诉讼无须以行政行为被确认违法为前置条件。人民法院受理单独提起的行政赔偿诉讼后，应对行政行为是否违法一并审查确认。第三，随着司法实践的发展，对《国家赔偿法》在实施中所涉赔偿渠道不畅通等问题进行修改完善，其第 9 条规定取消“依法确认”，有利于简化程序，减少诉累，节约司法资源，也有利于受害人及时得到赔偿。综上，在经过赔偿义务机关先行处理程序后，赔偿请求人不服而单独提起行政赔偿诉讼的，无论赔偿义务机关是否对其原作出的行政行为确认违法，人民法院均应受理赔偿请求人提起的行政赔偿诉讼，在判决中对该行政行为是否违法予以确认以及判决是否赔偿。

笔者同意第一种意见，并在此补充以下两个理由：第一，第一种意见符合立法目的。2012 年《国家赔偿法》第 9 条虽删去“依法确认”四个字，但结合该法第 3 条和第 4 条的规定来看，仍将行政行为违法作为行政赔偿的前提条件，同时保留了行政先行处理程序，即赔偿请求人单独提出行政赔偿请求，应由行政机关先行处理后，才能向法院提起行政赔偿诉讼。当事人也可以选择在提起行政复议或者行政诉讼时，一并提出行政赔偿请求。从立法原意来看，2012 年《国家赔偿法》第 9 条第 1 款删除“依法确认”，只是简化了赔偿义务机关的赔偿处理程序，而对于单独提起行政赔偿诉讼应当具备的条件并未省略。第二，《行政赔偿规定》第 21 条规定："赔偿请求人单独提起行政赔偿诉讼，应当符合下列条件：……（4）加害行为为具体行政行为的，该行为已被确认为违法；（5）赔偿义务机关已先行处理或超过法定期限不予处理……"第 34 条规定："人民法院对赔偿请求人未经确认程序而直接提起行政赔偿诉讼的案件，在判决时应当对赔偿义务机关致害行为是否违法予以确认。"最高人民法院行政审判庭 2001 年 12 月 24 日作出的〔2001〕行他字第 10 号《关于如何适用最高人民法院〈关于审理行政赔偿案件若干问题的规定〉第二十一条第（四）项和第三十四条规定的答复》指出："根据《最高人民法院关于审理行政赔偿案件若干问题的规定》第二十一条第（四）项和第三十四条的规定，因行政机关的具体行政行为引起的行政赔偿，赔偿请求人单独提起行政赔偿诉讼的，应当符合第二十一条第（四）项规定的起诉条件；因行政机关的事实行为引起的行政赔偿，赔偿请求人单独提起行政赔偿的，应当适用第三十四条的规定。"据此，最高人民法院就钟萍等四人诉成都高新管委会行政赔偿一案作出的（2014）行监字第 514 号行政裁定中明确指出，根据《行政赔偿规定》第 21 条第（4）项的规定，加害行为为具体行政行为的，该行为已被确认为违法是单独提起行政赔偿诉讼的法定条件之一。虽然 2012 年《国家赔偿法》第 9 条比修正前少了"依法确认"四个字，但是"违法"作为国家赔偿的前提没有改变。因此，2012 年《国家赔偿法》第 9 条与《行政赔偿规定》第 21 条第（4）项的规定并不矛盾。也就是说，单独提出行政赔偿请求的，仍需要经过确认违法后，才能提起行政赔偿诉讼。

被确认为行使职权的行为违法，主要有以下三种形式：一是主管行政机关或者人民法院的处理决定或者判决撤销、部分撤销、变更行政行为，或者确认行政行为违法、无效；二是主管行政机关或者人民法院的裁决或者判决维持了行政机关的行政行为，但确认其工作人员实施的其他行使职权的行为违法；三是行政机关的处理决定认定行政机关及其工作人员在执行职务中实施了其他违法行为。对已被确认为行使职权的行为违法的侵权赔偿案件，人民法院不对行政机关及其工作人员行使职权的行为是否合法的问题进行审查，只审查有关行政赔偿的问题。

（2）关于行政机关先行处理是否属于单独提出赔偿诉讼的前置条件问题。在审判实践中，对行政行为已经人民法院生效裁判确认违法，当事人提起的行政赔偿诉讼是否要以赔偿义务机关先行处理为起诉条件的问题，存在两种不同意见：

第一种意见认为，已通过行政诉讼程序确认行政行为违法的，当事人再行提起行政赔偿诉讼无须经过赔偿义务机关先行处理程序。理由是，2012 年《国家赔偿法》第 9 条第 2 款规定，赔偿请求人要求赔偿，应当先向赔偿义务机关提出，也可以在申请行政复议或者提起行政诉讼时一并提出。对于这两种途径，赔偿请求人可以自行选择。赔偿请求人先提起行政诉讼，之后又提起行政赔偿诉讼，表明其没有选择向行政机关直接提出赔偿请求的途径，而是选择由人民法院解决其行政赔偿问题。对于这种特殊请求如何处理，《国家赔偿法》没有明确规定。在这种情况下，如果要求赔偿请求人再向赔偿义务机关提出赔偿请求方可提起行政赔偿诉讼，实际上剥夺了赔偿请求人在赔偿程序上的选择权，增加了赔偿程序的复杂性，不利于畅通赔偿渠道。据此，如果行政行为已经行政诉讼确认违法，无须再要求行政机关对违法行为进行确认，这也体现了司法最终原则。

第二种意见认为，已通过行政诉讼程序确认行政行为违法的，当事人再行提起行政赔偿诉讼仍须经过赔偿义务机关先行处理程序。理由如下：第一，须经过赔偿义务机关先行处理符合立法的本意。2012 年《国家赔偿法》第 9 条第 2 款规定：“赔偿请求人要求赔偿，应当先向赔偿义务机关提出，也可以在申请行政复议或者提起行政诉讼时一并提出。”该款没有例外规定，也就意味着，对已通过行政诉讼程序确认行政行为违法的，赔偿请求人向人民法院提出行政赔偿诉讼仍须经赔偿义务机关先行处理，不可以直接提出赔偿诉讼。第二，有利于赔偿问题的解决。虽然已通过行政诉讼程序确认行政行为违法，但法院并未对有关赔偿问题进行过审理，违法行政行为与损害结果之间的关系及损害程度法院并不清楚，赔偿义务机关相对法院来说对上述问题更为清楚，由他们先行处理有利于问题的及时解决。第三，《行政赔偿规定》第 34 条规定：“人民法院对赔偿请求人未经确认程序而直接提起行政赔偿诉讼的案件，在判决时应当对赔偿义务机关致害行为是否违法予以确认。”该条所讲的赔偿义务机关的致害行为，指的是事实行为。因 1989 年《行政诉讼法》将事实行为排除在行政诉讼的受案范围之外，赔偿义务机关不确认或者拖延确认事实行为的合法性，当事人就无法进入行政赔偿诉讼，其合法权利得不到充分保护，因此，作出此条的规定。2014 年《行政诉讼法》将具体行政行为修改为行政行为，将原排除在行政诉讼受案范围之外的事实行为纳入到行政诉讼的受案范围之内。也就是说，当事人对行政机关的事实行为可以提起行政诉讼，有效地避免了赔偿义务机关不确认或者拖延确认事实行为，更充分地保护了当事人的合法权益。正因为事实行为纳入了行政诉讼的受案范围，《行政赔偿规定》第 34 条规定在 2014 年《行政诉讼法》施行后，已无存在的必要，所以不会因事实行为影响到行政行为违法性的确认。

综上，笔者同意第二种意见。

#### 8.3.1.3　关于诉赔偿义务机关有关行政赔偿的处理问题

根据 2012 年《国家赔偿法》第 14 条①的规定，诉赔偿义务机关有关行政赔偿处理问题的起诉有三种类型：一是对赔偿义务机关作出的赔偿决定的赔偿方式、项目、数额有异议而提起的行政赔偿诉讼；二是对赔偿义务机关作出的不予赔偿决定而提出的行政赔偿诉讼；三是对赔偿义务机关对行政赔偿申请不作为而提起的行政赔偿诉讼。即赔偿义务机关接到行政赔偿申请在法定期限内不给予答复或者实质性答复而提起的行政赔偿诉讼。根据该法第 13 条②的规定，法定处理期限为 2 个月。即从赔偿义务机关收到申请之日起开始计算，2 个月内作出是否赔偿的决定。根据该法第 14 条的规定，当事人对上述三种类型的有关行政赔偿的处理不服的，起诉期限为 3 个月。前两种类型的起诉期限从赔偿义务机关作出有关行政赔偿决定之日起开始计算；后一种类型从法定处理期限届满之日起开始计算。

法院已受理的诉行政机关作出的不予行政赔偿决定案件和诉赔偿义务机关对行政赔偿申请不作为的案件，通常有两种情况：一是有权机关确认行政行为已违法，但认为该行为未造成申请人合法权益损害而作出不予赔偿的决定或者赔偿义务机关

---

① 2012 年《国家赔偿法》第 14 条规定："赔偿义务机关在规定期限内未作出是否赔偿的决定，赔偿请求人可以自期限届满之日起三个月内，向人民法院提起诉讼。赔偿请求人对赔偿的方式、项目、数额有异议的，或者赔偿义务机关作出不予赔偿决定的，赔偿请求人可以自赔偿义务机关作出赔偿或者不予赔偿决定之日起三个月内，向人民法院提起诉讼。"

② 2012 年《国家赔偿法》第 13 条规定："赔偿义务机关应当自收到申请之日起两个月内，作出是否赔偿的决定。赔偿义务机关作出赔偿决定，应当充分听取赔偿请求人的意见，并可以与赔偿请求人就赔偿方式、赔偿项目和赔偿数额依照本法第四章的规定进行协商。赔偿义务机关决定赔偿的，应当制作赔偿决定书，并自作出决定之日起十日内送达赔偿请求人。赔偿义务机关决定不予赔偿的，应当自作出决定之日起十日内书面通知赔偿请求人，并说明不予赔偿的理由。"

对行政赔偿申请不作为的，法院对确认行政行为违法问题不再进行审查，只审查是否造成原告合法权益损害。若未造成损害的，判决驳回原告的赔偿请求；若造成损害的，还要审查损害的程度，根据损害的大小，判决被告赔偿的方式、项目、数额。二是有权机关未作出确认，接受申请的行政机关拒绝赔偿或者不作为的，若原告未提起过行政诉讼并符合起诉条件的，应当向原告释明，告知原告可以对其认为侵害其合法权益的行政行为一并提起诉讼。原告拒绝一并提起诉讼的，判决驳回原告行政赔偿的诉讼请求。若原告认为侵害其合法权益的行政行为已经超过起诉期限的，亦应判决驳回原告行政赔偿的诉讼请求。

### *8.3.2* 行政赔偿诉讼中的两个特殊程序

#### *8.3.2.1* 行政赔偿调解程序

1989年《行政诉讼法》第50条、第67条第3款[①]和2014年《行政诉讼法》第60条[②]中均明确规定，行政赔偿诉讼可以适用调解。这是行政赔偿诉讼与行政诉讼的重要区别之一。之所以这样规定，是因为赔偿诉讼的原告有权放弃或处分自己赔偿请求，被告有一定的自由裁量的余地，适用调解有利于及时解决行政赔偿争议，尽快地稳定行政法律关系。但调解不是人民法院审理行政赔偿案件的必经程序，人民法院必须在征得双方当事人同意调解的前提下，才能进行调解。一方当事人不同意调解的，人民法院不能适用调解。当事人同意调解，但在人

---

① 1989年《行政诉讼法》第50条规定："人民法院审理行政案件，不适用调解。"第67条第3款规定："赔偿诉讼可以适用调解。"

② 2014年《行政诉讼法》第60条规定："人民法院审理行政案件，不适用调解。但是，行政赔偿、补偿以及行政机关行使法律、法规规定的自由裁量权的案件可以调解。调解应当遵循自愿、合法原则，不得损害国家利益、社会公共利益和他人合法权益。"

民法院主持调解中，达不成协议的，人民法院应当及时判决，不能久拖不决。人民法院调解必须坚持在查明事实、分清是非的基础上进行，绝不能采取不分是非的和稀泥的方式进行。因原告有处分自己赔偿请求的权利，而被告是代表国家给予赔偿，不能违背国家的有关规定，所以，人民法院对原告同意低于或者略高于法律规定的赔偿标准达成的协议应当允许；但对高于法律规定的赔偿标准过多而达成的协议原则上不予支持。

#### *8.3.2.2*　刑事诉讼与行政赔偿诉讼的衔接

刑事诉讼与行政赔偿诉讼的衔接主要涉及行政机关工作人员在执行职务中致人伤亡和行政机关工作人员与行政机关以外的其他人共同实施了同一违法行为，能否刑事附带赔偿诉讼的两个问题。

（1）行政机关工作人员在执行职务中致人伤亡能否刑事附带赔偿诉讼的问题。行政机关工作人员在执行职务中致人伤亡的，能否刑事附带民事赔偿诉讼或行政赔偿诉讼的问题存在不同认识。有人提出，为了减少诉讼当事人诉累，提高诉讼效率，可以参照刑事附带民事诉讼的方式，刑事附带民事赔偿诉讼，若工作人员承担不了赔偿责任也可以提出附带行政赔偿诉讼。

笔者认为，此类情况不宜刑事附带民事或者行政赔偿诉讼。理由如下：根据《国家赔偿法》的规定，行政机关工作人员在执行职务中致人伤亡的，应当由该工作人员所在的行政机关为赔偿义务主体，也就是说，赔偿责任应当由行政机关承担，行政机关可以向该工作人员进行追偿。行政机关工作人员在执行职务中致人伤亡已构成犯罪，受害人或者其亲属提起刑事附带民事赔偿诉讼的，因刑事诉讼的被告是行政机关工作人员，而不是行政机关，故人民法院不应刑事附带民事赔偿诉讼。同理，行政机关不是刑事案件的被告，其不是刑事诉讼的当事人，故人民法院也不能刑事附带行政赔偿诉讼。为了保护被侵权人的合法权益，被侵权人可以在该工作人员执行职务行为构成犯罪的刑事判决发生法律效力后，依据《国家赔偿法》的有关规定以该工作人员所属的行政机关为被告提起行政赔偿诉讼。

（2）行政机关工作人员与行政机关以外的其他人共同实施了同一违法行为能否刑事附带赔偿诉讼的问题。行政机关工作人员以行政机关的名义与行政机关以外的其他人共同实施了同一违法行为。例如，2003 年初，侯某明伙同德宏州交警支队法制宣传科科长张某虎、潞西市交警大队二中队财务室工作人员石某山以“交警部门近期要处理部分罚没车辆，并可以办理车辆的落户手续”的虚构事实，骗取原告 3340400 元购车款。该购车款交纳地点是德宏州交警支队法制宣传科、潞西市交警大队二中队财务室，出具的收款收据印章是德宏州交警支队法制宣传科、潞西市交警大队二中队。另外，为了骗取原告的信任，张某虎、石某山还将分别盖有德宏州交警支队、德宏州交警支队法制宣传科、潞西市交警大队以及二中队财务专用章等公章的《行政处罚决定书》《领取车辆及其办理落户通知》《解除（封存）（扣押）决定书》《外籍车辆准办通知》及保证交车或退还购车款的保证书等交给原告。由于张某虎、石某山、侯某明一直未能按约定交付车辆，原告于 2004 年 7 月 19 日向赔偿义务机关德宏州交警支队递交了《赔偿申请书》，但德宏州交警支队未给予任何答复。故原告向法院起诉，请求依法确认德宏州交警支队和潞西市交警大队两被告处理罚没车辆的行为违法；判令两被告返还原告预付购车款及其他损失 3464378.67 元。对这类案件能否刑事附带民事诉讼或者刑事附带行政诉讼呢？该案的赔偿性质如何确定，需要从以下两个方面进行分析：

第一，关于张某虎、石某山的行为性质问题。

张某虎是德宏州交警支队法制宣传科科长，石某山是潞西市交警大队二中队财务室工作人员。从其身份上看，他俩均是公安机关的交通警察。张某虎、石某山以交通警察的身份向原告宣称要处理罚没车辆的信息，向各原告出具加盖被告单位公章的《退款保证书》《领取车辆通知书》等；以二中队或交警支队法制科的名义收取各原告行政处罚购车款，向原告出具加盖二中队或交警支队法制科印章的收款收据。也就是说，张某虎、石某山是以德宏州交警支队、潞西市交警大队的名义实施行为。这些行为都是与张某虎、石某山执行职务的行为密不可分。尽管他们所在的机关并没有授权，他们将收取的车款也是存入自己的账户，但是，石某山、张某虎都是真正的人民警察，长期以来代表公安机关执行职务，对生活在这一片土地上的各位原告来说，对其代表公安机关行使职务行为是熟知无疑的，原告没有理由不相信这是职务行为。因此，可以认定他们的行为，为人们的一般常识和社会观念认同为行使职务的行为。他们在行为中不仅使用了职务标志，并且所有行为都是在办公场所实施。综上，张某虎、石某山的行为完全符合行使职务行为的构成要件，故应认定为职务行为，而不能认定为与职务无关的个人行为。

第二，关于德宏州交警支队、潞西市交警大队应否承担行政赔偿责任的问题。

根据《国家赔偿法》的规定，行政机关及其工作人员行使行政职权的行为违法并造成损害，违法行为与损害事实之间存在法律上的因果关系的，才存在承担行政赔偿责任的问题。该案张某虎、石某山的行为属于行使职务行为的性质，该行为直接给原告的合法财产权益造成损害，其所属的德宏州交警支队、潞西市交警大队应当承担行政赔偿责任。本案的特殊性在于其是张某虎、石某山与非公安机关工作人员侯某明共同所为，其性质属于共同恶意串通，因此，德宏州交警支队、潞西市交警大队与侯某明应当承担连带赔偿责任。因被骗的购车款项已被侯某明卷走，就应当先向侯某明追缴，追缴回来的款项返还原告，不足部分再由德宏州交警支队、潞西市交警大队赔偿。通过刑事判决，对侯某明诈骗的赃款予以追缴，返还被害人。如果刑事判决能够得到实行，就可以免除德宏州交警支队、潞西市交警大队的行政赔偿责任。但是，本案被骗的购车款项已被侯某明自己挥霍或用于偿还债务，另有近 200 余万元的款项无法证明其去向，也就是说，刑事判决有关民事部分的问题已无法实现。据此，德宏州交警支队、潞西市交警大队还是应当承担行政赔偿责任。

最高人民法院行政审判庭讨论后，同意上述分析意见。但是，本案涉及侯某明、石某山、张某虎漏罪追诉的问题，法庭应该把情况反映到侦查机关，由侦查机关先对犯罪行为进行侦查，待刑事部分审理清楚后，才能对本案作出公正的判决。故以行政审判庭的名义作出〔2006〕行他字第 8 号《关于警察以其机关的名义与罪犯共同诈骗行为赔偿问题的答复》。答复中指出："基于你院请示报告中所认定的事实，张某虎、石某山的行为是职务行为。对于番某云等上诉人的经济损失，德宏州交警支队、潞西市交警大队应承担相应的行政赔偿责任。"该答复确定了一个规则：行政机关工作人员未经授权所实施的行为，如为人们的一般常识和社会观念认同为行使职务的行为，属于行使职务的行为。此行为造成公民、法人或者其他组织的合法权益损害的，其所在的行政机关应当承担相应的赔偿责任。

本案的直接侵权人是侯某明、石某山、张某虎，他们所实施的行为属于行政机关以外的其他人的民事侵权行为，故在刑事诉讼中，可以附带民事诉讼。倘若受侵害人所获得的民事赔偿尚不足以弥补其损害的，因行政机关存在连带责任，受害人或者其亲属在刑事附带民事诉讼后，还可以依法提起行政赔偿诉讼。

## 8.4　行政侵权赔偿责任

行政侵权赔偿责任，是指行政机关及其工作人员的执行行政职务的行为违法，并给公民、法人或者其他组织的合法权益造成损害，由行政机关承担以金钱赔偿为主要方式的法律责任。

行政侵权责任是行政赔偿的前提，是人民法院审理行政赔偿案件的主要内容。根据《国家赔偿法》的规定，行政侵权赔偿责任由以下五个要件构成：

### *8.4.1*　侵权的主体必须是行政机关及其工作人员

行政赔偿是解决行政机关及其工作人员违法行使行政职权行为的赔偿问题。因此，只有在侵权主体是行政机关及其工作人员的前提下，才可能引起行政赔偿。非行政机关以外的权力机关、审判机关、检察机关、企事业单位、人民团体、普通公民等所实施的行为不可能引起行政赔偿。这里所讲的“行政机关”，应作广义上的理解，它不仅包括行政机关本身，而且还包括法律法规授权的组织、行政机关委托的组织。“行政机关工作人员”不仅包括在行政机关担负与该机关职权有直接关系的一定职务的人员，也包括行政机关行使职权而委托、聘用的人员。也就是说，并不是行政机关所有的工作人员实施侵权行为，行政机关都要承担行政赔偿责任；也并不是行政机关不在编的人员实施侵权行为，行政机关一律都不承担赔偿责任。不负有国家行政管理事务职责的人员如清洁工等实施的侵权行为，行政机关不承担赔偿责任。行政机关不在编但受行政机关委托、聘用的人员在实施受委托的职权时发生的行为，也有产生行政机关承担赔偿责任的可能性。

### 8.4.2 侵权行为必须是在行使行政职权中发生的行为

行使行政职权的行为应当理解为管理国家公共事务职权的行为。也就是说，只有侵权行为是在行使管理国家公共事务职权过程中发生的，或与行使管理国家公共事务职权有直接关系的情况下，受害人才能依照《国家赔偿法》请求行政赔偿。行政机关及其工作人员与行使职权无关的个人行为，给他人的合法权益造成损害的，受害人不能根据《国家赔偿法》的规定请求赔偿，只能根据民事法律规范的规定，向该工作人员个人请求民事赔偿。应当指出，并不是行政机关及其工作人员实施的所有行使管理国家公共事务职权的行为造成损害的，受害人均可以请求行政赔偿。同时，还必须是在《国家赔偿法》规定范围内的侵权行为，才能请求行政赔偿。

### 8.4.3 致害行为必须是违法的

行政机关及其工作人员行使行政职权的行为必须是违法的，才有可能产生行政赔偿；合法行使行政职权的行为造成损害的，行政机关不承担行政赔偿责任，而是根据有关法律、法规的规定，给予受损害人一定的补偿。也就是说，行政机关及其工作人员行使职权的行为违法，是构成行政侵权赔偿责任不可缺少的要件之一。这里所讲的“违法”，包括行政行为主要证据不足、适用法律法规错误、违反法定程序、超越职权、滥用职权、明显不当、不履行法定职权或不履行行政义务等多种形式。

这里需要注意的是，行政机关对行政相对人采取行政强制措施，根据相关法律的规定，采取行政强制措施的情形消除之后，就可以解除行政强制措施。因此说，行政强制措施被解除之后，并不一定该行政强制措施就是违法，只有有权机关确认违法的，才能认定该行政强制措施违法。例如，医疗机构发现李某疑似甲类传染病人拒绝隔离治疗，根据《传染病防治法》第 39 条[①]的规定，在公安机关协助下，医疗机构对其采取强制隔离治疗措施。当李某疑似甲类传染病治愈后，解除对其的强制治疗。医疗机构采取的强制措施虽被解除，但不存在违法的问题，故医疗机构不承担行政赔偿责任。又如，某烟草专卖机关将甲公司持有烟草运输许可证的一车香烟扣押，该公司不服申请行政复议，复议机关作出复议决定，认定某烟草专卖机关扣押行为违法并解除了扣押措施。因该扣押行为已被确认违法，若造成该公司合法权益损害的，应承担行政赔偿责任。

### *8.4.4*　必须存在法定的损害事实

行政侵权责任是以金钱赔偿为主要形式的行政法律责任，所以，损害事实的存在是其必不可少的构成要件。否则，赔偿便无从谈起。这里所讲的“法定的损害事实”包含以下两个方面的内容：第一，被损害的利益必须是合法权益。公民、法人和其他组织的合法权益国家应当予以保护，非法权益本身就不是其应当享有的权益，故国家不应当给予保护。因此，行政机关及其工作人员违法行使行政职权的行为造成公民、法人或者其他组织合法权益损害的，国家才有可能承担行政赔偿责任。如果受到损害的是不法利益、不当得利等不受法律保护的权益，国家不承担行政赔偿责任。第二，被损害的利益只限于生命健康权和实际财产权。行政赔偿所支付的赔偿金都是纳税人所缴纳的税款。因此，在确定国家赔偿的范围时，既要考虑保障受

---

① 《传染病防治法》第 39 条规定：“医疗机构发现甲类传染病时，应当及时采取下列措施：（一）对病人、病原携带者，予以隔离治疗，隔离期限根据医学检查结果确定；（二）对疑似病人，确诊前在指定场所单独隔离治疗；（三）对医疗机构内的病人、病原携带者、疑似病人的密切接触者，在指定场所进行医学观察和采取其他必要的预防措施。拒绝隔离治疗或者隔离期未满擅自脱离隔离治疗的，可以由公安机关协助医疗机构采取强制隔离治疗措施……”

损害的公民、法人或者其他组织的合法权益，同时又要考虑纳税人缴纳的税款有效使用的问题。从我国的实际情况考虑，《国家赔偿法》将国家赔偿的范围确定在生命健康权和实际财产权的范围之内，对名誉权、名称权、难以直接用金钱计算的权益的损害原则上不予以赔偿。

这里需要注意的是，根据 2014 年《行政诉讼法》第 38 条第 2 款的规定，在行政赔偿、补偿的案件中，原告应当对行政行为造成的损害提供证据。因被告的原因导致原告无法举证的，由被告承担举证责任。如果由于行政机关违法行政行为造成有关损害的证据灭失，原告、被告均无法提供的，因法院不得拒绝裁判，应根据《最高人民法院关于行政诉讼证据若干问题的规定》第 54 条的规定，对经过庭审质证的证据和无须质证的证据进行逐一审查和对全部证据综合审查，遵循法官职业道德，运用逻辑推理和生活经验，进行全面、客观和公正地分析判断，确定证据材料与案件事实之间的证明关系，排除不具有关联性的证据材料，准确认定案件事实。例如，某县政府在房屋征收中用推土机将张某的房屋拆除，有关屋内物品的证据全部灭失。原告无法举出强拆时屋内物品的证据；因被告未采取证据保全措施，亦无法提供屋内物品损害的证据。为了准确认定案件事实，法院让原告提供屋内物品清单和其经济收入情况的证据。对原告提供的有关生活用品的清单，与其经济收入基本吻合的，一般予以认定。但对原告列出的有关“宝物”的，需要原告提供其拥有“宝物”的相关证据，还须对有关“宝物”收藏的地点等细节问题在法庭上详细询问，如果其无法提供相关证据，或对法庭询问的细节有悖逻辑推理和生活经验的，法院不予以认定。

### *8.4.5*　违法行使职权的行为与损害事实存在法律上的因果关系

违法行使职权的行为与损害事实之间存在因果关系也是构成行政侵权赔偿责任的要件之一。这里所讲的“因果关系”，是指违法行使职权的行为与损害事实之间存在必然的内在的联系。违法行使职权的行为发生在前，并且是必然决定损害结果的发生。在审查分析因果关系时，要防止把一般的先后关系当作因果关系。尽管原因和结果之间存在先后顺序的问题，但有先后顺序的事务并不一定都存在因果关系。违法行使职权的行为在前，同时必然会造成某种损害结果发生的，应当认定为存在着因果关系；若仅违法行使职权的行为在前，但结果可能是多样的，并不一定必然会造成某种损害结果发生的，不能认定为存在着因果关系。

行政侵权赔偿责任的五个构成要件相互联系，密不可分，缺少其中任何一个要件的，均不构成行政侵权赔偿责任。

## 8.5　行政赔偿方式和数额的确定

人民法院经审理认定原告具有赔偿请求人的资格、未超过赔偿时效、被告是适格的赔偿义务机关和请求赔偿的行为应当承担行政侵权赔偿责任的，如果双方当事人同意调解的，审判人员可以在《国家赔偿法》规定的赔偿方式、赔偿标准内进行调解；一方或者双方当事人不同意调解或者调解达不成协议的，人民法院应当依法确定赔偿的方式、赔偿的数额。

### *8.5.1*　行政赔偿的方式

2012 年《国家赔偿法》第 32 条规定：“国家赔偿以支付赔偿金为主要方式。能够返还财产或者恢复原状的，予以返还财产或者恢复原状。”由此可见，我国的行政赔偿是以金钱赔偿为主，以返还财产和恢复原状为辅的赔偿方式。

金钱赔偿，就是指在计算受害人所受损害的程度后，以货币支付的形式给予受害人相应的赔偿。适用金钱赔偿方式一般是以不能返还财产或者恢复原状为前提的。具体适用以下几种情况：(1) 侵犯公民人身自由权和生命健康权。(2) 侵犯公民、法人或者其他组织的财产权，被侵害的财产已经灭失，或虽然存在但已被损坏，恢复原状已不可能或者困难极大。(3) 返还原物或者恢复原状与法律、法规的规定相抵触。

返还财产，就是指在确认赔偿义务机关及其工作人员对受害人的财产造成损害后，由赔偿义务机关将有关财产还给享有权利的受害人。原物存在的一般均应返还原物，但有以下两种特殊情况，不宜适用返还原物赔偿方式，而宜适用金钱赔偿方式：(1) 返还原物所需费用比金钱赔偿还高或者非常困难的。如原物已运往外地，运回费用很高，原物的下落需要查找等。(2) 返还原物将会影响公务活动和公共利益的。如行政机关非法征用的土地已修建成公路，返还原土地将直接影响到公共利益等。

恢复原状，就是指赔偿义务机关按照受害人的愿望和要求使被损害的物品恢复至损害发生前的原本状态。被违法行使职权的行为如非法追缴、没收、征收、执行等损害的财产是特定物的，如果原物已被损坏，若能修复的，赔偿的方式一般应当是恢复原状；如果原物无法修复的，应当以金钱方式予以赔偿。

1994 年《国家赔偿法》第 30 条规定，行政机关违法拘留、违法采取限制人身自由的强制措施、非法拘禁以及以其他方式非法剥夺公民人身自由的行为，并造成受害人名誉权、荣誉权损害的，除应当予以金钱赔偿外，还应当在侵权行为影响的范围内，为受害人消除影响，恢复名誉，赔礼道歉，但没有规定精神损害的金钱赔偿。但在民事侵权赔偿中，可以请求财产损失赔偿，也可以提出精神损失赔偿，因而国家赔偿中长期以来未规定精神损害赔偿的问题，受到社会各界的诟病。2012 年《国家赔偿法》第 35 条在 1994 年《国家赔偿法》第 30 条的基础上，增加了“造成严重后果的，应当支付相应的精神损害抚慰金”的内容。新的规定具有积极意义，体现了国家法制的进步以及对公民权利的尊重。至于如何把握该条中规定的“造成严重后果”，还应通过司法实践中的具体案例来判别，或由以后的司法解释作出具体的规定。

### *8.5.2*　赔偿的标准

#### *8.5.2.1*　侵犯人身权的赔偿标准

根据 2012 年《国家赔偿法》第 33 条、第 34 条的规定，行政机关及其工作人员违法行使职权行为侵犯公民人身权的赔偿金标准是：

（1）侵犯公民人身自由权的赔偿，应按照公民丧失人身自由的天数给予公民赔偿。每日的赔偿金按照国家上年度职工日平均工资计算。国家上年度职工日平均工资的数额，应当以职工年平均工资除以法定工作日数的方法计算，年平均工资以国家统计局公布的数字为准。对于全国范围内的赔偿采取统一标准，不因地区工资的差异或者等级工资差异而有所不同。

（2）侵犯公民生命健康权的，赔偿金按照下列规定计算：①造成身体伤害的，应当支付医疗费（医疗费包括医药费、交通费、营养费、住院费等）、护理费，以及赔偿因误工减少的收入。减少的收入每日的赔偿金按照国家上年度职工日平均工资计算，最高为国家上年度职工日平均工资的 5 倍。②造成部分或者全部丧失劳动能力的，应当支付医疗费、护理费、残疾生活辅助具费、康复费等因残疾而增加的必要支出和继续治疗所必须的费用，以及残疾赔偿金。残疾赔偿金根据丧失劳动能力的程度，按照国家规定的伤残等级确定，最高额为国家上年度职工年平均工资的20倍。造成全部丧失劳动能力的，对其抚养的无劳动能力的人，还应当支付生活费。③造成死亡的，应当支付死亡赔偿金、丧葬费，总额为国家上年度职工年平均工资的20倍。对死者生前抚养的无劳动能力的人，还应当支付生活费。第②、③项规定的生活费的发放标准参照当地最低生活保障标准执行。被抚养的人是未成年人的，生活费给付至18周岁止；其他无劳动能力的人，生活费给付至死亡时止。

#### *8.5.2.2* 侵犯财产权的赔偿标准

根据2012年《国家赔偿法》第36条的规定，侵犯公民、法人或者其他组织的财产权造成损害的，按照以下规定处理：

（1）处罚款、罚金、追缴、没收财产或者违法征收、征用财产的，返还财产。

（2）查封、扣押、冻结财产的，解除对财产的查封、扣押、冻结，造成财产损坏或者灭失的，按照损害的程度或者灭失的财产，依照第36条第（3）项、第（4）项的规定赔偿。

（3）应当返还的财产损坏的，能够恢复原状的恢复原状，不能恢复原状的，按照损害程度给付相应的赔偿金。

（4）应当返还的财产灭失的，给付相应的赔偿金。“相应的赔偿金”一般以灭失财产所值的价款为标准。

（5）财产已经拍卖或者变卖的，给付拍卖或者变卖所得的价款。未经合法拍卖或者评估而强行变卖的，当事人有异议，并提供证据证明被拍卖物品的价格，经审查，该证据可以作为定案的依据，可按照被告处理时市场价格，结合新旧程度进行评估，以评估价格作为判决赔偿的数额。变卖的价款明显低于财产价值的，应当支付相应的赔偿金。

（6）吊销许可证和执照、责令停产停业的，赔偿停产停业期间的经常性费用开支。“经常性费用开支”包括企业、个体户生产或者营业用房的房租、税金、水电费、仓储费、职工工资等，并且仅限于行为是“吊销许可证和证照、责令停产停业的”，目前不宜扩大理解。

（7）返还执行的罚款或者罚金、追缴或者没收的金钱，解除冻结的存款或者汇款的，应当支付银行同期存款利息。

（8）对财产权造成其他损害的，按照直接损失给予赔偿，间接损失不予以赔偿。

## 8.6　对几类特殊行政赔偿案件的审理

### 8.6.1　对混合过错的行政赔偿案件的审理

混合过错的行政赔偿案件主要有两类：一类是诉行政机关与非行政机关的组织共同作出的行为的行政赔偿案件。例如，某县土地局与某乡党委共同实施强制拆迁行为，被拆迁人认为该行为侵害其合法权益依法向人民法院提起行政赔偿的案件。另一类是诉行政机关的行政行为违法侵害原告的合法权益，非行政机关的组织在采取某种措施中存有不当的问题，扩大了损害后果的案件。例如，某公安人员将某公民打伤，在医院治疗期间，由于医院的医疗事故导致该公民死亡，其近亲属依法向人民法院提起行政赔偿的案件。

审理这两类案件应当特别注意以下几个问题：

（1）应当将非行政机关的组织列为该案的第三人。行政赔偿案件的被告只能是行政机关，而不能是非行政机关。原告合法权益受到损害与非行政机关的组织之间具有关联性，如果不将其列为第三人，该组织就不是该案的当事人，法院经审查其行为有过错并侵害原告的合法权益，将无法让其承担相应的赔偿责任，因此，法院应当将非行政机关的组织列为第三人。

（2）属于第一种类型的案件，法院应当首先审查行政机关的行政行为是否违法，如果确认行政行为违法，可以确认非行政机关的组织也具有过错，法院应当根据行政机关与非行政机关的组织在该行为中的过错责任的大小确定他们各自所应当承担的赔偿责任。如果确认行政行为合法，无论是行政机关还是非行政机关的组织均不应当承担赔偿责任。

（3）属于第二种类型的案件，法院首先应当审查行政机关的行政行为是否合法，如果经审查确认行政机关的行政行为违法，尔后审查非行政机关的组织的行为是否存在过错，若确认其行为存在过错，再审查有无扩大损害的问题。如果不存在过错或者未扩大损害，可以确认赔偿责任由行政机关承担；如果存在过错并扩大损害的，则应当根据他们各自责任的大小确定赔偿责任。如果经审查确认行政机关的行政行为合法，非行政机关的组织无过错的，即可结束该案的审理。如果非行政机关的组织有过错并造成原告损害的，法院可以就有关民事赔偿问题进行调解，调解不成的，应当告知原告另行提起民事诉讼。

### *8.6.2* 对不履行法定职责及行政赔偿案件的审理

在审判实践中，诉行政机关不履行法定职责及行政赔偿案件主要有两种情况：一是请求行政机关保护其人身权、财产权，行政机关拒绝或者拖延实施保护行为的赔偿案件。例如，某公民被精神病人追逐，请求公安机关保护，公安机关将其拒之门外，在精神病人追逐下摔伤一条腿。该公民依法向法院提起诉讼，请求法院判决公安机关赔偿损失。二是诉公安机关等机关不履行法定职责致使行政相对人受伤或者死亡请求行政赔偿的案件。例如，某公民在行政拘留所被同室人员殴打致伤或者致死，以“公安机关未履行保护其人身权职责”为由提起行政赔偿诉讼。又如，被行政拘留人员在拘留期间生病，监管机关未给予及时治疗造成死亡或者病情加重，或在监管期间自杀等，被羁押人或其近亲属以“公安机关不履行保护其人身权职责”为由提起行政赔偿诉讼。

如前所述，对公安机关不履行法定保护公民人身权的行为，公安机关是否应当承担行政赔偿责任，在法学界和司法界都存在否定和肯定两种不同意见。

最高人民法院原则上同意肯定意见，据此，先后作出〔1998〕行他字第19号批复、〔1999〕行他字第11号批复、法释〔2001〕23号批复。这三个批复中均明确指出，由于公安机关不履行法定职责（含未尽监管职责），致使公民、法人和其他组织的合法权益遭到损害的，应当承担行政赔偿责任。在确定赔偿的数额时，应当考虑该不履行法定职责的行为在损害发生过程和结果中所起的作用等因素。

人民法院在适用上述三个批复时，应当注意以下几个问题：

（1）法院在审理这类案件第一种情况时，应当审查被告行政机关是否履行了该项职责，如果被告在履行该项职责时，因客观原因，履行的效果不好或者未达到原告预期的期望的，不能认定被告未履行法定职责。只有被告拒绝履行法定职责或者拖延履行法定职责的，才应当承担行政赔偿责任。

（2）法院在审理这类案件第二种情况时，行政相对人在行政拘留期间被同室人员殴打致伤或者死亡的，一般应当认定公安机关未尽到保护被拘留人员人身权的职责。但是，如果有证据证明行政相对人因自身原因引起殴斗，公安机关的管理人员采取保护措施未能避免其受到伤害的，不应认定监管机关不履行法定职责。

（3）因第三人的行为造成公民、法人或者其他组织人身、财产损失的，由第三人承担民事侵权赔偿责任；民事赔偿不足的，行政机关应当根据其不履行、拖延履行法定职责行为在损害发生过程和结果中所起的作用等因素承担相应的行政赔偿责任。人民法院应当依照《国家赔偿法》规定的标准确定行政机关承担的行政赔偿具体金额。因第三人的行为造成公民、法人或者其他组织人身、财产损失的，受害人一方可以向第三人提起民事侵权之诉，在第三人无力承担全部民事赔偿责任的情况下，再提起行政赔偿之诉；第三人下落不明或者无力赔偿的，受害人一方也可以先行提起行政赔偿之诉，人民法院判决行政机关承担相应的赔偿责任之后，行政机关可以向实施侵权行为的第三人追偿。

### *8.6.3* 对登记类行政赔偿案件的审理

在审判实践中，由行政机关登记行为而引发的行政赔偿诉讼案件，主要集中在涉及不动产产权登记方面的案件。在这类案件中引起行政赔偿诉讼的原因主要是，行政机关将有关不动产的所有权、抵押权登记错误引起行政赔偿诉讼。具体来讲主要有以下两种情况：一是行政机关将土地、房屋等不动产的所有权人或使用权人登记错误，持有错误产权证人将该不动产转让给第三人，持证人携款潜逃或者无力承担赔偿责任。二是不动产的所有人经行政机关将同一土地或房屋抵押给两个或者两个以上的公民、法人或其他组织，该抵押的不动产小于抵押款项。

对行政机关颁发不动产产权登记证书方面引发的行政赔偿诉讼案件，行政机关应否承担赔偿责任，承担何种赔偿责任，在司法实践中存在不同意见：

第一种意见认为，行政机关一般不应当承担行政赔偿责任。

理由是，行政机关有关不动产登记行为仅仅是形式审查，而不是实质审查，因此，登记行为只要符合形式登记条件的，行政机关的登记行为即属于合法。申请人采取欺骗、伪造等手段取得登记，由此造成的损害，只能由申请人承担责任，而不应当由行政机关承担责任。故在一般情况下，行政机关不应当承担行政赔偿责任。但是，如果行政机关工作人员与申请人恶意串通，行政机关颁发登记证书的行为属于违法，应当承担相应的赔偿责任。

第二种意见认为，行政机关应当承担连带行政赔偿责任。因为我国的登记制度不是形式审查，而是介于实质审查与形式审查之间的一种审查方式。根据我国有关法律、法规的规定，不动产的登记均由不动产所在地的有关行政机关办理。因此，行政机关在有关产权登记时，未发现重复登记、重复抵押等问题，主观上具有重大过错。据此，负责登记的行政机关应当对其过错承担连带赔偿责任。

第三种意见认为，行政机关应当承担补充责任。该种意见也认为，行政机关主观上存在重大过错，应当承担一定的赔偿责任。但是，行政赔偿实际上是国家用纳税人的钱进行赔偿，为了有效利用好纳税人的税金，国家应当承担最小化的责任。据此，在一般情况下，行政机关应当承担补充行政赔偿责任，但行政机关工作人员与申请人之间具有恶意串通的，应当承担连带赔偿责任。

笔者同意第三种意见。法院在处理这类案件时应当注意下列问题：

（1）为了维护不动产的交易安全，保护合法取得不动产产权人的合法权益，法院在审理这类案件时，确认最终取得不动产产权人属于善意的第三人，其取得的不动产产权属于合法，故应当判决确认行政机关的登记行为违法，而不应当撤销行政机关的登记行为。

（2）审理这类案件将会出现民事赔偿与行政赔偿谁先谁后的问题。在赔偿问题上，民事侵权责任国家不应当承担，通过民事赔偿已经给受侵害人充分赔偿的，应当免除国家的赔偿责任。据此，在一般情况下，应当先进行民事诉讼，在民事诉讼结束后，再进行行政诉讼。行政机关仅承担原告实际损害中民事赔偿不足的部分。但对一些特殊案件，如被侵害人急需医药费用，侵害人短时间内难以找到的情况下，可以先进行行政诉讼，保留行政机关向民事侵权人追偿的权利。

（3）尽管行政机关的登记行为违法，但在确定行政赔偿前，应当审查原告主观上有无过错，如果原告主观上也具有一定的过错，在确定具体行政赔偿数额时，应当根据行政机关过错的大小确定行政赔偿数额。

图书在版编目（CIP）数据

行政行为的合法性审查 / 蔡小雪著 . —北京：中国民主法制出版社，2019. 11

ISBN 978-7-5162-2108-2

Ⅰ. ①行…　Ⅱ. ①蔡…　Ⅲ. ①行政行为-行政法-研究-中国　Ⅳ. ①D922. 112. 4

中国版本图书馆 CIP 数据核字（2019）第 253882 号

图书出品人：刘海涛
出 版 统 筹：乔先彪
图 书 策 划：曾　健
责 任 编 辑：陈　曦　孙振宇

书名/行政行为的合法性审查
XINGZHENG XINGWEI DE HEFAXING SHENCHA
作者/蔡小雪　著

出版 · 发行/中国民主法制出版社
地址/北京市丰台区右安门外玉林里 7 号（100069）
电话/（010）63055259（总编室）　63057714（发行部）
传真/（010）63056975　63056983
http：//www. npcpub. com
E-mail：mzfz@ npcpub. com
经销/新华书店
开本/32 开　880 毫米×1230 毫米
印张/10. 75　字数/269 千字
版本/2020 年 3 月第 1 版　2020 年 5 月第 4 次印刷
印刷/三河市东方印刷有限公司

书号/ISBN 978-7-5162-2108-2
定价/69. 00 元